LES
RAPPORTS HISTORIQUES & LÉGAUX
DES
Quirites et des Egyptiens

*depuis la fondation de Rome
jusqu'aux emprunts faits par les auteurs de la loi des XII tables
au code d'Amasis*

MÉMOIRE ORIGINAL LU A L'ÉCOLE DU LOUVRE
PENDANT L'ANNÉE SCOLAIRE 1899-1900

PAR

Eugène REVILLOUT

Professeur de droit égyptien A l'École du Louvre
Vice-Président du congrès de l'histoire des institutions et du droit de 1900

PARIS
LIBRAIRIE ORIENTALE ET AMÉRICAINE
J. MAISONNEUVE, Éditeur
6, Rue de Mézières et Rue Madame, 26 (VIᵉ)

1902

LES RAPPORTS HISTORIQUES & LÉGAUX

DES

QUIRITES ET DES ÉGYPTIENS

LES
RAPPORTS HISTORIQUES & LÉGAUX

DES

Quirites et des Egyptiens

depuis la fondation de Rome
jusqu'aux emprunts faits par les auteurs de la loi des XII tables
au code d'Amasis

———

MÉMOIRE ORIGINAL LU A L'ÉCOLE DU LOUVRE
PENDANT L'ANNÉE SCOLAIRE 1899-1900

PAR

Eugène REVILLOUT

Professeur de droit égyptien à l'Ecole du Louvre
Vice-Président du congrès de l'histoire des institutions et du droit de 1900.

PARIS
LIBRAIRIE ORIENTALE ET AMÉRICAINE
J. MAISONNEUVE, Éditeur
6, Rue de Mézières et Rue Madame, 26 (vi°)

1902

INTRODUCTION

Les relations de l'Egypte avec Rome antique ont été, dès la fondation de cette ville, beaucoup plus fréquentes qu'on ne le croit généralement. Les preuves de ce fait abondent et j'ai pu en recueillir de nouvelles pendant le récent Congrès des Orientalistes tenu à Rome où j'ai présidé la section égyptologique. Cette section avait réuni à peu près tous les spécialistes marquants de l'Europe savante ; mais l'un des plus brillants, l'un de ceux qui nous ont le plus intéressé, fut certainement notre ancien élève et très cher ami Ernest Schiaparelli, l'éminent directeur du Musée de Turin.

Il vient récemment d'y découvrir plus de dix mille papyrus ou fragments de papyrus fort précieux pour l'histoire de l'économie politique et du droit dans l'ancienne Egypte. Il a en outre publié dans les Mémoires de l'Académie des Lincei (dont il est membre) un travail fort important sur un vase trouvé depuis peu dans la nécropole de Tarquinium, la patrie des Tarquins — et cela presque au moment où paraissait, dans les mêmes Mémoires, pour devenir bientôt une des préoccupations de notre Congrès, la fameuse stèle latine archaïque du vne siècle avoisinant le tombeau de Romulus sur le *forum* romain, tombeau récemment mis au jour par le ministre Baccelli. Ces deux monuments peuvent être classés, à titres divers, parmi les démonstrations les plus convaincantes des rapports qui ont existé entre les vieux Quirites et les vieux Egyptiens. Ils viennent, à ce point de vue, se grouper à côté des contrats démotiques archaïques illustrés par moi et qui démontrent la provenance primitivement égyptienne de la loi des XII tables.

Nous allons nous occuper successivement aujourd'hui de ces diverses sources d'information, qui éclairent nos origines d'un jour tout à fait nouveau.

PREMIERE PARTIE

L'époque la plus archaïque.

Commençons par le vase de Tarquinium (ou Corneto).

Ce vase est certainement du viii° ou du commencement du vii° siècle. La tombe dont il provient appartient à cette période, comme une autre tombe fort analogue qu'on a isolément attribuée par d'excellentes raisons au vii° siècle. Il est probable que ce vase est bien antérieur à ce Tarquin l'ancien, riche seigneur ou *lucumon* de Tarquinium, fils du Corinthien Démarate, qui s'établit, vers 627 avant J.-C., à Rome où il devint le favori, puis le successeur d'Ancus et, comme tel, 4° roi de Rome.

En effet, le roi Égyptien, dont il fait mention, vivait au moins un siècle plus tôt, c'est-à-dire à peu près au temps où l'on place Romulus, et il est peu probable que sa popularité politique ait beaucoup survécu à sa mort violente.

Bocchoris — c'est le roi dont il s'agit — est représenté sur ce vase à l'apogée de sa puissance et de sa gloire. Les décorations en émail bleu y occupent deux registres. Dans le second, des prisonniers y sont figurés, les mains attachées, soit au-dessus de la tête, soit sur la poitrine, soit derrière le dos. Dans le premier, le roi, couronné de l'uræus et portant ses deux cartouches (Uahkara et Bokenranf), d'une part, se fait assister par la déesse Neith pour adorer le dieu Horus, d'une autre part, s'avance en donnant les mains au dieu Horus, symbole de l'*imperium* pharaonique, et au dieu Thot, symbole de la science.

Tout le monde sait, en effet, que Bocchoris fut un grand savant et un grand législateur. C'est le premier auteur du code des contrats, si longuement étudié par nous dans nos cours. Les Grecs avaient parfaitement compris sa physionomie et son rôle. Il ne faut donc pas nous étonner si les Phéniciens, fabricateurs de ce vase de style d'imitation, avaient voulu célébrer un tel héros — se rattachant à eux, je l'ai expliqué ailleurs, par son origine et qui les avait probablement sous son pouvoir, comme la plupart de ses prédécesseurs.

L'appellation même de Bocchoris (*bok en-ranf* = *ebed shemo*), « le serviteur de son nom », c'est-à-dire de ce *shem* dans lequel les Hébreux eux-mêmes voilaient la personnalité divine, est certainement une importation sémitique. Rien d'analogue à ce culte du nom n'existait en Egypte même.

J'en dirai autant de l'appellation de son père : Tafnekht « sa force », forme théophore apocopée comparable à beaucoup de noms hébreux et qui, pour les pieux Egyptiens, serait devenue *Amon tafnekht* « Amon est sa force » ou *Hor tafnekht* « Horus est sa force ».

On n'a pas oublié que Bocchoris fut accusé par les prêtres d'impiété envers le dieu Apis (1) et que, s'il figure ici avec trois divinités égyptiennes, c'est que véritablement il ne pouvait en être autrement.

Dans tous les cas, il est certain que Bocchoris appartenait, comme son père Tafnekht (le Tephanekhtès de Diodore), au parti des étrangers (Sémites et Assyriens) pendant la grande lutte de plusieurs siècles (2) entre les Pharaons d'Ethiopie prétendant descendre des rois-prêtres de Thèbes et les *sar* des *sar* de Ninive qui se disputaient l'hégémonie de la vallée du Nil.

Les uns et les autres, d'ailleurs, reconnurent en Egypte des rois ou dynastes inférieurs, qui changèrent souvent d'orientation. Je citerai celui de Thèbes, Montemhat, celui de Memphis Niku et bien d'autres qui, du temps d'Assurbanipal, de Tahraku, de Rutamen, etc., servirent successivement les deux camps opposés.

Cependant, bien entendu, chacun avait ses préférences et ses antipathies. Celles de Tafnekht et de Bocchoris, qui avaient précédé immédiatement Niku à Memphis, étaient très nettes.

(1) Mariette a cependant retrouvé dans le Sérapeum l'apis enterré par Bocchoris.

(2) A partir de Tiglaphalasar qui le premier conduisit une expédition victorieuse dans Misr, c'est-à-dire en Egypte.

Ils détestaient les Éthiopiens et préféraient de beaucoup les orientaux — ces orientaux que les rois éthiopiens d'alors nous peignent frémissant au bruit de leurs noms.

Un instant, pendant ces troubles, le père de Bocchoris, Tafnekht, d'abord petit prince de Nuter, puis maître de Memphis, espéra profiter de la rivalité des deux puissances adverses pour se rendre maître de l'Égypte entière. Déjà — une stèle du Musée d'Athènes l'a démontré — il avait usurpé le double cartouche et ses armées victorieuses remontaient vers Thèbes, quand le monarque éthiopien se réveilla, le vainquit et l'obligea à une capitulation honteuse : c'est-à-dire à abandonner la légende royale (que Piankhi laissait pourtant à d'autres de ses vassaux) et à reconnaître par serment son allégeance, en se bornant à occuper, à titre de gouverneur ou de nomarque, les villes détenues par lui avant la guerre.

Ce serment, Tafnekht paraît l'avoir observé pendant sa vie. Mais il n'en fut pas de même de son fils Bocchoris, qui reprit ses anciennes visées et réussit à se faire reconnaître roi dans toutes les provinces égyptiennes et même à Thèbes, ainsi que le prouve un contrat thébain de l'an 16 de son règne que j'ai publié et commenté.

Ce fut, sans nul doute, quand il devint, sans conteste, le remplaçant des anciens Ramessides, quand il eut triomphé de tous ses ennemis et attaché ses captifs derrière son char, que ses sujets phéniciens, heureux des succès de leur illustre compatriote, lui rendirent hommage par notre vase, destiné aux sacrifices, que Schiaparelli leur attribue avec raison.

Ce fut alors aussi qu'il mit la main à sa grande œuvre juridique et que, s'inspirant des lois de Ninive et de Babylone, il ne craignit pas de rompre avec les traditions sacrées de l'Égypte et avec le code amonien promulgué par les prêtres rois de la 21ᵉ dynastie, dont ses ennemis, les rois d'Éthiopie, prétendaient descendre, pour rédiger son propre code des contrats, tout contraire d'esprit et de tendances.

Je ne puis entrer ici dans des détails que l'on trouvera d'ailleurs dans mon « Précis de droit égyptien » (1). Qu'il me suffise de dire que Bocchoris réussit dans sa réforme : et que sa législation, donnant aux gens du peuple une quasi-propriété véritable, avec la faculté de rédiger eux-mêmes leurs titres, ne put être complètement abrogée,

---

(1) Chez Giard et Brière, éditeurs, rue Soufflot, n° 16.

même par ses ennemis les Éthiopiens, même par ce Shabaku qui vainquit Bocchoris et le brûla vif, tant à cause de son impiété qu'à cause de la violation sacrilège du serment prêté par son père. Après bien des alternatives, bien des modifications successives en divers sens, ce code redevint, pour tous, sous Amasis, la loi reconnue de la vallée du Nil, et cela jusque dans ce qu'il n'avait certainement pas édicté lui-même.

— Pour en revenir encore une fois au vase de Tarquinium et pour conclure, nous dirons qu'il est une nouvelle preuve de la popularité dont jouissait jusqu'en Italie le nomothète égyptien, tant admiré des Grecs.

Est-ce trop audacieux de l'ajouter ?

Si Numa le deuxième roi et le premier législateur de Rome, le successeur de Romulus, a réellement existé (ce que je tends à croire) peut-être s'était-il inspiré de Bocchoris, vivant seulement peu d'années avant lui, dans ses lois, en partie pieusement conservées, en partie retrouvées beaucoup plus tard, prétend-on, dans son tombeau et que les commissaires nommés par le Sénat firent brûler comme dangereuses. C'était sans doute en qualité de libéral que celui qui avait aboli toutes distinctions entre Sabins et Romains, divisé le peuple Quirite en corps de métiers (1), distribué par tête les terres aux citoyens — comme Bocchoris, dans sa réforme, les avait distribuées au peuple, etc., — avait vu ensuite certains de ses écrits traités comme le fut la personne de ce libéral Bocchoris. Le synchronisme est en effet frappant. Il nous rappelle celui que nous avons déjà signalé, dans notre « Précis », entre le moment où Hérodote faisait aux Grecs, rassemblés aux jeux Olympiques, l'éloge d'Amasis contenu dans son histoire, et le moment où les décemvirs envoyèrent en Grèce la mission qui en rapporta les principes de leur code, si analogue à celui d'Amasis, tant dans son fond que dans plusieurs de ses dispositions les plus précises.

Mais de tout ceci nous parlerons plus loin.

En ce qui concerne Numa et Bocchoris, nous ne pouvons serrer d'aussi près la comparaison, puisqu'il nous manque sur les lois de Numa les détails nécessaires.

Tout ce que nous avons voulu laisser entendre, c'est qu'on va peut-être un peu vite quand on repousse en bloc, sans vouloir aucunement en tenir compte, les données que nous ont transmises les

(1) Cicéron nous l'apprend dans sa *République* (liv. II, § 13 et suiv.). Nous aurons bientôt à revenir sur ce passage fort intéressant.

anciens sur les premiers temps de Rome et particulièrement sur l'époque des Rois.

Que n'a-t-on pas dit sur le légendaire Romulus ? Et voilà que justement on vient de découvrir à la place indiquée par les auteurs, sous la partie du *forum* ou *comitium* couverte de pavés noirs, comme ils l'avaient prétendu, le tombeau de ce fondateur de la ville, tombeau construit en blocs énormes, défendu par deux lions dont les soubassements, ornés de frises, existent encore (1), et accompagné d'une colonne portant une inscription très archaïque et de divers vases, statuettes et objets d'offrande, remontant au VIIIe ou au moins au VIIe siècle avant notre ère.

Je sais bien que le tombeau a été violé et l'inscription brisée. Cela n'a rien d'ailleurs qui doive nous surprendre, puisque Tite-Live (6, 1), nous avait appris que les Gaulois furent les auteurs de ces dévastations : « Et si quæ (litteræ) in commentariis pontificum « aliisque publicis, privatisque erant monumentis, incensa (a Gallis) « urbe, pleræque interiere ».

Ce qui restait du tombeau de Romulus et de l'inscription royale voisine, n'en fut pas moins plus tard vénéré des Romains, qui recouvrirent ce *lieu sacré* du pavé noir (*lapis niger*) déjà signalé plus haut.

Quant à l'inscription, elle vient donner un démenti à ceux qui prétendaient nier l'existence d'aucune *lex regia*, ou généralement d'aucune loi romaine, antérieure à la loi des XII tables, et qui arguaient de faux toutes celles citées par les anciens ou dont certains fragments nous étaient parvenus. Il s'agit, en effet, ici d'une vraie *lex regia*. Nous ne possédons que tout au plus une moitié de chaque ligne. Mais elle est assurément relative au culte, comme celle que cite Macrobe dans ses *Saturnales* (liv. III, chap. II) et plusieurs de celles que Cicéron (*République*, II, 13 et V, 2) attribue à Numa.

Notre ami, le professeur Girard, l'un des plus distingués Maîtres de la nouvelle Faculté de Droit, pour repousser en bloc les lois royales, est parti de ce caractère sacré de quelques-unes d'entre elles.

Voici comment il s'exprime dans le paragraphe « sources du

______

(1) Les bases des lions servaient au même temps à clore, de deux côtés, le tombeau, également fermé d'ailleurs par des blocs non ornés, sur les deux autres côtés. La dimension est de 2 m. 60 sur 1 m. 30.

droit — *Leges regiæ* » de son manuel de droit romain, récemment couronné par l'Institut :

« D'où est venu le droit de l'époque royale ? C'est, répond-on encore parfois, en partant d'idées modernes, du vote des comices par curies. Le droit a, dit-on, alors pour source exclusive, au moins pour source régulière et abondante, les lois curiates votées par le peuple sur la *rogatio regis* et ratifiées par *l'auctoritas patrum*, dont des débris importants nous ont été transmis sous le nom de *leges regiæ* et dont un recueil fut fait à la fin de la royauté ou au début de la République par un personnage nommé Papirius.

« Mais les trois points sont également faux : 1° le recueil attribué à Papirius est probablement une publication apocryphe de la fin de la République ou du temps d'Auguste ; 2° les *leges* qu'on suppose nous avoir été transmises par lui et dans lesquelles le contemporain d'Hadrien, Pomponius, est d'ailleurs seul à voir des lois curiates, *sont, pour partie ou même principalement, des lois religieuses, qui, dans les idées romaines, n'ont pu faire l'objet d'un vote populaire : ce qui supprime pour toutes l'interprétation, du reste avanturée, suggérée par le sens moderne du mot leges ;* 3° enfin, la meilleure preuve que les comices curiates n'ont pas voté ces lois relatives à la famille, à la religion, au droit pénal, que les comices par curies n'ont jamais voté de lois abstraites, mais seulement les dérogations concrètes à l'état de choses citées plus haut (p. 14) (1) est dans les témoignages parfaitement concordants selon lesquels il n'y avait pas de droit écrit avant les XII tables. Jusque-là, et par conséquent durant toute notre période, le droit a été exclusivement non écrit, exclusivement coutumier (*jus non scriptum, mos majorum*). Comme font aujourd'hui certaines populations peu avancées en évolution,

(1) A la page 14, M. Girard fait l'énumération de *quelques-unes* des questions de droit civil ou de droit international à propos desquelles on convoquait les comices curiates à toutes les époques du droit romain et spécialement dans les temps qui ont suivi l'expulsion des rois. Il termine par ces mots : « Les comices ne peuvent prendre l'initiative d'aucun de ces actes ; mais seuls ils ont le pouvoir de les autoriser, germe de leur droit futur de commander. »

M. Girard, en refusant toute initiative possible aux comices, est en contradiction avec les anciens et particulièrement avec Cicéron, qui nous dit, qu'en l'absence du roi et quand il s'agissait, par exemple, de le nommer, (comme cela se présenta pour Numa, etc.), les comices prenaient bien cette initiative, avec *l'auctoritas patrum*. Ce qui était nécessaire à une loi curiate, c'était le concours final des trois puissances de l'État : roi, sénat et peuple des *gentes*.

comme ont commencé par faire celles qui depuis ont dépassé cette phase, les Romains de l'époque royale vivaient sous l'empire de la coutume, d'usages formés par un travail anonyme inconscient, qu'ils ne pensaient pas plus à modifier que les lois naturelles. Sur ce point encore, il y a une tradition parfaitement établie, si bien établie que Pomponius lui-même, qui admet des lois curiates de l'époque royale, est obligé, pour les mettre d'accord avec la tradition sur le caractère coutumier du droit antérieur aux XII tables, de supposer qu'elles auraient été abrogées après la chute de la royauté ».

M. Girard, pour combattre la doctrine d'Ortolan et de Labbé, s'est inspiré ici de Mommsen, dont il est le disciple, l'ami et l'un des correspondants parisiens. Mais Mommsen dans son chapitre concernant les *leges regiæ* (5° édition des *Fontes juris romani antiqui*), avait été beaucoup moins affirmatif. Il s'était borné à dire : « Les écrivains romains ont eu l'habitude d'attribuer aux lois des rois presque tout ce qu'ils avaient trouvé de vestiges du droit antique, sans rechercher si ces choses avaient été introduites par des lois, par les mœurs ou d'une autre manière. De là est née pour nous une grande dissension sur le point de savoir quelle foi devait être attribuée à ces récits ».

Sous cette forme, certains doutes sur des points de détails étaient à la rigueur admissibles. Mais il n'en est pas de même quand, contrairement au témoignage unanime des anciens, on va jusqu'à nier absolument l'existence de toute espèce de lois royales ou de lois curiates proprement dites ayant un caractère général.

Certes, il y eut dans le droit antique une place assez large faite à la coutume — tout comme dans le droit français antérieur à 1789. Mais personne ne s'est avisé de dire que, dans ce droit français d'il y a un siècle — même dans les pays de droit coutumier — aucune place n'était laissée aux ordonnances royales, aux arrêtés de règlement, etc.

La situation était analogue dans la Rome de l'époque royale ; et si les anciens nous apprennent formellement que, par la loi *tribunicia*, cette législation royale a été abolie lors de la révolution républicaine des Quirites, comme elle a été abolie chez nous lors de la révolution républicaine du siècle dernier, il n'en faut nullement conclure que c'était pour mettre ces lois royales d'accord avec la tradition sur le caractère coutumier du droit antérieur. C'est un fait historique tout naturel et rien de plus.

Quant à la tradition constante, elle était à Rome tout opposée à celle que suppose M. Girard. On n'a qu'à lire Cicéron et particulièrement son traité sur la République pour s'en assurer.

Certaines lois écrites de Numa sont indiquées expressément par Cicéron comme existant encore de son temps (1). Ce même Numa Pompilius, Sabin d'origine, est dit aussi par lui avoir convoqué de nouveau les comices pour confirmer, par une loi curiate, l'élection royale dont il avait été l'objet de la part de ces mêmes comices, avec l'*auctoritas* du Sénat (2). Plus loin encore, à propos des lois civiles politiques et religieuses de Numa, qui institua deux nouveaux augures, y ajouta les flamines, les saliens, les vestales, régla tous les *sacra*, établit des marchés et partagea les terres entre tous les citoyens (3) (partage analogue à celui qu'effectua Bocchoris entre les familles des tenanciers), il ajoute qu'il proposa ces lois, « que nous avons dans les monuments », remarque-t-il expressément, pour amener à des sentiments pacifiques son peuple, trop exclusivement guerrier (4).

L'éditeur de Cicéron, le savant Leclerc note à ce sujet : « Ces nouveaux textes ne favorisent point le système de ceux qui révoquent en doute les premiers temps de Rome ». Mais ne montrent-ils pas aussi que la vieille opinion sur les lois curiates, se comportant, sous les rois, absolument comme plus tard, après la révolution, et pouvant avoir les sujets les plus variés, est absolument la meilleure et qu'elle remonte, non comme l'a prétendu M. Girard au milieu de l'empire, mais au temps même de la République.

Du reste, en dehors des « nouveaux textes » de la République de Cicéron dont parle Leclerc, ceux qui étaient plus anciennement connus auraient suffi à établir la chose. Pour le prouver, je n'ai presque qu'à répéter ce qu'avaient dit Labbé et Ortolan (5), qu'on ne peut réfuter par simple prétérition.

(1) « Qui (Numa) legum scriptor fuisset, quas scitis exstare » (V, 2).

(2) « Quibus quum esse præstantem Numam Pompilium fama ferret, prætermissis suis civibus, regem alienigenam, patribus auctoribus, sibi ipse populus adscivit ; eumque ad regnandum, sabinum hominem, Romam Curibus accivit. Qui ut huc venit, quanquam populus curiatis eum comitiis regem esse jusserat, tamen ipse de suo imperio legem curiatam tulit, etc. » (II, XIV).

(3) « Ac primum agros quo divisit viritim civibus..., etc. » (II, XIV).

(4) « Et animos, postpositis legibus his, quas in monumentis habemus, ardentes consuetudine et cupiditate bellandi... mitigavit. » (II, XIV).

(5) Voir l'*Histoire de la législation romaine*, par ORTOLAN et LABBÉ, 11e édition, p. 71 et suivantes. Nous en ferons quelques extraits textuels.

Ce n'est pas seulement, en effet, « le contemporain d'Hadrien Pomponius » qui, appuyé, ajoutons-le, par Denys d'Halicarnasse (liv. 3, § 50), place, non pas « à la fin de la royauté ou au début de la République », mais précisément sous Tarquin le Superbe, la compilation des lois curiates portées par Romulus et par ses successeurs, compilation faite par le Pontife Sextus Papirius et qui reçut le nom de droit civil Papirien, *jus civile papirianum* (1). Mais « un fragment de Paul cite un commentaire que Granius Flaccus, contemporain de Cicéron, avait fait sur le droit papirien (2) et Macrobe, dans ses *Saturnales* (3), à propos d'une question de rite religieux, rapporte un passage même du *jus papirianum...* »

Des lois royales, considérées isolément en dehors de la compilation papirienne, Cicéron n'est pas le seul qui parle, Tite-Live fait de même. Nous avons déjà eu l'occasion de citer précédemment le passage (4, 1) où il est dit que les documents contenus dans les registres des Pontifes et les monuments publics et privés avaient été généralement détruits par les Gaulois, lors de l'incendie de la ville. Plus loin, le même historien ajoute qu'après l'expulsion des Gaulois les magistrats dont il donne les noms (4) firent rechercher et extraire les lois qui subsistaient encore, c'est-à-dire les XII tables et quelques lois royales. Parmi elles, conclut-il, quelques-unes furent publiées et livrées à la connaissance du peuple ; d'autres, celles qui avaient trait aux choses saintes, furent supprimées : et cela principalement par les Pontifes qui voulaient se réserver le frein de la religion au moyen duquel ils contiendraient la multitude. Nous voyons ici la même politique qui fit supprimer plus tard par le Sénat les écrits et les lois de Numa Pompilius re-

(1) DIGESTE, 1, 2, *De origine juris*, 2, § 2.

(2) DIGESTE, 50, 16, « De verborum significatione 144 fr. Paul : Granius Flaccus in libro de *jure papiriano* scribit », etc. *Hist. lég. rom.*, d'ORTOLAN et LABBÉ, 11e édit., p. 72.

(3) MACROBE, *Saturnales*, liv. III, chap. 11 (ORTOLAN et LABBÉ, *ibidem*).

(4) « Inter regnum initum. P. Cornelius Scipio interrex et post eum M. Furius Camillus. Is tribunos militum consulari potestate creat L. Valerium Publicolam iterum, L. Virginium, P. Cornelium, A. Manlium, L. Æmilium, L. Postumium. Hi ex interregno quum exemplo magistratum inissent, nulla de re prius, quam de religionibus, senatum consuluere. In primis fœdera ac leges (erant autem eæ duodecim tabulæ et quædam regiæ leges) conquiri, quæ compararent, jusserunt : alia ex iis edita etiam in vulgus : quæ autem ad sacra pertinebant, a pontificibus maxime, ut religione obstrictos haberent multitudinis animos, suppressa. »

trouvées dans son tombeau — tandis que d'autres restèrent à la portée de tous jusqu'au temps de Cicéron.

Il en avait été ainsi d'ailleurs quand les lois royales, non expressément confirmées, furent abolies par la loi *tribunitia* après l'expulsion des rois. Les patriciens tenaient à garder la direction de la religion, comme de la jurisprudence et surtout des formules légales sans lesquelles une procédure ne pouvait être valable. En cela, il est vrai que, comme l'a dit Pomponius (1), on en revint, sous la République, au droit coutumier ou plutôt au droit secret. On sait combien les sénateurs en voulurent à Cneus Flavius, scribe ou secrétaire d'Appius Claudius, qui, pour se venger de leur mépris, déroba à Appius et publia le formulaire précité, appelé droit flavien, *flavianum jus*, et qui fait pendant pour ainsi dire à l'ancien *papirianum jus*, dont les effets pratiques avaient été énervés en principe par la loi *tribunitia*. C'est toujours la suite de la lutte entre l'obscurantisme oligarchique et le libéralisme démocratique et, ajoutons-le aussi, monarchique ; car, il faut bien le dire, l'expulsion des rois paraît avoir amené plutôt un recul qu'un progrès dans la civilisation romaine. C'était un retour à cette brutalité soldatesque que, selon Cicéron, Numa Pompilius, comme d'ailleurs la plupart de ses successeurs, avaient voulu réfréner en éclairant les masses et en frappant au besoin les grands. Les pavots de Tarquin avaient relevé cette tête qu'il avait voulu couper. Ils étaient devenus les maîtres et ils avaient disposé toute chose pour leur propre avantage. Or, évidemment il entrait dans la politique des grands d'une oligarchie de maintenir le plus possible les petits dans l'ignorance pour les mieux dominer : et c'est pourquoi les lettres grecques furent de plus en plus abandonnées et proscrites. De même à Sparte, après la révolution dorienne, qui avait réduit en esclavage les Ioniens de Ménélas, ces mêmes lettres avaient été remplacées, pour les affaires de l'Etat, par une écriture secrète, faite, comme celle de certains Indiens d'Amérique, à l'aide de nœuds de corde. A Rome, dans les premiers temps de la République, Tite-Live nous apprend qu'on préférait aussi planter des clous dans les temples pour graver mnémotechniquement le souvenir de certains événements. Aussi ne faut-il pas nous étonner si le premier des histo-

(1) « Incerto magis jure et consuetudine quam per legem latam (Dig. 1, 5, de origine juris, 2, § 3, f. Pomponii), » cité aussi par ORTOLAN et LABBÉ, *Loc. cit.*, p. 73.

riens républicains, Fabius, parce qu'il écrivait, fut pris pour un peintre (*pictor*).

Revenons-en aux lois royales et aux témoignages des anciens.

Tacite nous montre dans ses *Annales* (XII, 8) l'application sous l'empereur Claude d'une loi religieuse de Tullus et ailleurs (liv. III, § 26) il donne une appréciation générale de la législation des divers rois.

Festus (1) rapporte textuellement une des lois de Numa Pompilius, que Cicéron nous avait dit exister encore de son temps.

« Enfin, jusque dans le Digeste de Justinien, en deux fragments, l'un de Papinien et l'autre de Marcellus (2), nous rencontrons la mention de dispositions données comme venant d'une loi royale. »

De tout cela, on peut conclure, avec Ortolan et Labbé, que « l'existence de ces monuments (les lois royales) paraît ainsi attestée d'une manière indubitable chez les Romains (3) ».

Cette existence nous est prouvée, d'ailleurs, avec une brutalité qui coupe court à toute discussion, par la découverte de la loi royale conservée sous le pavé noir du *forum*. Nous l'avons dit, c'est une loi religieuse, comme plusieurs de celles de Numa, de Tullus, etc. : et ainsi tombe également la conclusion de M. Girard prétendant que « dans les idées romaines, les règles religieuses n'ont pu faire l'objet d'un vote populaire, ce qui supprime pour toutes l'interprétation, du reste aventureuse, suggérée par le sens moderne du mot *leges* ».

En réalité, chez tous les peuples anciens, les Romains peut-être plus que les autres, les lois votées par le peuple avaient un caractère essentiellement religieux, à ce point qu'une formalité religieuse, augurale ou autre, non accomplie selon les rites et dans les conditions voulues, en empêchait la promulgation et que les lois curiates — pouvant seules donner l'*imperium* aux magistrats — faisaient intervenir les dieux, consultés solennellement, dans des

(1) Festus au mot *Parici* : « Id autem fuisse indicat lex Numæ Pompilii regis his composita verbis. Si quis hominem liberum dolo sciens morti duit paricidas esto. » Voir aussi au mot *Termino* (Ortolan et Labbé, *Loco citato*).

(2) Dig. 11, 8, « De mortuo inferendo 2, f. Marcell. Collatio leg. Mos. et Roman. tit. IV, § 8, f. Papinian. » (Ortolan et Labbé, *Loco citato*, p. 72-73). Notons que la loi royale, citée en dernier lieu par Papinien, nous semble apocryphe ou du moins postérieure à l'époque indiquée par lui.

(3) Ortolan et Labbé, *Loco citato*, p. 72.

sacrifices, par des prêtres spéciaux. Les lois curiates, en qualité de lois religieuses, réglaient donc les choses religieuses, aussi bien et mieux encore que les choses civiles ou politiques. La raison nous conduit, sous ce rapport, exactement au même résultat que les faits, parfaitement constatés chez les Romains — et parallèlement dans tous les droits antiques. Partout l'anathème, la malédiction divine, escortée souvent, il est vrai, de peines plus tangibles, était la sanction de semblables lois, édictées avec le consentement ou en vertu de la volonté directe de la divinité.

Les *leges regiæ calatis comitiis* des Romains, particulièrement celle qui vient d'être découverte au *forum*, ne font pas exception sous ce rapport. Dans une de celles déjà visées précédemment par nous et qui étaient anciennement connues, on lit :

« Si qui (quis) hominem liberum dolo sciens morti duit, paricidas esto ». Dans une autre : « Si quisquam aliuta faxit ipsos (sic), Jovi sacer esto ».

Dans le cippe nouvellement découvert on lit de même :

« Qui auspicio (1) nequam sit dolo malo, Jovi esto. »

« Qui voto (scilicet : qui voto nequam) sit dolo malo, sacer Jovi esto. »

Nous venons de démontrer que les lois royales, contrairement à ce qu'en disait M. Girard, avaient bien été portées *calatis comitiis*, expression synonyme de *curiatis comitiis* dont se sert aussi Cicéron à propos de celles de Numa. Le mot *calatis* signifiant « ayant été convoquées » vient, comme Macrobe l'a noté avec raison, du verbe grec καλω, qui était d'un fréquent usage dans le latin archaïque. Ce verbe y avait aussi donné naissance à plusieurs autres dérivés ; par exemple, le terme *calator* ou *kalator* signifiant *vocator* et désignant le prêtre chargé de convoquer les curies au nom du roi. Le roi (*rex*) était le *pontifex maximus* (πρωτος ιερων βασιλευς) comme l'a dit Denys d'Halicarnasse (5, 1) fort à propos cité à ce sujet, à côté de Macrobe, par le professeur Ceci, tandis que le *kalator* était le *pontifex minor* du même Macrobe. Le *kalator* convoquait les curies le jour des Kalendes, c'est-à-dire de l'appel (*kalendarum curiarum dies*) qui était le premier du mois : et la réunion devait avoir lieu aux nones, c'est-à-dire soit le cinquième, soit le septième du mois. Cette coutume se conserva même sous la République, alors que le

____

(1) Le texte monumental en langue plus archaïque porte : « Quoi Havelod nequam sied dolod dio ve estod. »

rex sacrificiorum remplaçait partiellement le roi, pendant la durée des rites liturgiques (1), pour être ensuite expulsé solennellement. Macrobe (1, xv, 9) nous dit expressément en effet : « Aux temps anciens, avant que les fastes ne soient arrivés à la connaissance de tous par le fait du scribe Cneus Flavius et sans le consentement des patriciens, cette fonction était déléguée au *pontifex minor* d'observer l'aspect de la nouvelle lune pour la signaler au roi sacrificateur après l'avoir vue. De la sorte, le sacrifice ayant été célébré par le roi et le *pontifex minor*, ce même Pontife ayant convoqué le peuple au Capitole (*calata, id est vocata, plebe in Capitolium*) près de la *curie Calabra* qui était voisine de la maison de Romulus, proclamait le temps qui restait des Kalendes aux nones » (jour des comices) : suivent les détails que j'ai donnés précédemment.

Tout cela se trouve expressément confirmé par l'inscription du *Forum*.

Dans cette inscription, il est dit, en effet, (selon l'interprétation du professeur Ceci) que celui qui a fait une consécration se rapportant aux *sacra privata* doit apporter au roi (*regei*) les objets d'offrande (*loiba = liba*), destinés aux sacrifices (*ad rem divam, scilicet divinam*), et cela le jour des ides (*eidasias = idiariis*). Le roi (*rex*), par l'intermédiaire de l'augure *kalator* (*per mentorem kalatorem*), les admet alors comme consacrés, accomplit les rites nécessaires, parmi lesquels est l'*adagium*, et (les comices ayant été convoquées aux Kalendes suivantes par le *kalator*) admet les nouveaux *sacra* dans les dites comices aux nones : *item rei (scilicet divinæ) curet nonariis (id est nonis)*.

Vient ensuite l'adjuration religieuse dont j'ai parlé plus haut.

(1) On sait que, du temps des grands orateurs, il existait encore, près d'Athènes, dans un lieu très marécageux, un temple fort ancien, qu'on ouvrait une fois l'an pour y faire accomplir certains sacrifices par la reine, c'est-à-dire par la femme de l'archonte, portant le titre de βασιλευς et remplissant le rôle du *rex sacrificiorum* romain. Tout cela avait été réglé par une stèle très archaïque, remontant, pensait-on, au temps de Thésée et qui se trouvait dans ce même temple. Sans doute, à Rome, quelque loi royale du même genre exigeait la présence du roi à certaines cérémonies religieuses, ce qui avait fait imaginer, comme à Athènes, le roi des sacrifices. Mais, pour la plupart des lois curiales de l'époque républicaine, on avait remplacé la *rogatio regis* par une *rogatio* des pontifes. Aulu Gelle nous l'apprend expressément. Tout cela nous montre, du reste, l'application et l'interprétation, plus ou moins littérale, de vieux textes légaux, soigneusement conservés, telles que les lois de Numa, dont parle Cicéron, etc.

L'expression *kalatorem* désignant le *pontifex minor* chargé des fonctions de *vocator* est ici très nettement indiquée, en toutes lettres, à côté de celle qui désigne à deux reprises le roi (*rex, regi*), agissant ainsi *per kalatorem*.

Quelles que soient les discussions toujours possibles qui pourraient se produire et se sont même déjà produites au sujet de la restitution complète de l'inscription rédigée par le professeur Ceci, il est donc certain que notre *lex regia* était faite dans les conditions des autres lois curiates, c'est-à-dire *kalatis comitiis*, et qu'elle exigeait à l'avenir les mêmes conditions pour les lois curiates particulières devant intervenir au sujet des divers *sacra privata*.

On sait en effet, par le témoignage unanime des anciens, qu'à toute époque, les comices, *comitia curiata* ou *comitia kalata*, étaient convoqués pour des questions touchant : soit à l'ordre politique, pour donner l'*imperium* aux rois et plus tard aux magistrats, pour la sortie du patriciat, pour rompre un traité par une déclaration de guerre, pour une *rogatio* politique ou judiciaire proposée au peuple ; soit au droit civil, pour l'adrogation (1), pour les testaments *kalatis comitiis* (2), pour dispenser un condamné de subir sa peine (*provocatio ad populum*), pour l'admission d'un étranger dans les curies (*coaptatio*), ou pour l'introduction d'un plébéien (*adlectio*) ; soit au droit religieux, pour l'inauguration des prêtres (augures (3) ou flamines) (4) et spécialement pour ce qui concernait leur admission (que les Pontifes se réservèrent plus tard), leur retrait et l'abdication des sacrifices privés (*detestatio sacrorum*) (5), choses rentrant dans le même chapitre, si je puis m'exprimer ainsi, que l'inscription actuelle et que plusieurs des lois qui sont attribuées à Numa et à Tullus. La *detestatio sacrorum* des auteurs, opérée sur la demande du citoyen intéressé, est du reste tout à fait à comparer à l'espèce de *detestatio sacrorum* opérée comme pénalité par le roi et qui semble visée dans les dernières phrases de notre texte.

Si nous nous sommes tant étendus relativement à cette loi curiate de l'époque des rois et aux questions juridiques et historiques qui s'y rattachent, c'est que ces questions, bien que concernant

(1) Nous reviendrons sur ce point spécial.
(2) Aulu Gelle, XV, 27 ; Gaïus, II, 101 ; Théophile, II, 1055, 1.
(3) Cic., Brutus, 1 ; Tite-Live, XXX, 26 ; Suét., Caligula, 12.
(4) Tite-Live, XXVII, 8 ; XL, 42.
(5) Aulu Gell., XV, 27, Servius ad Æneid. II, 156, Cicéron, orator, 42, 144, Pro domo, 13, 35.

spécialement le droit romain, n'y sont point isolées, mais, au contraire, se lient intimement à un point de droit comparé que nous retrouvons en Egypte même.

Tout autant que le vase de Bocchoris découvert à Tarquinium, elles nous permettent de constater les relations intimes qui unissaient alors, au point de vue des idées, le pays de Rome à la civilisation de la vallée du Nil.

Je n'insisterai pas ici sur les lois ayant un but religieux.

Et cependant il me serait facile de faire voir, par de nombreux exemples, la similitude des procédés qui étaient employés des deux parts pour cet objet.

Dès la XIIe dynastie, dans un papyrus publié par Stern, aussi bien que sous les Ramessides, dans l'inscription d'Abydos, nous voyons le Pharaon convoquer une assemblée publique, comme le roi de Rome convoquait les comices, quand il s'agissait, soit d'établir, par une loi, les *sacra*, soit de fixer les droits des temples ou de la caste sacerdotale. Je ne répéterai pas ici tout ce que j'ai dit à ce sujet dans mon *Précis de droit égyptien*, en donnant le compte rendu d'une de ces assemblées publiques, dans lesquelles s'établissait, en quelque sorte, un dialogue entre le roi, faisant la *rogatio*, et ses sujets, l'examinant et la discutant, jusqu'au moment où le décret était promulgué par l'autorité et avec l'assistance des dieux. Pour tout ceci, les usages légaux de la ville de Numa sont absolument parallèles à ceux de l'Egypte : et nous voyons par de nombreuses inscriptions hiéroglyphiques (1), souvent commentées par moi, que, dans toutes les fondations religieuses (même pour celles dont nous n'avons qu'un extrait de la charte originelle), l'anathème ou son contraire jouaient également un très grand rôle comme pénalité et comme récompense (2).

Mais — et c'est sur ce point que j'attire fortement l'attention — de semblables lois curiates, *kalatis comitiis*, n'ont pas seulement été d'usage dans les questions de droit religieux. Elles l'ont été, comme à Rome, dans les questions de droit civil, à l'époque archaïque du code égyptien, dont semblent s'être inspirés les successeurs de Romulus.

(1) Voir mes « Mélanges », *passim* et mon « Précis ».

(2) C'est d'après ce modèle qu'a encore été rédigée, sous les Lagides, l'inscription apocryphe attribuée à Aménophis III qui, dans ses *Comices*, aurait fondé les *sacra* du temple de Djème. Voir aussi les anathèmes qu'on rencontre dans les fondations analogues, publiques ou privées, que j'ai publiés et commentés.

2

Qu'on me permette d'entrer dans quelques détails et d'abord de poser les principes.

A l'époque archaïque de tous les peuples anciens, la famille était une unité intangible, possédant seule les terres héréditaires, sans qu'aucun individu pût par lui-même rien changer à l'ordre de choses tout d'abord établi.

Ces règles sont celles que nous trouvons primitivement en Egypte et en Chaldée, en Grèce et à Rome. Le *jus gentium* d'alors est unanime à les admettre, comme il sera plus tard unanime à les repousser, au moins en très grande partie, au bénéfice de l'individu.

Il faut bien savoir, en effet, que, dans l'histoire des institutions, ce qui finit par dominer, c'est le courant international, ou, si l'on préfère, la mode du jour.

Instincts de race, d'une part ; *Jus gentium* ou « imitation », de l'autre : tout est là.

Or, la première conception, la plus naturelle, est celle qui consistait à considérer l'homme dans son milieu légitime.

L'homme isolé n'est rien et ne peut rien, surtout dans l'état des premières sociétés, alors que la lutte pour la vie a bien son sens complet, que les êtres humains se groupent dans une cité, ou dans une tribu, pour sauvegarder leur tête et leur liberté, trouvant dans l'aide commun le seul moyen de protéger leur existence.

Chacun alors appartient à tous : et la communauté fixe les droits et les devoirs des co-associés. Comme dans les anciennes républiques grecques décrites par Platon, etc., et dans la constitution primordiale des Romains, depuis Numa, les terres sont donc partagées entre les familles des citoyens primitifs, familles qui sont, pour ainsi dire, les sections naturelles de la cité et qui ont, par rapport à leurs membres, des droits aussi absolus qu'elle-même. Ces droits font corps avec la religion : et les *sacra privata* sont aussi stricts que les *sacra publica*. En Egypte, en Grèce, à Rome, etc., ils se rattachent, du reste, étroitement au culte des ancêtres.

Il va sans dire que l'étranger (celui que les Romains appelaient *hostis*, dans la célèbre formule des rites sacrés : *hostis, exesto*) n'a pas plus à participer aux *sacra* qu'à l'hérédité commune. C'est, comme le disaient les Athéniens, un *métèque*, dont le séjour prolongé, de lui et de ses pères, ne peut jamais faire un citoyen. Il fait partie de la *plebs*, mais jamais du *populus*, de ce peuple composé des *gentes* originelles et qui, réuni dans ses comices, élabore les lois et règle out.

Pour que l'étranger devienne quelque chose — je dirai plus : pour que l'individu devienne quelque chose — il faudra que le *populus* des vieux Quirites soit soumis par la *plebs*, réunie au mont Aventin, et que celle-ci obtienne ainsi des droits égaux et un code semblable, faisant abstraction de la *gens* (1) : la loi des XII tables.

Mais ce fut là une révolution violente dont nous aurons bientôt à reparler et avant laquelle Rome était absolument comparable à toutes les autres cités antiques.

Dans toutes, je le répète, au moins dans la période dont nous avons à parler (2), c'était la famille qui possédait sa part de terre, au même titre que la cité avait les siennes. Pour entrer en possession des biens héréditaires, il fallait avoir accompli les *sacra* de la famille, — *sacra* qui comprenaient à Rome le balayage sacré de la chambre du mort et tous les rites de la *cretio*.

Celui qui prenait ainsi possession de l'hérédité *in integrum* était alors réputé *heres sui* (héritier de lui-même), c'est-à-dire qu'il était le maître (*herus = dominus*) de ce qui lui appartenait en propre en vertu de ses droits de famille. Nul n'aurait pu l'en priver ; car alors le testament n'existait pas et ne pouvait exister de par les principes universellement reconnus. Le premier législateur antique qui admit le testament fut cet imitateur (3) et ce continuateur de Bocchoris qui eut nom Solon, et encore ne le permit-il qu'aux citoyens sans enfants. Il fallut attendre plus d'un siècle et, nous le verrons,

(1) Les droits de gentilité ne sont plus qu'une exception, sans grande portée, sous le régime établi par les premiers décemvirs. On n'avait pu tout à fait les supprimer pour les vieilles familles nobles qui subsistaient encore, mal vues, il est vrai, par la *plebs* et toujours en opposition avec elle.

(2) A une époque encore plus ancienne, la tribu possédait directement seule les terres qu'elle occupait, soit d'une façon provisoire, soit d'une façon définitive, et les familles devaient se contenter de la subsistance qui leur était allouée en échange de leur travail. En principe, tout au moins, cet état de chose subsista longtemps pour certains peuples. En Egypte ce fut jusqu'à Bocchoris : et cependant, antérieurement à ce prince, les droits spéciaux des familles furent, à plusieurs reprises, reconnus dans certaines parties de la vallée du Nil, tandis que, dans d'autres, les terres continuaient à être exploitées par corvées (Voir mon *Précis* pour toutes ces questions).

(3) Tous les anciens reconnaissent que Solon imita la législation égyptienne (de Bocchoris), qu'il avait étudiée lors de ses voyages dans la vallée du Nil.

l'influence parallèle d'une autre législation égyptienne accentuant encore les droits de l'individu, pour que la loi des XII tables donnât aux testateurs toute liberté, même celle de déshériter leurs propres enfants.

A l'époque archaïque dont nous nous occupons, du temps des rois de Rome, par exemple, il n'en était nullement ainsi. Quand une famille était près de s'éteindre et qu'il fallait quelqu'un pour la remplacer, accomplir les *sacra* perpétuels et prendre soin de l'hérédité, on avait recours à une adoption. Cette adoption pouvait avoir lieu, soit du vivant, soit même après la mort du dernier représentant : et naturellement c'était du consentement de l'autorité publique, dans les *comices curiates* ou dans l'assemblée du peuple, quel que soit le mode usité en chaque ville par sa réunion — mais toujours au nom des dieux et sous leur patronage, après les avoir pieusement consultés dans des sacrifices.

Et encore peut on se demander si ces coutumes, que nous retrouvons à une période déterminée en Grèce comme à Rome, etc. remontaient bien haut. L'idée de consulter la divinité, de la faire parler n'est pas aussi naturelle à l'homme que l'idée de l'adorer et de la servir.

Encore ici je crois qu'il s'agit d'un emprunt au *jus gentium* et je n'hésite pas à en voir l'origine en Egypte.

C'est en Egypte qu'on a eu, de tout temps, la coutume de faire parler les dieux. Bien avant les oracles de Delphes et les autres oracles Grecs, les prêtres égyptiens interrogeaient les statues de leurs dieux, dont la tête et les bras étaient mobiles, pour en recevoir une réponse, soit par geste, soit par une voix sortie d'on ne sait où. Ils faisaient aussi des holocaustes et d'autres sacrifices, dont les « prophètes », remplissant le rôle d'augures, tiraient des présages, comme ils en tiraient des songes et de diverses autres circonstances extérieures.

Rien donc ne paraissait plus facile que d'interroger le ciel sur le point de savoir si tel citoyen pouvait remplacer tel autre en qualité de fils adoptif, ainsi que le demandait le monarque, assisté des représentants réguliers de son peuple.

Ce qui est certain, c'est que l'adoption religieuse faite *calatis comitiis* existait alors en Egypte aussi bien qu'à Rome et que ce point de droit appartenait à un ensemble juridique fort analogue des deux parts — concordance trop frappante pour qu'on ne suppose pas un emprunt direct.

Le droit archaïque des Romains antérieur à la loi des XII tables est, en effet, des plus comparables au droit égyptien du code primitif de Bocchoris.

Denys d'Halicarnasse nous apprend qu'il existait du temps des rois un partage théorique des terres de franc-alleu fort analogue à celui qu'on trouvait encore dans la vallée du Nil entre le roi, les prêtres et les guerriers.

Cela n'empêchait pas qu'à Rome les champs avaient été pratiquement distribués, dès le temps de Numa, selon Cicéron (1), entre les familles des citoyens qui en étaient les maîtres, en sous-ordre, comme en Egypte, depuis Bocchoris, les familles avaient été investies de l'usage, du *shai*, des domaines cultivés par eux et sur lesquelles il leur était désormais licite d'acter.

En Egypte, sous les successeurs immédiats de Bocchoris tout au moins, cette licence ne s'étendait que jusqu'aux arrangements intra-familiaux et sans que jamais les terres pussent être aliénées en faveur des personnes étrangères à la famille.

Il paraît en avoir été de même à Rome (2) avant que les décemvirs eussent permis le testament *calatis comitiis*, en disant: *ita legassit ita jus esto*. Ainsi il a légué, ainsi sera la loi — ce qui n'a été étendu que plus tard aux testaments d'une autre forme.

Sous les Rois, le testament n'existait point encore — pas plus que sous le code de Bocchoris au même moment. En revanche, nous l'avons dit, on avait certainement déjà l'adrogation ou adoption *calatis comitiis*, à propos de laquelle nous avons entrepris cette étude et dont nous aurons bientôt à parler longuement.

D'une autre part, la vente, la mancipation ne s'appliquait pas alors aux terres, mais seulement aux autres *res mancipi*, tels que les

(1) M. Girard ne tient pas compte de ce témoignage de Cicéron et il pense que longtemps encore les terres arables restèrent communes à Rome. Je crois qu'il a tort. La législation n'avait fixé pour ces terres, avant la loi des XII tables, qu'un *maximum*, que le citoyen ne pouvait dépasser.

(2) L'action de la loi appelée *cessio in jure* existait déjà sans doute entre cohéritiers, telle qu'elle existait déjà en Egypte du temps de Shabaku et de Tahraku, dont les contrats nous en ont fourni des exemples curieux. Je citerai particulièrement un papyrus de l'an 6 de Tahraku, qui rappelle une de ces cessions faites en justice et sous la garantie d'un serment solennel. La famille entière, la *gens*, représentée par son *pater* ou *hir* et ses principaux délégués, participait ordinairement à de semblables actes, dans lesquels cependant la partie cédante jouait un rôle important.

bœufs et les divers biens meubles alors en usage, qu'on tenait à la main devant le *libripens* en disant la formule consacrée. C'est plus tard que la vente des immeubles fut permise et qu'on fit saisir, par imitation, une motte de terre pour un champ et une tuile pour une maison — ces maisons primitivement toujours héréditaires.

En Egypte, sous les premiers successeurs éthiopiens de Bocchoris, il en était ainsi. La mancipation (dont les règles paraissent fort semblables à celles usitées à Rome et qui se faisait des deux parts toujours au comptant) ne s'appliquait encore qu'aux biens meubles.

La constitution de la famille romaine et de la famille égyptienne était aussi sensiblement la même.

Rien d'analogue à la puissance absolue et brutale du *pater familias* des XII tables (1). Plusieurs récits de Tite-Live (2) nous montrent les fils de famille usant isolément de leurs droits d'hommes et de citoyens et arrivant aux plus hautes charges publiques avec pleine indépendance par rapport à leur père sans lequel plus tard ils ne seront rien et qui aura sur eux droit de vie et de mort.

Sous le code primitif de Bocchoris, état de chose identique. Le père est bien le chef de la communauté familiale, mais ce n'est pas un monarque absolu et ses fils ont, en dehors de lui, leur situation légale reconnue — à tel point que l'aîné (κυριος) de ses enfants peut faire de son vivant jusqu'à des revendications territoriales en cas d'abus de sa part.

En ce qui concerne l'union de l'homme et de la femme, la similitude est encore plus frappante entre les usages contemporains des deux nations.

Denys d'Halicarnasse nous apprend que le régime unique est alors le régime de communauté de biens, s'appliquant à ce mariage par *confarreatio* qu'ont seul connu les *gentes* primitives de Rome, les vieux citoyens.

C'est aussi le régime unique que nous font connaître nos contrats archaïques du siècle qui a suivi Bocchoris, et le mariage en vigueur à ce moment est un mariage sacré qui offre avec le mariage par *confarreatio* des vieux Romains les plus grandes analogies.

Comme lui, il est contracté dans le temple ; je dis : comme lui ;

(1) Le texte cité par Papinien, *Collatio leg. Mos et roman.*, Dig., tit. IV, § 8, résulte d'une confusion chronologique.
(2) Nous reviendrons ailleurs sur cette question.

car évidemment le mariage que rompait plus tard le prêtre spécial des *diffarcations* ne pouvait être contracté que devant un prêtre consacrant par sa présence la confarreation ou communion mystique des deux époux à un pain sacré.

Comme lui, il attestait l'égalité des deux conjoints :

A Rome la femme disait à l'homme : *ubi tu Gaius et ego Gaia* : « où tu es le maître, je suis aussi la maîtresse ».

A Thèbes, l'homme était tout aussi formel dans ce qu'il disait à la femme. — Je demanderai la permission de reproduire ici le formulaire complet de la cérémonie du mariage, telle qu'on la trouve sous plusieurs règnes.

Notons-le d'ailleurs, avant les actes civils de mariage, célébrés dans le temple, analogues à nos cérémonies de la mairie et de l'église, la coutume était de faire rédiger par les notaires des contrats de mariage semblables à ceux que rédigent en cas pareil nos notaires actuels.

Dans un de ces contrats parallèles, l'époux assurait à sa femme la communauté dans tous ses biens, ce que faisait également, dans un autre, l'épouse à son mari. Plusieurs de ces documents nous sont parvenus : et nous voyons par des papyrus de nature différente que la communauté ainsi spécifiée était scrupuleusement observée dans la suite, à ce point que non seulement l'épouse actuelle, mais même l'épouse divorcée, par une sorte de *diffarcation*, devait intervenir avec l'homme à qui elle avait été unie dans toutes les transactions postérieures relatives à ses biens propres.

C'est en tenant son écrit de donation conjugale que l'homme entrait dans le temple et s'avançait vers sa fiancée.

Alors commençait la cérémonie, dont voici le compte rendu textuel, en laissant seulement de côté le protocole contenant la date précise :

« En ce jour, entra dans le temple un tel, fils d'un tel, vers une telle, fille d'un tel, laquelle fille lui plut comme épouse, comme femme conjointe, comme mère transmettant les droits de famille à sa filiation, comme épouse depuis le jour de l'acte ».

Ne croirait-on pas, je l'ai déjà dit (1), entendre la lecture d'un chapitre sur les droits, les devoirs des époux et les conséquences du mariage, extrait de quelque code civil ? Et encore faut-il ajouter que le code de Bocchoris, remanié par Shabaku, n'avait pas fait en-

____

(2) Voir mon *Précis de droit égyptien, comparé aux autres droits de l'antiquité*.

tièrement novation sous ce rapport ; car le formulaire a soigneusement conservé des expressions qui se trouvent semblablement réunies dans le même but sous la XIIe dynastie (1), telles que celles « d'épouse et de femme conjointe » — conjonction intime que les papyrus (2) de la même dynastie nous ont montrée s'appliquant aux biens des époux dans le but de la transmission des droits de famille.

La mention du contrat notarial antérieur — analogue aux archaïques *ampa* dont nous venons de parler et qui sont relatifs également à l'apport matrimonial reconnu par le mari avec désignation expresse de certains biens — ne fait pas plus défaut dans notre acte que dans la cérémonie de nos municipalités contemporaines :

« Le bien dont il a dit : « je le lui donnerai », elle en a reçu l'acte en mains, cette femme ».

Vient ensuite le procès verbal, remarquablement détaillé, des questions posées par l'officier de l'état civil (qui, prêtre du dieu et du roi, représente alors à la fois notre maire et notre curé) et des réponses faites par le mari.

D'abord les questions :

« Il a dit, le prêtre d'Amon, prêtre du roi, à qui Amon a donné la puissance : « Est-ce que tu l'aimeras en femme conjointe, en mère transmettant les biens de famille, ô mon frère ? »

Puis les réponses, où le contrat antérieur relatif aux biens est présenté en preuve de l'affection toute conjugale du nouvel époux.

« J'ai dit :

« Moi, je transmets, par don de donation, en transmission, l'apport de ces choses, pour établir que je l'aime d'amour.

« Si, au contraire, j'aime une autre femme qu'elle, à l'instant de cette vilenie — où l'on me trouvera avec une autre femme — moi, je lui donne, à elle (à ma femme), mon terrain ou l'établissement de part qui est écrit plus haut, à l'instant, devant toute vilenie au monde ».

Jusqu'ici la déclaration du mari se rapportait surtout à la première partie de la question posée par le prêtre d'Amon, prêtre du roi, à celle dans laquelle on lui demandait s'il aimerait sa femme en femme conjointe. Voici maintenant ce qui se rapporte à la se-

(1) Voir la *Stèle* de la reine Nubkhas.
(2) Voir les papyrus de Kahun, étudiés par moi, tant dans la 8e année de ma *Revue égyptologique* que dans mon *Précis de droit égyptien*.

conde partie de l'interrogatoire, à celle qui avait trait à la mère transmettant les droits de famille :

« Tous les biens que je ferai être (que j'acquerrai) par transmission ou par apport de père et de mère (par héritage) seront pour ses enfants qu'elle enfantera ».

Ainsi l'adage que les Romains ont proclamé sous cette forme : *is pater est quem nuptiæ demonstrant*, se trouvait déjà proclamé par l'acte de mariage des Egyptiens de cette époque, comme sans doute par celui de la *confarreatio* contemporaine : tous les enfants que la femme engendrait pendant le mariage avaient droit aux biens du mari, qui légalement, par l'existence même de l'union légitime, était reconnu comme étant leur père.

J'ajouterai que, seuls, ils pouvaient alors, chez les deux peuples, avoir cette prérogative et hériter des biens, en même temps que des *sacra*.

Chez les Romains de la décadence on sépara, sous ce rapport, les biens des *sacra*. On admit pour ceux-là d'autres fils légitimes et légitimement héritiers que les fils nés d'une *confarreatio* (1). Mais pour ceux-ci, au contraire, pour les vieux *sacra* des patriciens, pour leur privilège d'avoir leurs descendants flamines ou vestales, rien ne put être innové. Il fallut toujours que le patricien commençât par *confarréer* avec une noble, de race également pure, pour en avoir des fils et des filles légitimes, capables d'être promus aux honneurs sacerdotaux. Ils pouvaient ensuite *diffarréer*, c'est-à-dire divorcer avec leurs femmes, par une cérémonie ressemblant à celle des funérailles, pour vivre une vie nouvelle, dans des unions libres, moins sévères que le mariage religieux proprement dit.

Et cependant ce mariage religieux avait, quant à ses effets civils, bien changé de nature. Depuis la loi des XII tables, l'homme y avait introduit son absolutisme, inconnu aux vieux Romains, et il avait assimilé la *confarreatio* noble à la *coemptio* plébéienne, en soumettant l'épouse à la *manus*, c'est-à-dire au pouvoir despotique de l'époux. Mais ce n'était point encore assez ! Il fallait que la femme, autrefois si respectée, pût être changée contre une autre, par caprice, à tout moment. On était bien loin alors — à Rome, comme, nous le verrons dans la suite, en Egypte, — de la femme conjointe et égale

(1) Par la même raison, on établit un temple de la *pudeur* plébéienne, en parallélisme avec le temple primitif de la pudeur, dans lequel les patriciennes seules avaient désormais accès.

transmettant les droits de famille aux enfants procréés dans une union par communauté.

Ces principes, qu'avaient encore conservés Bocchoris et Numa et que nous trouvons proclamés également jusque dans les *ampa* nuptiaux de la XII° dynastie pharaonique, avaient été singulièrement modifiés depuis par Amasis et les décemvirs ses imitateurs.

C'est ce que nous constaterons bientôt. Mais en attendant, il nous faut revenir à notre comparaison des lois qui étaient usitées parallèlement par les Quirites et les habitants de la vallée du Nil pendant la période précédente.

Nous n'insisterons pas ici sur une multitude de points de détails dont l'énumération serait trop longue. Nous ne parlerons même pas de la ressemblance frappante qui existait alors entre la forme des divers contrats des deux peuples, depuis la *mancipation*, déjà signalée en passant pour les ventes de meubles, jusqu'à la *stipulation* ayant pour but de créer l'obligation, le *nexus* ou le *mer* (mot égyptien du même sens) par une *sponsio*, c'est-à-dire par un *serment*, ce que les Egyptiens nommaient un *sanch*.

Tout cela trouvera sa place ailleurs et l'on pourra consulter à ce sujet nos diverses publications (1).

J'en reviens donc brusquement à l'adrogation ou adoption *calatis comitiis*, qui, selon tous les anciens, était la forme primitive de la transmission des biens de famille quand l'héritier du sang manquait, adrogation par loi sacrée à propos de laquelle nous avons entrepris toute cette étude.

Chez les Romains elle se pratiquait d'une façon très solennelle.

Comme toutes les autres lois curiales elle exigeait une *rogatio regis* faite au peuple.

Nous avons encore la formule de cette *rogatio*, telle qu'elle avait été modifiée sous la République, postérieurement à la loi des XII tables, d'après les pouvoirs nouveaux du *pater familias* et alors que les pontifes avaient pour ces questions remplacé le roi. La voici (1):

(1) Voir notamment : *Les obligations* ; *La créance et le droit commercial* ; *La propriété* ; les *Mélanges* ; les *Notices* ; le *Précis de droit égyptien*, etc., etc.

(2) AULU GELLE, *Nuits attiques*, V, 19, qui nous fournit cette formule (traduite par Baudry) la fait précéder des phrases suivantes : « L'adrogation a lieu pour les personnes *sui juris*, qui se font passer, par un acte de libre volonté (*ipsi auctores*), sous la puissance paternelle d'un autre. Mais les adrogations n'ont pas lieu à la légère et sans examen. Les comices curiates sont convoquées par les pontifes. On considère si l'âge de

« Qu'il vous plaise, Quirites, ordonner que Lucius Valerius devienne le fils de Lucius Titius, selon le droit et la loi, comme s'il l'avait eu pour père et sa femme pour mère, et que son nouveau père ait sur lui droit de vie et de mort, comme le père l'a sur son fils. Ce que j'ai dit, Quirites, je vous le propose ».

Les Quirites avaient ensuite à en délibérer, après avoir fait consulter les dieux par les prêtres en des sacrifices solennels : et ce décret, rendu enfin, revêtait tous les caractères d'une loi sacrée et d'une loi publique.

Il en était exactement de même pour les Egyptiens de la même période, du temps de Psammetiku Ier, par exemple : nous avons maintenant un document hiéroglyphique trouvé par un de mes anciens élèves et qui nous en fournit la preuve incontestable.

Malheureusement, le commencement nous manque. Il débute actuellement au milieu de la *rogatio regis* adressée aux comices égyptiennes des notables du royaume, spécialement convoquées à cet effet par le Pharaon, absolument avec les mêmes rites que lorsque il s'agissait, pour Usurtasen ou pour Ramsès II, d'édicter une *lex regia*, comparable à notre loi du *forum* ou à plusieurs de celles de Numa, c'est-à-dire relative aux choses sacrées (droits des temples, des prêtres, règlements des sacrifices, etc.).

Dans l'espèce, le roi Psammetiku avait à faire adopter sa fille Nitocris par la sœur de son prédécesseur éthiopien Tahraku, sœur nommée Shapenap, et alors nantie du douaire de Thèbes.

l'adrogeant ne lui permet plus d'avoir d'enfants et s'il ne veut pas s'emparer frauduleusement des biens de l'abrogé. Enfin, on lui fait prêter un serment, dont la formule a été conçue, dit-on, par le pontife Mucius Pour être adrogé, il faut être déjà pubère (*vesticeps*). L'adrogation tire son nom de ce que cette espèce d'adoption a lieu par une proposition de loi (*rogatio* faite au peuple. En voici la formule : etc. (*Dict. des antiquités* au mot *adrogatio*). Gaius (Comm. 1, 99) nous atteste la très grande antiquité de cette institution, qui paraît avoir précédé toutes les autres applications du principe de l'appel au peuple des curies pour le droit civil. Le nom même d'*adrogation*, sur lequel insiste Aulu Gelle, prouve, du reste, suffisamment la chose. La *rogatio regis* n'était primitivement faite que pour les lois publiques. La première loi d'intérêt privé fut celle qui permit de substituer, par *adrogatio*, un citoyen à un autre dans sa famille et dans son hérédité. Le testament *calatis comitiis* vint ensuite à l'époque des XII tables, quand les décemvirs admirent, à l'imitation de Solon, qu'on pouvait, sans adoption, opérer cette substitution : *uti legassit ita ejus esto*. Ce n'est que plus tard encore que les testaments, pour lesquels le peuple n'intervient plus, furent introduits.

Nitocris deviendrait ainsi la sœur de la fille de Tahraku (Ameni-ritis) déjà adoptée par sa tante.

Le souverain de la Basse Égypte, voulant opérer ainsi une union des deux couronnes du sud et du nord dans sa propre famille, devait pour cela obtenir le consentement des deux peuples.

Il commence par ses propres sujets, en convoquant les curies dépendant de la couronne rouge.

Là, s'adressant à ses magnats et aux représentants officiels du pays, il leur annonce qu'il les a réunis pour avoir leur avis et leur consentement à l'adoption projetée par lui et qui aurait pour effet de fusionner en quelque sorte sa race avec celle de Tahraku, c'est-à-dire la branche cadette avec la branche aînée de la dynastie éthiopienne prétendant descendre de la XXIe dynastie des prêtres thébains. Il leur expose donc rapidement les événements qui l'ont amené au trône, après les phases si diverses de la lutte entre Tahraku et le conquérant Assarbanipal (1).

Lui, il se représente comme le légitime successeur de Tahraku, approuvé par le grand dieu Amon. Mais, en cette qualité, il ne veut

---

(1) Voici la conclusion de ce récit et le texte entier de la fin de la *rogatio regis* :

«... Ce roi étranger, Assurbanipal, l'ennemi de Tahraka, Amon le connut dans l'appesantissement de ses esprits (dans sa fureur).

« Quant à moi, je l'ai aimé (ce dieu Amon). Il est devenu mon père. Moi je suis son fils principal, lié au père des dieux, faisant les affaires des dieux : et agissant ainsi envers ce dieu pour satisfaire son cœur.

« Je lui ai donné ma fille Nitocris pour divine épouse (titre sacerdotal des princesses de sang royal devenues prêtresses d'Amon et comme telles investies du fief de Thèbes). J'ai établi de lui faire tous les rites consacrés (de l'adoption de Netocris par Shapenap) devant elle : et cela dès qu'Amon en eut ouvert la bouche. Il (Amon) s'est complu à l'honorer (ma fille). Il a rendu bonne la terre qu'il lui a donnée.

« Voici que j'ai entendu son dire : « Il y a là une fille (Amenitis) de l'horus resplendissant, du dieu bon Tahraku, véridique, lequel l'a donnée à sa sœur Shapenap pour sa fille grande. Elle est là en divine adoratrice. »

« Quant à moi, il ne m'appartient pas d'annihiler l'action qu'il avait faite d'introduire sa progéniture à sa place (dans ses biens); car je suis un roi qui aime la justice et la vérité, qui déteste l'imposture et l'iniquité, un fils vengeur de son père, prenant en entier l'héritage du dieu Seb, son partage depuis l'enfance. Or donc, j'ai fait elle à elle pour fille grande (j'ai reconnu l'adoption que (Shapenap, la sœur du roi Tahraku avait fait de la fille de ce prince Ameniritis), alors qu'elle (Shapenap) n'était que la sœur de son père Tahraku. »

nullement attenter aux droits des héritières de la famille amonienne et éthiopienne ; car il a entendu le dieu lui dire : « Il y a là une fille (Ameniritis) de l'Horus resplendissant, du dieu bon Tahraku, véridique, lequel l'a donnée à sa sœur Shapenap pour sa fille grande. Elle est là en divine adoratrice ». Il reconnaît, en termes formels, cette adoption antérieure et il se borne à solliciter une adoption semblable pour sa fille, qui deviendrait en cette qualité « divine épouse d'Amon » et hériterait à son tour des droits de la sœur et de la fille de Tahraku.

Cette *rogatio* du roi est universellement approuvée par les *curies* composées des notables du pays du nord, dont on nous reproduit la réponse et les acclamations (1).

Suit ensuite la formule du décret de la *lex regia*, portant que le roi Psammetiku à proposé ses fondations ou ses constitutions royales à Amon qui les a acceptées. « Il a fait, poursuit-on, de sa fille grande qu'il aime, Nitocris, dont le surnom sera Shapenap (le nom de sa mère adoptive), une divine épouse d'Amon pour agréer à sa bonne face (2) ».

Il ne restait plus qu'à faire consentir la mère adoptive, Shapenap, et son peuple (le peuple de la couronne blanche) à ce qui venait d'être ainsi décidé. La stèle continue donc en nous donnant le procès-verbal du voyage à Thèbes que fit à cette occasion la jeune princesse sous la conduite du grand amiral Samtutefnekht.

Pendant tout le trajet de la flotte royale, les préfets vinrent lui rendre hommage et lui apporter leurs offrandes. Enfin, l'an 5, le quatrième jour du premier mois de la saison *per*, on arriva à Thèbes. Nitocris aborda. « Elle trouva Thèbes avec ses générations des

(1)) « Alors (après ce discours du Pharaon) ils se prosternèrent en leur divine adoration vers le roi des deux Égyptes Ranumab (Psammetiku Ier) régnant à jamais.

« Ils dirent : « Tu dures à jamais. Tes ordres à cet égard subsisteront aussi. Tu as accompli les divins devoirs que t'a imposés ton père Amon. Il a placé cela dans le cœur de celui qu'il aime. Il décréta du haut du ciel de faire cela. Il aime à se souvenir de ton esprit. Il aime à prononcer ton nom. »

(2) Voici le texte complet de cette partie de la stèle :

« L'Horus grand de cœur, le roi Psammetiku, vivant à jamais, a établi ses fondations (ou ses constitutions royales) à son père Amon, seigneur du ciel, régent du plérome des dieux. Il a fait de sa fille grande qu'il aime, Nitocris, dont le surnom sera Shapenap (le nom de sa mère adoptive), une divine épouse d'Amon pour agréer à sa bonne face. »

hommes, les envoyées des femmes, se tenant debout pour acclamer son arrivée »...

« Ils dirent :

« Viens, fille royale Nitocris, au temple d'Amon ! »

« Amon l'a reçue. Il se réunit à elle pour lui faire rejoindre la fille royale Shapenap dans Apu (le quartier sacré de Thèbes) ».

Un nouveau décret solennel fut alors rendu pour confirmer le premier décret du peuple du nord (1) :

(1) Voici le texte complet de toute cette partie :

« L'an 3, le 28 du premier mois de *sha*, sortit du harem royal sa grande fille (la fille du roi), revêtue de lin et ornée d'émeraudes. Ses suivantes étaient avec elle, fort nombreuses, ainsi que des huissiers (des écarteurs) destinés à préparer les chemins, afin qu'on pût prendre une bonne voie vers le fleuve pour naviguer à Thèbes. Des bateaux, en grand nombre, étaient avec elle, garnis de forts marins et chargés de tous les ustensiles nécessaires, de toute sorte de bonnes choses venant du palais royal.

« Leur commandant était le compagnon royal (τῶν φίλων), préfet du nome Héracléopolite, grand général et chef des ports Samtutefnekht.

« Ils étaient envoyés en message pour présenter leurs offrandes devant elle.

« Les vergues portèrent un peu de brise. On serra les drisses pour saisir le vent. Le capitaine leur fit prendre (aux marins) tous leurs ustensiles (leurs avirons et autres engins maritimes).

« Tous les préfets vinrent avec leurs offrandes, leurs fournitures, consistant en toutes bonnes choses : avec des pains, de la viande, des bœufs, des oies, des papyrus, des dattes, des herbages, toute espèce de friandises, chacun rivalisant avec son collègue pour lui procurer un voyage agréable vers Thèbes.

« L'an 5, deuxième mois de *sha*, jour quatrième, on toucha terre à la ville des villes, à la ville des dieux, à Thèbes.

« Elle (la princesse) aborda. Elle trouva Thèbes, avec les générations des hommes, les envoyées des femmes, se tenant debout pour acclamer son arrivée — en foule — et apportant des bœufs, des oies, des offrandes grandes et nombreuses.

« Ils dirent :

« Viens, fille royale Nitocris, au temple d'Amon !

« Il (le dieu Amon) l'a reçue. Il se réunit à elle pour la faire rejoindre la royale fille Shapenap, dans Apu (le quartier sacré de Thèbes). Les dieux la favorisent.

« Dureront éternellement toutes les fondations du roi Psammetiku. Il en a fait son fils de cet Horus, grand de cœur, vivant à jamais. C'est une faveur d'Amon, régent du plérome des dieux. Il en a fait son fils de ce seigneur des diadèmes, seigneur de la force, vivant à jamais. L'amour d'Amon, le grand des dieux, il l'a donné à son fils, l'Horus d'or victorieux, vivant à jamais. Cela a plu à Amon, le grand taureau, seigneur de son ciel, à Montnebnestaui, qui ont accordé une longue vie, l'affermissement

C'était un plébiscite en règle, fait au nom du peuple du midi et au nom de la divinité, portant sur deux objets :

1° L'adoption de la fille du Psammetiku Nitocris par la sœur de Tahraku Shapenap ;

2° La reconnaissance de Psammetiku, lui-même devenu théoriquement roi des deux régions par la grâce des dieux et la volonté universellement exprimée du peuple.

Cela n'empêchait pas Shapenap de rester, du reste, souveraine de son fief de Thèbes, avec ses deux héritières présomptives.

Son consentement ne souffrit pas de difficulté, pas plus du reste que n'en souffraient d'ordinaire, de la part des parents adoptifs, les adrogations romaines, *lege curiata.*

Dans les conditions actuelles, on n'avait pu vraiment trop long-temps étendre la discussion, comme cela se pratiquait à Rome, selon Aulu Gelle, sur la question de savoir si l'âge de l'adoptant ne lui permettait plus d'avoir d'enfants, s'il ne voulait pas s'emparer frau-duleusement des biens de l'adrogé ou réciproquement en sens in-verse (ce qui pouvait être le cas dans la circonstance). Non ! tout fut sanctionné en bloc et sans examen par le peuple, par le dieu et par l'adoptante, qui se déclarait très satisfaite de sa nouvelle fille.

« Après qu'elle (Nitocris) fut arrivée auprès de la divine épouse Shapenap, celle-ci la vit. Elle se complut en elle. Elle l'aima plus que toute chose. Elle lui fit un *ampa* (1), *ampa* qu'avait déjà fait

en santé et en force, toute plénitude de cœur (toute joie) auprès d'eux, à leur fils qu'ils aiment, le roi des deux pays, seigneur des deux régions, Uahabra, fils du soleil, Psammetiku, vivant à jamais. Ils accordent puis-sance à son esprit. Lui donne Horus son trône. Lui donne Seb son hé-ritage. Il est parmi tous les esprits vivant. Voici que lui, il est en roi sur le trône d'Horus. Aucun ne pourra s'opposer à lui. » — Et par conséquent toutes ses volontés sont approuvées sans opposition.

(1) Voici le compte rendu de cette charte : « Lui donne Sa Majesté, la reine (Shapenap), dans la terre du midi, sept districts : 1° dans le nome de Suten Khenen (Héracléopolis), le domaine de Iouna : 300 mesures de terre ; 2° dans le nome de Pamdja (Oxyrinque), le domaine de Puutoui : 300 mesures de terre ; 3° dans le nome de l'épervier (Hipponus), le do-maine de Kuku : 100 mesures de terre ; 4° dans le nome du lièvre (Hermo-polis) le domaine de Nesmin : 600 mesures de terre ; 5° dans le nome du serpent (Aphroditopolis), la terre de Kai : 300 mesures de terre ; 6° dans le nome de Cynopolis, le domaine d'Horsiésé ; 200 mesures de terre. Total de ces terres : 1 800 mesures — avec tout ce qui en ressort, tant dans la campagne que dans la ville, avec leurs terrains secs et leurs canaux.

« Pains et bières qui ont été donnés dans le sanctuaire d'Amon.

« Lui donne le quatrième prophète d'Amon, préfet de la ville et du

pour elle-même son père (le roi Piankhi) et sa mère adoptive Ame-niritis Ire, tant pour elle-même que pour sa fille Ameniritis II, la fille du roi Tahraku, son frère, acte fait par eux par écrit et portant :

pays du midi en son entier, Montemhat : par jour, pains 200 outen, lait *hin* 5, un gâteau *sha*, herbages une botte ; par mois, 3 bœufs et 5 oies.

« Lui donne son grand fils, l'inspecteur des prophètes qui sont dans Thèbes, Nesptah ; par jour : pain 100 outen, lait 2 hin. herbages une botte ; par mois, 15 gâteaux *sha*, 10 grandes *hibn* de bière ; — plus 100 mesures de terre de Uana.

« Lui donne Udjarens, la femme du quatrième prophète d'Amon, Montemhat : par jour, 100 *outen* de pain.

« Lui donne le premier prophète d'Amon, Horkheb : par jour, 100 *outen* de pain, 2 *hin* de lait ; par mois, 10 gâteaux *sha*, 5 grandes *hibn* de bière et 10 bottes d'herbages.

« Lui donne le premier prophète, d'Amon, Petiamennebnestaui : par jour, 100 *outen* de pain, 2 *hin* de lait ; par mois, 5 *hibn* de bière, 10 gâteaux *sha* et 10 bottes d'herbages.

« Total : 600 *outen* de pain, 11 *hin* de lait, 2 grandes unités métrologiques et 6 petites (ou 26 petites) de gâteaux *sha*, 2 grandes unités métrologiques et 2 petites (ou 22 petites) de bottes de foin par jour, 3 bœufs, 5 oies, 20 *hibn* de bière par mois — plus 100 mesures.

« Lui donne Sa Majesté le roi (Psammetiku), dans le nome d'Héliopolis sur le temple de la ville de Tum, c'est-à-dire sur le *neter hotep* qui en est apporté à Sa Majesté : 2 *khar* d'orge à prendre après l'offrande journalière qu'on fait pour apaiser le dieu.

« Sa Majesté le roi lui donne aussi sur les temples :
« 1° De Sau (Saïs) : 200 *outen* de pain.
« 2° De Paudj (Buto) : 200 *outen* de pain.
« 3° De Pahathormafek : 100 *outen* de pain.
« 4° De la Paanbu : 50 *outen* de pain.
« 5° De Panebamt : 50 *outen* de pain.
« 6° De Pamanun : 50 *outen* de pain.
« 7° De Taadjar : 50 *outen* de pain.
« 8° De Djan (Tanis) : 100 *outen* de pain.
« 9° De Pahathor : 100 *outen* de pain.
« 10° Du temple de Bast, dame de Bubastis : 100 *outen* de pain.
« 11° De Hatherab (Athribis) : 200 *outen* de pain.
« 12° De Mesta : 50 *outen* de pain.
« 13° De Basta : 50 *outen* de pain.
« 14° De Paharshefinebsuten Khenen (Elinas) : 100 *outen* de pain.
« 15° De Pasobt (Safthelehnah) : 100 *outen* de pain.
« Total : 1 500 *outen* de pain.
« Lui donne Sa Majesté le roi dans les nomes du Nord :
« 1° Dans les districts de Saïs : Taastnshasunres : 360 mesures de terre.
« 2° Dans le district de Basta : le domaine de Taatnofreho : 500 mesures de terre.

« Nous t'avons donné nos biens quelconques de campagne et de
« ville qui existent dans notre pays pour durer à jamais ».

« Les témoins de ces choses furent les prophètes, les prêtres et les
amis du sanctuaire, pour sceller toute chose ».

Cette investiture des biens héréditaires de la fille et de la sœur
de Tahraku en possession desquels Nitocris devait entrer après elle
une fois terminée, on en vint aux largesses faites consécutivement
comme douaire actuel de Nitocris :

1º En Thébaïde, par sa mère adoptive, la divine adoratrice Shapenap et par les magnats de Thèbes ;

2º Dans les pays du nord, par le roi Psammetiku, père naturel de
Nitocris.

Nous voyons par là que l'adoption égyptienne, comme sans doute
la plus ancienne adrogation romaine, avant la loi des XII tables qui
créa les pouvoirs exorbitants du *pater familias*, n'enlevait pas à
l'adopté la capacité de posséder, mais lui créait seulement un droit
absolu sur les biens de l'adoptant.

Il en fut tout autrement dans le code d'Amasis, en vertu duquel
tous les biens de l'adopté passèrent à l'adoptant, en sa qualité de
pater, clause légale qu'imitèrent les décemvirs. C'est sous cette
forme et avec le droit concomitant de vie et de mort sur le nouveau
fils qu'Aulu Gelle nous montre, de son temps, l'*adrogatio lege curiata*,
d'après les formules mêmes de la *rogatio*. C'est sous cette forme
aussi qu'au dire de Suétone, Auguste avait adopté l'un de ses petits
fils *lege curiata*, en même temps qu'il en adoptait un autre *per æs
et libram*, c'est-à-dire par mancipation.

« 3º Dans le territoire de Teba : le domaine Utetemnahmeht : 240 mesures de terre.

« 4º Dans le territoire d'Héliopolis : l'enceinte d'Horus, fils de Djeti, qui
est surnommée l'enceinte de Psimuth, fils de Mertukhebt : 300 mesures
de terre.

« Total : 1 400 mesures de terre : et leurs lieux secs et leurs canaux.

« Total général des pains : 2 100.

« Total général, dans 11 districts, des terres (données par la reine) :
1 800 ; par le fils de Montemhat : 100 ; par le roi : 1 400 ; ce qui fait 3 300.

« Ceci est établi ferme et solide. On ne peut le détruire. On ne peut
l'abroger jamais. »

En *post-scriptum* on lit cette addition :

« Dans le district de... la localité Pep et ses gens quelconques, ses
terres quelconques, ses biens quelconques dans la campagne et dans la
ville. »

Voir mon *Précis* p. 433 et suiv. pour le commentaire de cette pièce.

Or, l'adoption par mancipation dont les effets avaient été assimilés aux effets de l'adoption par loi curiate, comme les effets du mariage par *confarreatio* avaient été assimilés aux effets du mariage par *coemptio* ou par mancipation, cette adoption par mancipation, dis-je, était celle qui avait été directement empruntée au code d'Amasis, en même temps, du reste, que le mariage par *coemptio*. Il ne faut donc pas nous étonner si les règles de droit y relatives étaient alors identiques.

Tout cela rentre d'ailleurs dans la dernière partie de ce travail : l'époque des emprunts faits par la loi des XII tables au code d'Amasis.

Mais, dès celle-ci, nous pouvons remarquer l'appui singulier que nous offre l'étude du droit comparé pour bien comprendre chacune des institutions ethniques de l'antiquité.

J'ai déjà dit plus haut que les hommes n'étaient pas faits pour vivre isolés et que la communauté de besoins les rendait nécessairement frères. Eh bien ! il en est des peuples comme des individus. Jamais, à aucune époque, ils n'ont pu s'enfermer complètement dans leurs idées propres et dans leur égoïsme brutal. En dépit des haines, en dépit des guerres et des abus de tout genre, on en vient toujours à appliquer un peu cet aphorisme d'un ancien : *Homo sum et nihil humani a me alienum puto.*

Plaise à Dieu que ce sentiment finisse par régner en maître sur les peuples civilisés !

SECONDE PARTIE

Epoque des emprunts faits par la loi des XII tables au code d'Amasis.

Quelles furent les origines du code d'Amasis, tant dans le droit égyptien que dans le *jus gentium* de son époque ? C'est là une question qu'il faut d'abord nous poser aujourd'hui : et cela d'autant plus que nous apprendrons du même coup les origines premières de l'esprit, des tendances et d'un très grand nombre de dispositions spéciales de la loi des XII tables, certainement empruntées textuellement, nous le démontrerons, à ce code d'Amasis.

Avant d'y répondre, reconnaissons-le, on doit se livrer à des méditations profondes, car Amasis fut un esprit très original qui donna un cachet spécial et bien personnel même à ses emprunts.

Nous allons cependant essayer de tracer les grandes lignes de cette esquisse, devant toujours rester imparfaite par sa nature même et par suite de l'absence actuelle de beaucoup de monuments qui seraient précieux à consulter.

Notre travail actuel se divisera donc en trois paragraphes : 1° les origines égyptiennes ou étrangères du code d'Amasis ; 2° l'étude détaillée de ce code et sa comparaison avec celui des décemvirs ; 3° l'examen analytique des XII tables.

§ I. — *Les origines du code d'Amasis.*

En ce qui touche l'Egypte romaine on peut affirmer que le précurseur d'Amasis fut Bocchoris, lui-même.

Malheureusement, nous ne possédons qu'un seul contrat remontant au règne de ce dernier et les renseignements fournis par les grecs, bien que très exacts, sont trop incomplets pour nous éclairer sur tous les points.

Ce qui nous renseigne le mieux, c'est précisément la comparaison de ce contrat avec les très nombreux actes de l'époque immédiatement postérieure qui nous sont parvenus et qui, je l'ai déjà dit, rappellent d'une façon vraiment étrange les documents similaires de la Rome archaïque contemporaine (avant les décemvirs).

Il n'est pas douteux pour moi que Numa et les premiers législateurs de Rome, quels qu'ils aient été, se soient inspirés de cette source seconde (la législation de la période éthiopienne) tandis qu'Amasis s'est inspiré du travail *primitif* de Bocchoris antérieur à tout remaniement.

Or, entre ces deux sources, il existe de très nombreuses différences, dont j'ai fait l'énumération détaillée dans mon *Précis de droit égyptien*. Qu'il me suffise de dire que Bocchoris paraît avoir le premier rêvé l'aliénation des biens héréditaires hors de la famille originelle et même la vente par mancipation des immeubles, imitée de celle des meubles et que copia plus tard Amasis.

En ce qui concerne l'aliénation des ingénus, avec ses applications à l'adoption, au mariage, etc., qu'on trouve à tout instant dans les contrats d'Amasis elle avait été au contraire, Diodore nous l'apprend et l'ensemble de nos documents le prouvent, formellement interdite par Bocchoris.

Amasis a donc eu recours directement pour cela aux prototypes du droit assyro-chaldéen, qui avaient déjà fourni à Bocchoris l'idée de l'aliénation libre des immeubles.

La Chaldée était, en effet, le pays commerçant par excellence. Les vieux bilingues accadiens ou sumériens du palais d'Assourbanipal nous apprennent que, dès la période la plus reculée, on regardait l'argent comme la mesure commune de toutes les valeurs (principe qui sera plus tard la base de l'économie politique) et que, par le moyen de l'antichrèse, on en facilitait l'échange.

Est-ce à dire que déjà alors la vente existait telle qu'elle a existé plus tard ? non, sans doute ; car les susdits bilingues supposent toujours le rapport de la chose :

« On a fait l'équivalence entre de l'argent et une maison.

« On a fait l'équivalence entre de l'argent et des champs.

« On a fait l'équivalence entre de l'argent et un esclave ou une servante.

« Quand on rapportera l'argent, on rendra la maison.

« Quand on rapportera l'argent, on rendra le champ.

« Quand on rapportera l'argent, on rendra l'esclave ou la servante ».

Ainsi que l'a très bien démontré mon frère Victor Revillout, le principe absolu, lors des premières périodes Chaldéennes, était celui du *retrait lignager*. Les représentants de la famille originelle avaient toujours le droit de rentrer en possession du bien héréditaire engagé par eux ou leurs ayants-cause. Mais, pour cela, ils n'avaient qu'à payer le capital ; car l'antichrèse Chaldéenne, livrant la chose contre sa valeur en argent, comportait une clause en vertu de laquelle il ne pouvait y avoir d'intérêts pour l'argent ni de prix de location pour la chose. En effet, l'intérêt légal était calculé d'après le rendement des terres, rendement énorme puisqu'il s'élevait à 20 0/0 de la valeur d'estimation et c'était d'après ce tarif, en quintuplant le produit fourni par le travail de l'esclave qu'on calculait le prix du dit esclave, etc.

En somme, l'héritier de la famille avait donc à payer cinq ans des revenus de son domaine, pour en avoir de nouveau la jouissance. Mais son droit à cette jouissance était absolu — tout aussi absolu que les droits de l'Hébreu sur sa terre familiale, dans laquelle il rentrait lors du jubilé septennal, l'eût-il engagée pour sa valeur entière et n'eût-il rien payé pour cela. Il est vrai qu'évidemment l'Hébreu en question n'aurait pu engager sa terre dans de semblables conditions, à la veille d'un tel terme, car il n'aurait trouvé aucun prêteur. Quand il restait, au contraire, sept ans, six ans, ou même cinq ans avant le jubilé, le produit annuel, d'après les bases d'estimation chaldéennes, dépassait ou atteignait la valeur de la chose (sans les intérêts). De ces intérêts il fallait alors tenir compte, à la différence du système antichrétique de la Mésopotamie, puisque tout devait être soldé par le produit. Mais c'était facile en diminuant le prix de la chose d'une façon proportionnelle au revenu capitalisé d'après le taux du cinquième du cinquième, ou du vingt-cinquième, par an. Pour cinq ans, c'était de cinq vingt-cinquièmes, ou du cinquième du total. Pour six ans, de six vingt-cinquièmes. Mais le capital se trouvait grossi de cinq vingt-cinquièmes. Il n'y avait donc qu'un vingt-cinquième à retenir sur la valeur. En sept ans, on constate un fort bénéfice pour le créancier, en ne touchant pas au total vrai. Mais là était la limite légale (1).

(1) Je calcule ici d'après les bases chaldéennes, peut-être un peu différentes de celles des Hébreux du temps de Moïse. Il faut noter aussi que

Cette antichrèse *in solutum*, c'est-à-dire dans laquelle les fruits du bien engagé payaient la dette, antichrèse *in solutum* usitée aussi en Egypte (bien qu'avec un tarif de produits-intérêts dissemblable) du temps de Tahraku et d'Amasis (1), revient ainsi absolument au même que le système chaldéen de l'antichrèse pure, au point de vue du créancier, bien entendu.

Mais ce dernier système devait finir par conduire au principe de la vente définitive qui dépouillerait complètement le débiteur de ses terres. Si l'argent était la commune mesure de toutes les valeurs considérées comme telles, c'est-à-dire des biens immeubles comme des biens meubles, pourquoi donc s'arrêter en chemin et ne pas en faire le roi absolu de toutes choses ? Les droits des familles devaient s'effacer devant l'argent, aussi bien que les droits de l'individu. Mais celui-ci ne bénéficiait-il pas de cet état de choses, puisqu'il pouvait échanger contre des jouissances actuelles et personnelles l'aisance que la loi avait d'abord voulu assurer à ses descendants comme elle l'avait assurée à ses ancêtres ? D'après les règles de l'économie politique, tout peut et doit s'échanger contre de l'argent. La vertu même est une valeur comme les autres, et tous les commerces sont légitimes, y compris ceux qui, aux yeux de la morale, sont les plus honteux. L'offre et la demande dominent tout.

Hâtons-nous de le dire, du reste, ce n'est pas l'idée de jouissance qui conduisit les Chaldéens aux derniers progrès économiques, c'est surtout l'idée d'intérêt. Les habitants de la Mésopotamie, dont le pays servait de route aux caravanes entre l'Extrême-Orient et les régions occidentales civilisées d'alors, étaient certainement les plus grands commerçants du monde. Or, pour le commerce, la mobilisation indéfinie et sans limite des valeurs est la chose importante. L'habitude invétérée de l'antichrèse avait obtenu ce résultat même pour les immeubles, que la pesée des valeurs et le tarifage indiqué

quand le prêteur était hébreu, il devait, pour un hébreu, ne pas retenir d'intérêts. Le faisait-il toujours ? On peut en douter, surtout pour le prêt antichrétique.

(1) En Egypte, à cette époque, le taux de l'intérêt calculé, d'après les produits des champs, était beaucoup plus élevé. Il était, pour les céréales, du tiers (au lieu du 5ᵐ), c'est-à-dire de 33 1/3 0/0 et, pour le numéraire, (calculé d'après le système décimal) de 300/0. C'était donc en trois ans que le capital se trouvait doublé ou remboursé. Là s'arrêtait aussi, s'il n'intervenait pas un règlement, la limite des intérêts du prêt non antichrétique, limite qui a été imitée plus tard par les Grecs du code de Bocchoris, selon leur propre témoignage, et qui interdisait aussi l'anatocisme.

plus haut avait rendus aussi liquides ou liquidables que les meubles. Mais il ne fallait pas que rien vint compliquer à l'avenir ce mouvement perpétuel qui leur avait été imprimé. La terre n'était plus seulement un billet à ordre — ce billet à ordre déjà inventé par les Chaldéens — et dont le paiement au terme, constitué pour l'immeuble, non par un laps de temps, mais par l'exercice des droits de reprise de la famille — arrêtait la circulation. Non ! c'était devenu une monnaie au même titre que les autres, métaux précieux, bijoux, riches étoffes, bestiaux, esclaves, etc. Toutes ces choses avaient leur estimation calculée d'après leurs produits, leur travail ou leur usage, et si l'usure ou la mort en faisait disparaître quelques-unes, c'était un résultat prévu d'avance et dont les compensations (pesées d'après les probabilités, comme eût pu le faire une de nos compagnies d'assurances), n'avaient point été oubliées.

Cet égoïsme pratique, s'il était privé d'idéal, ne l'était point d'une certaine morale, utilitariste, il est vrai, mais encore assez élevée.

L'esclavage, par exemple, était loin d'être considéré d'une façon aussi brutale que dans la Rome primitive. Nul Babylonien n'aurait nourri ses poissons avec ses esclaves ; ils lui étaient bien trop précieux. N'était-ce pas eux qui lui permettaient d'étendre indéfiniment son commerce et d'avoir des comptoirs partout. J'ai prouvé dans un de mes livres (la créance et le droit commercial dans l'antiquité), que ce droit s'était développé surtout à l'aide de l'esclave, du *servus vicarius*, imité plus tard par les jurisconsultes et les empereurs romains, phéniciens d'origine, et qui s'inspirèrent du courant chaldéo-phénicien. Tous les principes juridiques qui régissaient les sociétés commerciales chaldéennes, comme elles régissent nos sociétés commerciales actuelles, reposaient fondamentalement, d'une part, sur le mandat et sur l'idée du capital (*qaqqadu* « tête ») vivant, pour ainsi dire de sa vie propre, et, d'une autre part, sur l'esclave auquel on laissait un pécule, toujours révocable d'ailleurs, en en acquittant les charges et les obligations.

Mais, par cela seul que l'esclave pouvait avoir cette indépendance pratique, il était impossible de le traiter comme une bête de somme. Le *servus vicarius*, soit chargé d'une maison de commerce, soit chargé d'une exploitation agricole, vivait donc à peu près comme un homme libre, ayant sa femme (dont il payait au maître le travail pour la garder près de lui) et ses enfants légitimes. Il n'était pas jusqu'au serviteur conservé par le maître dans la maison, dont les services de chaque jour ne lui parussent dignes de certains égards et dont la vie ne fût protégée, si ce n'est par le principe égyptien de la charité, qui, dans la vallée du Nil, faisait considérer l'esclave comme un frère et punissait son meurtre à l'égal de celui d'un homme libre, du moins par le principe babylonien du sage aménagement des valeurs, qui en faisait soigneusement exiger le prix.

Nous avons dit plus haut qu'au point de vue des économistes modernes, la vertu même est une valeur, et que les commerces les plus honteux sont permis, selon l'offre et la demande. S'il faut en croire Hérodote, il en était déjà ainsi à Babylone, et certains sacrifices spéciaux faits à Astarté, par les jeunes filles, auraient eu le point de départ qui faisait naguère encore, selon certains voyageurs, constituer des dots au Japon.

On n'est pas sûr que de tels usages, constatés par l'historien grec de son temps, c'est-à-dire à l'époque persane, remontent au temps de l'hégémonie ou de l'indépendance babylonienne, sous Nabuchodonosor et Nabonid. Ce qui est certain, d'après les contrats de cette période, c'est, d'une part, que les dots existaient déjà, et, d'une autre part, que le mariage était entouré des plus grandes garanties. On menaçait souvent alors la femme de mort, si elle devenait infidèle. Il est vrai qu'il en était ainsi au Japon, dans la période dont nous avons parlé plus haut.

En Egypte, les principes étaient bien plus élevés.

Le chapitre 125 du rituel fait de la plus haute morale la condition indispensable de la résurrection glorieuse et des récompenses éternelles. Pour cela, l'homme doit être chaste. Il doit être désintéressé. Il doit être doux. Il doit être charitable ; tout est là, et tout cela était pratiqué depuis le plus ancien empire : je l'ai démontré dans un travail spécial.

La seule économie politique en honneur était celle des physiocrates, qui, au siècle dernier, considéraient la terre comme l'unique source de production. Déjà les prêtres Egyptiens avaient cette doctrine, que leur ont empruntée les philosophes et les économistes grecs, élevés, du reste, d'après les traditions antiques, à leur école. Ils proscrivaient le commerce et le prêt à intérêts, duquel une pieuse Egyptienne disait sur son tombeau :

« Je n'ai pas prêté à intérêts, moi ; mais j'ai donné du pain à l'affamé, de l'eau à l'assoiffé, des vêtements au nu, des largesses dans la main de chacun. J'ai été une dévote à son père, bénie de sa mère, dans le cœur de ses frères, unie de cœur avec tous les hommes de son pays. J'ai fait vivre les pauvres avec mes biens en tout temps de disette, quand le Nil était petit. J'ai donné la subsistance à toute âme vivante et les ai même fournies d'huiles, de vêtements, alors que leurs revenus étaient retournés au ciel (s'étaient dissipés). J'ai fixé un jour à chaque dieu pour qu'il y fasse l'alimentation des hommes avec mes biens... Je n'ai pas aimé à acquérir richesses, alors que je prodiguais par amour les approvisionnements et toute chose aux habitants du sanctuaire. Je suis une personne bonne en sa piété, dévote en son adoration envers Dieu depuis sa jeunesse, et dont le cœur entra toujours dans les chemins de Dieu ».

C'était, en effet, la route du ciel que les Egyptiens voulaient suivre dans la pureté, dans la charité et en ne prenant à la terre, cette nourrice commune, que ce qui leur fallait pour vivre.

L'argent, par lui-même, ne nourrit pas. Il ne produit rien. Le sol seul apporte à l'homme ce dont il a besoin ; et celui-là mourrait de faim, qui n'aurait sur un rocher désert que l'or, l'argent, les bijoux et tout le luxe du monde. Médiatement ou immédiatement, les productions du sol paient donc, bien plus que le numéraire, tout ce que nous considérons ici-bas comme richesses, plus ou moins utiles. Les seuls producteurs sont les agriculteurs : et l'agriculture était la principale préoccupation des Egyptiens d'alors, comme du reste des habitants actuels de la vallée du Nil.

Ce n'est pas, en effet, le christianisme seul qui, dans les premiers siècles, proscrivait le prêt à intérêts (les actes coptes du concile de 362, présidé par saint Athanase le démontrent) et le commerce même, en disant que cette chose-là ne convient pas à des chrétiens et ne devient, à la rigueur, excusable, que dans les pays ne produisant rien. Non ! le musulmanisme égyptien a des tendances similaires. Le prêt à intérêt ou la banque, ainsi que le haut commerce, ne sont pratiqués que par les Juifs, les Arméniens et les étrangers. Le scrupule va même si loin que, d'après les récits du Moudir d'Assouan, on regarde comme injure pour le prêteur la reconnaissance écrite d'une dette, même sans intérêts.

En ce qui concerne l'état des terres, il se confondait pour ainsi dire, il y a peu d'années encore, avec ce qu'il était quatre mille ans plutôt. En principe, l'Etat, représenté par le sultan ou le khédive, les possédait toutes, ainsi que l'ancien Pharaon, bien qu'en ayant partagé l'usage avec les *moultezim* ou les seigneurs militaires, remplaçant l'ancienne caste des guerriers, et avec les administrateurs des wakefs ou biens de mosquée, remplaçent les anciens *neter hotep* sacrés. Enfin, au-dessous des possesseurs éminents, la culture était administrée, selon les districts, soit d'après les principes de l'ancien code de Sésostris, soit d'après ceux du code de Bocchoris.

Mais il est temps d'en revenir à ce dernier.

Nous l'avons dit déjà, Bocchoris était un novateur hardi, s'inspirant largement des législations étrangères, et surtout de celle de ces Assyro-Chaldéens dont il était l'allié et le partisan déclaré. Aussi n'hésita-t-il pas à rompre avec la plupart des traditions égyptiennes, pour se rapprocher *le plus possible* de celles de la Mésopotamie.

En sa qualité de phénicien de race, ce qui le touchait surtout, c'était le commerce. Son code fut donc, avant tout, un code commercial, un code des *contrats*. Diodore de Sicile insiste fortement sur ce point, tant dans son paragraphe relatif aux législateurs (I, XCIV, 5), que dans son paragraphe relatif aux lois (I, LXXIX).

« Le quatrième législateur, nous dit-il, fut le roi Bocchoris, homme âgé (σοφον) et remarquable par son industrieuse sagacité ou par sa ruse (πανουργια διαφεροντα). C'est lui qui régla ce qui concerne les rois et qui apporta le plus grand soin à tout ce qui touche les contrats (τα περι των συμβολαιων). Il montra une telle intelligence pour les jugements (περι τας κρισεις), que plusieurs de ces décisions sont encore rappelées de notre temps pour leur excellence. On dit, du reste, qu'il était très infirme de corps et fort avide des richesses ».

Ne semble-t-il pas qu'on entend la description de quelque juif devenu roi ? Il est vrai qu'entre les juifs et les phéniciens, il y avait, sous ce rapport, peu de différence, même en ce qui concerne la foi punique, *fides punica*, et c'est justement ce manque de foi que Shabaku reprochait à Bocchoris quand il fut brûlé vif. Il n'en est pas moins certain que nul, plus que Bocchoris, n'était de son temps expert aux choses du négoce, dont il traça avec prudence les règles, telles qu'elles étaient applicables en Egypte.

On ne pouvait songer, en effet, à adopter en bloc les usages Chaldéens, puisque les contrats usités depuis tant de siècles en Chaldée n'existaient nullement encore dans la vallée du Nil. L'illustre premier successeur de Champollion, mon excellent ami, M. Birch, remarquait en effet, avec raison, — ce que les faits ont encore mieux prouvé — depuis qu'aucun contrat (1) égyptien, pro-

---

(1) Je dis : « aucun contrat » et non aucun document juridique. Les documents juridiques abondent : lois, rescrits, requêtes, procès et même

prement dit, n'était antérieur à Bocchoris, tandis qu'ils abondent depuis lui.

Dans de telles conditions, il ne fallait pas oublier l'état moral des populations auxquelles on s'adressait, mettre à l'usure des limites, tenir compte de la bonne foi publique et en partie du moins des idées religieuses.

« On dit — c'est encore Diodore qui parle — que les lois sur les contrats et les affaires commerciales (περὶ τῶν συμβολαιων), sont de Bocchoris. Par elles, il est ordonné que, si quelqu'un, ayant reçu de l'argent sans contrat (ασυγραφα), nie devoir, après lui avoir fait prêter serment, on le délivre de sa dette ».

Je n'entrerai pas ici dans le détail des motifs de la loi que Diodore invoque, et dont le principal est le respect public envers la divinité à laquelle on en appelait. Il y en avait aussi un autre caché : c'était, pour Bocchoris, le désir de rendre de plus en plus nécessaire l'usage des contrats introduits par lui.

Ajoutons, d'ailleurs, que cette loi de Bocchoris est attestée depuis ce moment par une multitude de documents originaux et, en particulier, par des milliers de serments décisoires écrits sur papyrus ou sur fragments de poterie. Nous y voyons qu'elle était beaucoup plus large que l'historien grec ne le prétendait. Elle s'appliquait, non seulement à la négation des dettes, mais à la négation de tous les crimes et délits, dont on n'avait ni preuves écrites ni preuves testimoniales. Toujours, en pareil cas, c'était l'accusé qui décidait de son sort par un serment. De ce serment, les juges donnaient la formule, formule soigneusement reproduite sur le document, ainsi que l'arrêt en résultant si elle était prononcée par l'homme mis en cause. On n'avait plus qu'à y ajouter ensuite le procès-verbal de la cérémonie accomplie dans le temple.

Il ne faut pas l'oublier, en effet, bien avant Bocchoris, le droit égyptien avait un caractère formulaire et hiératique. Le tribunal suprême des 30 juges ou 30 *sutcni*, et les tribunaux inférieurs et régionaux des districts dont Diodore nous a parlé, comme les documents hiéroglyphiques, démotiques et grecs de toute époque, étaient constitués de telle sorte que les magistrats n'avaient à décider que les points de faits, en jugeant exclusivement selon la loi dont les tomes étaient devant eux, d'après l'évidence des preuves et

chartes de fondations religieuses. Mais aucune συγγραφη entre particuliers n'existe avant Bocchoris.

sans aucune plaidoirie. Par ce côté de procédure encore, la loi de Bocchoris, relative à ce commerce autrefois tout abhorré, rentrait cependant dans l'esprit général de la législation égyptienne.

Notre auteur poursuit dans le même paragraphe :

« En ce qui concerne ceux qui prêtent par contrat (τους δε μετα συγγραφης δανεισαντας), Bocchoris leur interdit d'exiger pour les intérêts au delà du double du capital ».

De ceci encore nous avons des preuves nombreuses et incontestables dans tous ces actes originaux postérieurs à Bocchoris. Jamais dans aucun le capital ne peut s'élever par les intérêts au delà du double, même quand il s'agit d'une obligation prise envers le roi ou envers les dieux.

Et cependant ce dernier genre de créances était très privilégié, comme à Athènes du reste celle envers l'Etat ou envers Athéné, déesse éponyme de la ville.

En Egypte, Bocchoris, à l'imitation du droit chaldéo-babylonien et contradictoirement à ce que faisaient sous ce rapport les Assyriens, avait établi pour l'intérêt un taux légal. Mais, par l'influence des ninivites qui admettaient dans leurs stipulation l'usure la plus éhontée, il avait élevé le taux légal chaldéen de 20 0/0 à 30 0/0 pour les monnaies et à 33 1/3 0/0 (ou au tiers) pour les céréales. Cela tenait à ce que les mesures de capacité se divisaient par tiers, sixièmes, etc., tandis que pour les monnaies on suivait le système décimal. L'intérêt était pour ces dernières d'un kati (10° d'outen) par outen et par saison égyptienne ou tétraménie, tandis qu'à Babylone il était d'un sekel-didrachme par mine de 60 de ces sekels-didrachmes et par mois.

Mais, quand il s'agissait des dieux ou du roi leur représentant, il était quadruple : 120 0/0 en ce qui touche l'argent, 133 1/3 en ce qui touche le blé.

Il fallait donc trois ans environ pour doubler le capital des dettes civiles, moins d'un an pour doubler le capital des dettes royales et religieuses — d'autant plus que, pour ces dernières, et pour ces dernières seulement, nous le verrons, l'intérêt des intérêts était licite.

La seule règle commune pour toutes les dettes, c'était, je le répète, l'interdiction d'aller pour les intérêts au delà du double du capital. Cela est expressément stipulé dans les contrats privilégiés de Darius et d'Artaxercès, comme pratiquement observé dans la créance de même espèce datée de Tahraka et qui fixe le règlement d'une dette de 2 katis à une tetramenie en grossissant seulement de 3/5 ou en chiffres ronds (peut-être avec certains frais) de 3/4 de kati le capital primitif.

Dans les créances ordinaires ce règlement forcé est à toute époque fixé à 3 ans, c'est-à-dire à la limite ou à peu près du grossissement de l'intérêt de 33 1/3 ou de 30 0/0.

Diodore est de la sorte encore cette fois confirmé d'une façon admirable.

Mais poursuivons-en la lecture :

« Il fit exiger le paiement des dettes sur la fortune des débiteurs, mais sans permettre de réduire, en aucune manière, leurs corps en servitude, car il pensait que leurs biens étaient ceux qu'ils avaient gagnés par leur travail, ou acquis par donation du légitime possesseur (παρα κυριου τινος εκ δωρεας λαβοντων) tandis que les corps étaient dûs aux villes qui avaient à s'en servir pour les besoins de la paix et de la guerre. Il est absurde, en effet, que le soldat qui doit affronter les dangers pour la patrie soit emmené en prison par un créancier pour une dette et qu'ainsi, à cause de l'avarice de quelques-uns, le salut public soit mis en péril. Solon paraît avoir transporté cette loi à Athènes en la nommant loi de Sisachthie (ou de modération des dettes) qui délivrait tous les citoyens des liens de créance pesant sur leur corps. En effet, bien des personnes accusent avec raison la plupart des législateurs grecs d'avoir interdit d'engager pour dettes les armes, la charrue et les instruments de travail, tandis qu'ils permettaient d'emmener ceux qui devaient s'en servir ».

La loi de Bocchoris à laquelle Diodore fait ici allusion fut, nous l'avons déjà dit et nous le prouverons, abolie par Amasis. Mais avant ce monarque, même sous les Ethiopiens, elle était d'abord pratiquée, précisément à l'époque où elle fut imitée par l'Athénien Solon et elle fut de nouveau rétablie plus tard sous Mautrut et son collègue Amenher ou Amyrtée, c'est-à-dire quand les Egyptiens et les Ethiopiens luttaient ensemble contre Artaxercès. Depuis ce moment — les contrats le prouvent également — son exécution ne souffrit aucune interruption ni aucune exception dans le droit classique de la vallée du Nil.

Il nous reste à dire comment cette disposition légale se liait intimement à celle par laquelle Bocchoris attribua la terre aux occupants, aux possesseurs, aux paysans chargés de la cultiver — mesure libérale que les rois éthiopiens voulurent longtemps resteindr et qu'Amasis prit pour base de ses nouvelles réformes foncières

Le passage de Diodore que nous venons de traduire nous donne pour cela la lumière. Bocchoris avait voulu surtout faire un code commercial et, dans ce but, il avait tout d'abord réglé le régime des dettes. Mais les dettes veulent des garanties. Pénétré, comme malgré lui, par les principes de la morale des Egyptiens toute de charité, il leur refusait pour garantie la personne des débiteurs. Ne fallait-il pas dès lors leur abandonner leurs biens actuels, c'est-à-dire, selon l'expression de Diodore, « ceux qu'ils avaient gagnés par leur travail ou acquis par donation du légitime possesseur » εκ του κυριου.

Κυριος d'un domaine ! Le paysan ne l'était pas ! Le seul κυριος était le roi et à titre inférieur en dessous de lui les castes nobles. Comment aurait-il pu disposer *par contrat* de quelque chose. Dans l'état actuel du droit, ce n'était pas possible. Les rois les plus libéraux, les plus démocrates, comme les Aménophis et surtout le dernier prince de cette dynastie, Horemhebi, avaient seulement, dans leurs rescrits ou leurs édits, interdit de chasser le malheureux tenancier, le *nemhi* de « son nid ». Mais aucun n'avait pensé qu'il lui fût possible d'introduire dans ce *nid* un étranger à sa race.

C'est pourtant ce que fit Bocchoris, entraîné par les nécessités logiques de son code commercial. Il permit donc au *nemhi* d'acter sur son champ et d'en disposer à titre définitif. Qu'y avait-il d'étrange à cela après tout ? La chose n'était-elle pas pratiquée depuis longtemps en Chaldée ? N'existait-il pas alors, dans ce pays, non seulement des billets de créances, non seulement des antichrèses, mais des actes de gage ou de *maskanu* ordinaires, mais des actes de vente définitive ? Pourquoi donc s'arrêter à un vain scrupule ? Ce qui se pratiquait sur les bords de l'Euphrate pouvait l'être sur les bords du Nil.

Pour un commerce que Bocchoris voulait voir de plus en plus étendu on ne pouvait, en vérité, se contenter de la loi promulguée par Asychis ou Sasychis, roi de la 5e dynastie, qui, pour des besoins pressants, avait permis à l'Egyptien d'engager la momie de son père. Belle garantie que celle-là, en vérité ! non, il fallait autre chose. Il fallait, comme chez les Babyloniens, mobiliser la terre à l'égal des autres valeurs.

Ainsi décida-t-il : et dans le contrat que nous possédons daté de son règne et relatif à un bien foncier nous ne voyons aucune restriction mise au droit du détenteur actuel et qui, sans avoir à demander la permission de personne, dispose de son bien par un écrit. C'est un écrit de transmission, comme ceux que nous trouvons ensuite à l'époque éthiopienne (bien que peut-être consécutif sous Bocchoris à un écrit pour argent ou pour vente).

Mais, selon la règle qui subsistera, le mot « je te transmets » est toujours, dans une phrase parallèle, accompagné du mot « je te donne ». Diodore a donc pu y voir un acte de donation (εν δωρεαις).

Remarquons, du reste, que la *transmission* de Bocchoris est, par sa liberté absolue, entièrement différente de la *transmission* du code éthiopien consécutif, exclusivement intra-familiale et encore nécessairement soumise à l'autorisation du prêtre d'Amon, prêtre du roi.

En somme, Shabaku, le meurtrier de Bocchoris, n'avait pu complètement annuler le code de sa victime. Il est bien difficile, en effet, de dire aux paysans, se croyant désormais propriétaires, que tous les biens dont ils se targuent leur sont brusquement enlevés et que désormais ils n'ont aucun droit d'acter sur leurs terres. Non ! cette licence d'acter leur est maintenue. Mais combien réduite ! Pour le fond, on en revient à l'ancien droit des Amenophis et d'Horemhebi, tout entier en faveur des familles légitimement détentrices et ne laissant aux individus aucune initiative vraie ! C'était beaucoup : puisque les Ramessides, qui avaient succédé à Horemhebi, avaient déjà trouvé abusive cette sous-propriété très inférieure des familles roturières. Mais soit ! on irait jusque-là et même un peu plus loin, en permettant à ces familles roturières de faire des arrangements intérieurs, toujours révocables, ainsi que cela se pratiquait pour les familles des castes nobles sous la 21e dynastie. Cette permission devait être pourtant réglée de la même manière. Il fallait que le dieu Amon, officiellement consulté par ses prophètes, l'autorisât. Le prêtre d'Amon, prêtre du roi, fut donc appelé à *dire le droit*. Son devoir fut d'empêcher toute transmission en dehors de la famille, toute vente pour argent. Les seules transmissions permises durent être intra-familiales et constater l'échange de certains biens héréditaires, cultivés par telle partie de la *gens*, contre d'autres biens héréditaires, cultivés par telle autre.

Malheureusement, la nature humaine est ainsi faite, ainsi pétrie de faiblesse coupable, que souvent ceux-là même qui sont chargés de surveiller et d'empêcher une chose se laissent entraîner à la faciliter.

Le prêtre d'Amon, prêtre du roi, *disant le droit* et faisant la jurisprudence, en vint peu à peu à la faire contrairement à l'esprit de la loi. Il fit payer, par une taxe *ad valorem* du dixième, la permission de déguiser une vente réelle pour argent, sous la forme d'une transmission intra-familiale par échange de parts.

On en était là quand, après la branche aînée et la branche cadette des rois Amoniens d'Ethiopie, la couronne arriva à un parvenu : le roi Amasis.

Je ne dirai pas ici — ce que j'ai longuement raconté ailleurs — comment cela se produisit.

Ce qu'il importe seulement de savoir, c'est qu'Amasis fut, comme Bocchoris, un usurpateur, comme lui, un libre penseur et, comme lui aussi, un libéral.

Cependant leur libéralisme était de nature différente.

Chez Bocchoris il procédait — Diodore l'a bien vu — du culte du commerce et de l'amour de l'argent. C'était le libéralisme juif. Il fallait que rien ne vînt empêcher la mobilisation des valeurs pour que ces valeurs puissent arriver à certaines caisses.

Chez Amasis aussi il était loin d'être désintéressé, mais l'objectif était surtout, à proprement parler, politique. Cela tenait à la différence de nature et d'éducation. Amasis n'avait pas été banquier, mais brigand et il avait gardé de sa jeunesse des rancunes et des aspirations.

Au point de vue des rancunes, il était anticlérical ; car les dieux l'avaient souvent condamné (1). Au point de vue des aspirations, il avait rêvé d'être bourgeois, et, comme pour les gens de 1830, le bourgeois était son idéal.

Ah ! qu'on ne s'y trompe pas : ce n'était pas un bourgeois ordinaire, un *bon bourgeois*. Non ! c'était un bourgeois jouisseur, cruel et égoïste, un *pater familias* à la romaine, tel que nous en trouvons chez les Quirites après cette autre révolution qui suivit la retraite sur le mont Aventin.

De là, avec Bocchoris, une différence profonde : le mépris de l'homme, le mépris de la femme, le mépris de la vie et du bonheur d'autrui poussé à ses dernières limites et accompagné cependant d'un libéralisme, tout de surface, qui criait bien haut les droits de l'homme, c'est-à-dire du bourgeois, de ce *tiers état* qui n'est rien et doit être tout, selon l'expression de Sieyès.

Bocchoris ne s'était pas livré à de telles spéculations. Il lui importait peu de révolutionner la société ; tout ce qu'il aimait, c'était le négoce, la fortune et ce qui facilitait son épanouissement. Il se

(1) Voir mon article de la *Revue des questions historiques*.

serait bien gardé de lutter inutilement contre les préjugés des Egyptiens pour ce qui n'avait pas un objet immédiatement utile. Ce n'était pas un rêveur, lui. Amasis en était un.

Par cette raison il décréta, d'une part, l'asservissement pratique du pauvre au profit du riche et, d'autre part, la liberté absolue des immeubles, qu'aucun lien sérieux ne rattachait plus à l'Etat.

Cela ne lui parut nullement contradictoire, puisque la même caste, la caste des bourgeois, remplaçant les anciennes castes nobles, en profitait.

Il est temps maintenant d'en venir à l'examen détaillé de son code, qui fut imité au siècle plus tard par les décemvirs.

§ II. — *Étude détaillée du code d'Amasis et sa comparaison avec celui des décemvirs.*

Diodore de Sicile (1,XCV) nous dit que le roi Amasis, dans son remaniement des lois, régla toute l'organisation et l'économie politique de l'Egypte (τα περι την συμπασαν οικονομιαν της Αιγυπτου).

Cette analyse est parfaitement exacte. L'objectif d'Amasis comme législateur fut surtout économique. Ce qui préoccupait cet homme politique, c'étaient les institutions sociales, qu'il voulut réformer de fond en comble.

Aucun révolutionnaire ne fut, à ce point de vue, plus audacieux que lui, puisqu'il s'attaqua, tout à la fois, à la religion, à la famille et à la propriété.

Quand je parle de la religion, je ne veux pas dire que, comme Amenophis IV devenu Khuenaten, il voulut substituer un nouveau culte au culte ancien. Non ! les questions de culte le laissaient à peu près indifférent. Ce libre penseur qui, selon Hérodote, multipliait ses oblations aux temples de la Grèce et, selon la chronique, permettait aux Grecs *d'amener leurs dieux* en Egypte même, au grand scandale des pieux Egyptiens, ce libre-penseur, dis-je, ne cherchait pas du tout le rôle de prophète ou de hiérophante. Ce qu'il voulait, au contraire, c'était en finir avec la théocratie, si puissante sous la précédente dynastie amonienne, diminuer l'influence politique des prêtres, et séculariser autant que possible l'administration et la justice de la vallée du Nil.

4

Nous avons raconté ailleurs tout ce qu'il fit dans cet ordre d'idées ; ses entreprises sur les biens du clergé et particulièrement sur ceux du sanctuaire d'Amon (monarque jusqu'alors incontesté dont le roi vivant n'était que le vicaire) ; l'abaissement de Thèbes, rayée pour ainsi dire de la liste des trois temples principaux et à laquelle on substitua Bubastis, l'ancienne capitale de la dynastie étrangère des Sheshonkides, etc., etc. Nous avons dit aussi comment il poussa l'audace jusqu'à se moquer, sans vergogne, des oracles divins et spécialement de ceux qui l'avaient déclaré innocent des crimes dont on l'accusait ; comment il rompit avec les traditions sacrées qui faisaient du roi une sorte de prêtre dont la vie de chaque jour, les repas même étaient réglés par les livres sacrés et qui, sous les dynasties amoniennes surtout, devait être pour tous un modèle de tempérance et de toutes les vertus. Amasis, lui, affichait ses excès, pour mieux se moquer des prêtres et des dieux, et ne craignait pas de s'enivrer publiquement pour les narguer en quelque sorte. Son harem contenait des persanes, des grecques : et c'était aux divinités grecques qu'il s'adressait pour obtenir certaines faveurs d'un ordre tout intime et qu'on tient généralement secret, — ce qui ne l'empêchait pas d'en manifester avec bruit sa reconnaissance.

. Les temples, ainsi que l'a fort bien rapporté Hérodote et que le prouvent les documents originaux, étaient, dans chaque nome, les centres de l'administration publique. On conservait dans le sanctuaire principal de la province le cadastre général des terres et les registres de l'État civil relatifs aux personnes. Le tout ne faisait qu'un, pour ainsi dire, puisque, sur la *herit* ou journal quotidien, on devait soigneusement noter toutes les mutations qui s'étaient produites relativement aux personnes auxquelles était confiée telle ou telle culture, ainsi que nous aurons occasion de le dire plus loin.

Le nouveau réformateur voulut ôter aux temples ce privilège : et pour cela il établit le cens quinquennal, dont certains fonctionnaires civils étaient chargés.

Ce fut même là sa première réforme. En effet, Amasis, qui avait fait prisonnier son prédécesseur le roi Amonien Apriès, à la bataille de Momemphis, livrée en l'an 19 du règne d'Apriès et à partir de laquelle commença le sien, Amasis, dis-je, n'osa définitivement mettre toutes ses idées à exécution qu'en l'an 5 de son propre comput. Il convoqua alors une assemblée nationale que la chronique démotique appelle du nom sémitique de *Kibutsa* et qui commença par décider, cette année-là même, le cens quinquennal et la suppression de l'intervention du prêtre d'Amon, prêtre du roi, dans tous les contrats civils, qu'il était jusque-là chargé de surveiller, en ne lui laissant plus qu'un rôle uniquement religieux. En l'an 6, cette Assemblée laïque vota la mort du roi clérical et réactionnaire, Apriès, qu'Amasis leur avait livré (Hérodote nous l'a appris) à peu près comme le puritain Cromwell livra Charles 1er au parlement croupion chargé de le juger. Depuis ce moment-là et jusqu'en l'an 19, date de sa dissolution, la nouvelle convention poussa de plus en plus loin son audace — audace officieuse, si je puis m'exprimer ainsi, puisqu'en réalité les députés servaient de porte-voix au despote.

En même temps que, par le cens, Amasis laïcisait l'administration, il laïcisait aussi le mariage et commençait la désorganisation de l'ancienne famille égyptienne.

En effet, jusqu'alors, en Egypte comme à Rome, l'union de l'homme et de la femme était une union sacrée. A Rome, la confarreation célébrée dans le temple et par le ministère du prêtre, établissait entre les époux la communauté de biens et une égalité de situations qui faisait dire à la femme : *ubi tu gaius et ego guia.* « Ou tu es le maître, je suis aussi la maîtresse, avec la même condition sociale et le même nom ». En Egypte, tout cela était produit par le mariage sacré, également célébré dans le temple par le prêtre — en même temps officier de l'état civil — mariage dont nous avons donné plus haut la formule.

Amasis, — que devaient copier servilement plus tard les décemvirs — résolut de changer tout cela : dans ce but, il ne vit rien de mieux que de faire produire au cens quinquennal les effets sur l'état des personnes que nous lui voyons plus tard produire à Rome.

En ce qui concerne le mariage on sait ce qui se passa à Rome.

La *plebs*, composée des anciens *métèques*, c'est-à-dire de tous ceux qui ne faisaient point partie de la cité primitive, avait eu constamment pour but d'être assimilée, quant aux droits civils, au *populus* des anciennes *gentes*, c'est-à-dire non seulement aux clients des *patres* ou patriciens, mais même aux *patres* eux-mêmes.

Æquanda libertas ; summis infimisque jura æquare : tel était l'idéal ; et pour cela il fallait faire disparaître toutes les anciennes distinctions. Or, le mariage sacré par confarreation n'appartenait qu'aux vieilles races. On ne le supprima pas tout à fait lors des victoires de la plèbe. Mais il n'eut aucun avantage légal sur les autres mode de mariages usités par les métèques, étrangers d'origine. On décida même que, loin d'assurer à la femme la communauté de biens et l'égalité de situation par rapport à son mari, elle produirait, *ipso facto*, en faveur de celui-ci la *manus*, c'est-à-dire le pouvoir despotique que la nouvelle loi populaire assurait au *pater familias* sur toute sa famille. Voilà pourquoi on dit depuis lors que la puissance maritale s'acquiert par trois moyens: la confarreation, la coemption et l'usage (*farreo, coemptione, usu*). Ce sont, en effet, les trois modes d'union reconnus et légaux :

1º Le premier : la confarreation, c'est-à-dire l'ancien mariage religieux, seul existant entre citoyens Quirites aux anciennes époques et qui continua à constituer seul, pour les patriciens, le mariage proprement dit, d'où seraient issus des enfants pleinement légitimes, au point de vue du droit sacré. et pouvant, par conséquent, aspirer aux sacerdoces.

2• La *coemptio* ou le mariage par achat de la femme, mode du *jus gentium* ordinairement employé par les métèques et dont nous aurons bientôt à parler plus longuement.

3• L'usage (*usus*), c'est-à-dire le *connubium* sans aucune cérémonie en marquant le début, usage qui, au bout d'un an de possession, donnait au mari la *manus*, à moins que la femme n'ait découché trois fois (*trinoctium*).

Si l'accomplissement d'une de ces trois conditions était d'ailleurs indispensable pour la *manus*, il ne l'était pas du tout pour le mariage lui-même, qui pouvait exister sans *manus* à l'aide du *trinoctium*. Ce qui faisait le mariage, c'était le consentement des parties dûment constaté. Or, la suprême constatation légale était celle du cens. Tous les cinq ans, le censeur demandait à chaque citoyen : *Habes ne, ex animi tui sententia, uxorem liberorum procreandorum causa ?* « As-tu une femme pour en avoir des enfants légitimes ? » Si oui, il ne lui restait plus qu'à noter sur ses registres les noms des conjoints.

Tout cela est un emprunt textuel au code d'Amasis. Ce prince, lui aussi, ne considéra plus le mariage célébré dans le temple par le prêtre, mariage analogue à la confarreation (communion mystique des époux l'accompagnant peut-être déjà en Égypte même) que comme une simple formalité sans importance, analogue à tous les autres modes d'union, et ne donnant pas même aux conjoints la certitude d'une constatation légale. Non ! cette constatation légale n'était plus fournie que par le cens quinquennal.

C'est ainsi qu'en l'an 12 d'Amasis, nous trouvons un procès-verbal de l'acte de mariage sacré identique à ceux de la période précédente, sauf une seule différence, l'intervention d'une sorte de *postscriptum* annonçant que les déclarations doivent être recommencées trois ans après, en l'an 15, lors du cens quinquennal. Et cependant il ne s'agit pas d'un mariage différé. A partir de la date de l'acte (l'an 12, méchir 5) ce mariage produira des enfants légitimes.

Voici le document en son entier.

Et d'abord le formulaire habituel :

« An 12 ; méchir 5, du roi Ahmès — à lui vie, santé, force !

« En ce jour entra dans le temple le choachyte Teos, fils du gardien Ekhepertuf, vers la femme choachyte Hatuset, fille de Pétuèsé, laquelle femme lui plut en épouse, en femme établie en conjonction, en mère apportant les droits de famille à leur filiation, en épouse depuis le jour de l'acte.

« Pour le bien dont il a dit : « je le lui donnerai », elle l'a reçu en mains, cette femme : c'est-à-dire tout terrain ou part établie.

« Le prêtre d'Amon, prêtre du roi florissant à qui Amon a donné la puissance, lui a dit : « Est-ce que tu l'aimeras en femme établie en conjonction, en mère transmettant les droits de famille, ô mon frère ? ».

« Lequel répondit : « Moi je lui transmets, par don de donation, leur transmission, l'apport de ces choses, dans le plan d'amour dans lequel je l'aime. Si, au contraire, j'aime une autre femme qu'elle, à l'instant de cette vilenie (à ma femme) où l'on me trouvera avec une autre femme, moi, je lui donne à elle, à l'instant, devant toute vilenie de ce genre, mon terrain et l'établissement de part qui a été écrit précédemment (dans le contrat de mariage notarial qui précédait toujours l'acte de la cérémonie du mariage et que l'époux visait lors de cette cérémonie, comme il le vise encore dans les procès-verbaux de nos mairies actuelles, acte de mariage dont les donations restaient acquises à l'épouse outragée).

« Tous les biens que je ferai être (que j'acquerrai) par transmission ou par hérédité, dans les biens de père et de mère, seront à mes enfants que j'engendrerai et que cette femme enfantera comme épouse, *depuis l'an 12, 5 méchir ci-dessus*, jusqu'à la fin de ma génération d'épouse que cette femme fera. »

Vient ensuite la note finale dont j'ai parlé précédemment et qui a la plus haute importance au point de vue légal :

— 54 —

« En l'an 15 du roi Ahmès (lors du cens quinquennal) je dirai ceci dans la grande maison ».

Nous possédons justement nombre d'extraits de ces déclarations de mariage faites lors du cens et qui diffèrent absolument, tant des contrats de mariage notariaux rédigés avant l'*établissement comme femme*, pour me servir du terme égyptien, contrats spécifiant les apports et la situation pécuniaire des époux, et dont nous possédons beaucoup, que des procès-verbaux de l'acte civilo-religieux du *connubium*, devenu depuis Amasis une simple cérémonie de culte.

Les extraits de la déclaration au censeur ne visent, ni, comme les premiers de ces documents, les biens ou les intérêts matériels des fiancés, ni, comme les seconds, le côté mystique, si je puis m'exprimer ainsi, de l'union matrimoniale. Ils ont pour unique objectif « le faire à toi mari » que l'homme assure à la femme, c'est-à-dire, l'état de mari considéré comme statut personnel, entraînant toutes ses conséquences, tous ses devoirs actifs et passifs par rapport à la personne à qui l'on parle. Or, devant le censeur, en Egypte et à Rome, c'était le *pater familias* qui avait seul à faire la déclaration, surtout relative à l'état de *hai* « mari » qu'il prenait, tandis que, dans le contrat de *coemptio*, par exemple, dont nous aurons bientôt à nous occuper et dans lequel la nouvelle épouse parlait seule, on insisterait surtout sur la condition de servante qu'elle prenait, bien que dans un but purement matrimonial. C'est en effet pour établir l'état civil des enfants, d'après le principe égypto-romain *is pater est quem nuptiæ demonstrant*, fort bien mis en lumière par la dernière phrase du papyrus de l'an 12 cité plus haut, que cette reconnaissance des épousailles, lors du cens, avait surtout de l'importance, tandis que, d'après les principes nouveaux et tout laïques d'Amasis, admis plus tard aussi par les décemvirs — pour l'usage ordinaire de la vie, que visait surtout le contrat de *coemptio*, la chose capitale à noter ce serait si la femme avait voulu accepter la condition d'esclave *in manu*, ou avait voulu rester, au contraire, pleinement indépendante dans une union libre, ce que d'autres contrats de mariage nous permettront de constater.

Amasis a-t-il, dès le début de ses réformes, dès l'an 5, introduit en Egypte ce mariage par *coemptio*, par achat de la femme, auquel nous venons de faire allusion et qui était si éloigné par ses tendances du mariage sacré des anciens Egyptiens ? A-t-il, dès le début de ses réformes, dès l'an 5, étendu la *manus* à tous les mariages, même religieux, comme le firent plus tard les décemvirs ? A-t-il, dès le début de ses réformes, dès l'an 5, appliqué, d'une façon générale, la mancipation, avec le seul correctif du cens, aux personnes ingénues aussi bien qu'aux autres biens, meubles ou immeubles ? A-t-il, dès le début de ses réformes, dès l'an 5, interdit, en ce qui concerne ces derniers (1), les autres vieux modes d'aliénation par *transmission ?* Ce sont là des questions auxquelles il est difficile de répondre en ce moment. Voici les seuls points actuellement prouvés à ce sujet. D'une part, la première aliénation de personne ingénue à nous connue est datée de l'an 19, c'est-à-dire du moment où se terminèrent les délibérations de l'Assemblée nationale convoquée par le roi. D'une autre part, nous trouvons des actes de *transmission* très déformés (et dans lesquels le prêtre d'Amon et du roi n'intervient plus) jusqu'à cet an 19 (2) et nous n'en trouvons plus depuis lors. Il est donc certain, tout au moins (3), qu'avant de se dissoudre l'Assemblée supprima les anciens modes contractuels et généralisa, de manière ou d'autre, les garanties de la mancipation.

L'œuvre législative concernant la *coemptio* de l'épouse, l'adoption par mancipation des fils, les règles relatives à la mancipation des personnes libres devenues des *nexi,* l'aliénation des fonds de terre par les mêmes procédés, les lois pénales protégeant ces diverses institutions, se trouvait en l'an 19 complètement achevée. Mais, dès l'an 5, la loi sur le cens quinquennal avait énervé la constitution religieuse de la famille égyptienne, en ôtant à la cérémonie sacrée qui la constituait toute valeur civile et en la remplaçant par une cérémonie laïque validant un état antérieur.

Si le mariage par *coemptio* n'existait pas encore (ce que nous ignorons) le mariage par *usus* était ainsi introduit et nous verrons qu'il ne cessa plus dès lors d'exister.

A quoi servait, en l'an 12, l'intervention religieuse de ce prêtre d'Amon, prêtre du roi, auquel, depuis l'an 5, on avait déjà enlevé

(1) Dès l'an 3, l'argent intervient, pour la première fois, dans un acte relatif à des terres, acte qui n'est, cependant, pas une mancipation, mais une cession de droits faite d'après les principes du Code antérieur et mentionnant l'intervention du prêtre d'Amon et du roi (Voir mon *Précis de droit égyptien,* p. 365).

(2) Voir mon *Précis de droit égyptien* (chez Giard et Brière), pages 398, 410 et suiv.

(3) Nous reviendrons sur cette question, dans une note postérieure, d'après un document qui nous est arrivé après la rédaction de ce mémoire. Qu'il nous suffise de dire que, dès l'an 14 et même avant, la mancipation des immeubles était d'usage.

toutes ses prérogatives civiles dans la confection des contrats ? Evidemment, il n'y avait pas besoin d'aller le trouver, puisqu'il suffisait de dire, un peu plus tard, au censeur, *dans la grande maison*,
qu'on avait pris une telle pour épouse. En attendant, rien n'empêchait de consommer le mariage physiquement et d'élever une petite
famille qu'on reconnaîtrait dans la suite. C'est ce que firent bien des
Egyptiens depuis cette époque, les papyrus nous le démontrent.

Que risquait-on ? Amasis (1) avait eu soin de spécifier aussi : 1° d'une
part, que toutes les cérémonies possibles ne rendaient point le mariage définitif, si elles n'étaient pas suivies de la consommation
physique, à laquelle on donna dès lors le nom d'*établissement pour
femme*, autrefois réservé au mariage religieux — *loi égyptienne* que le
corpus juris des Romains mentionne encore ; 2° d'une autre part, que
tous les enfants nés hors mariage (2) seraient désormais exempts de

(1) C'est à Amasis que nous attribuons, en effet, la loi égyptienne dont
parle Zénon (Code liv. 5, titre V, l. VIII) et qui regardait comme nul
tout mariage, même officiellement contracté, qui n'était pas suivi de sa
consommation physique. Cette petite condition de la consommation physique (qui, avec le consentement libre des parties, constituait seul le mariage pour Amasis), permettait aux Egyptiens d'éluder la plupart des lois
matrimoniales des empereurs. Ainsi, par exemple, une constitution de
Constantin avait interdit de contracter mariage avec l'épouse d'un frère
mort. Or, il se trouvait que les Egyptiens — d'après leur usage local sur
la façon dont il fallait entendre le mariage — prétendirent souvent que
les femmes de leurs frères étaient restées intactes après la mort de ceux-
ci et que, par conséquent, ce mariage — officiellement et publiquement
célébré, — n'était pas un vrai mariage et qu'il leur était permis de n'en
point tenir compte. L'empereur Zénon voulut couper court à cet abus
(comme le fit notre Code civil par rapport à l'ancien mariage canonique
validant de semblables exceptions) et il répondit en ces termes :

« Licet quidam Ægyptiorum idcirco mortuorum fratrum sibi conjuges
matrimonio copulaverunt, quod post illorum mortem mansisse virgines
dicebantur, arbitrati scilicet (quod certis legum conditoribus placuit)
cum corpore non convenerint, nuptias non esse contractas ; et hujusmodi
connubia tunc temporis celebrata firmata esse: tamen, præsenti lege, san-
cimus si quæ hujusmodi nuptiæ contractæ fuerant, eas earum quæ con-
tractores et ex his progenitos, antiquarum legum tenori subjacere nec ad
exemplum Ægyptiorum (de quibus supra dictum est) eas videri fuisse
firmas vel esse firmandas. »

(2) Diodore de Sicile nous apprend que même les enfants nés de la
femme esclave (étrangère) étaient légitimes. C'est qu'en effet, il a soin de
le dire aussi, le père était censé, en Egypte, l'auteur principal. Ajoutons,
du reste, que cette coutume de légitimation, que nous pouvons constater
dans les textes du tombeau de Chnumhotep, aussi bien que dans les récits

toute tache infamante de bâtardise et auraient droit, comme les enfants nés dans le mariage, aux biens des parents, qui les auraient reconnus — loi dont l'application nous est également prouvée par l'ensemble des papyrus égyptiens et grecs de basse époque. En grec les enfants nés hors mariages ne sont jamais appelés en Egypte des νοθοι, « bâtards », mais seulement tout au plus des απατορες « sans pères », s'ils n'ont pas été reconnus par ceux-ci. Quant aux reconnaissances de filiation bien postérieures à la naissance, elles sont alors fréquentes, nous aurons occasion de le voir plus loin.

Revenons-en aux extraits des déclarations aux censeurs, dont nous avons parlé précédemment.

Commençons par dire que le comput quinquennal d'Amasis, d'après le début de son propre règne (année 5, 10, 15, 20, etc.), fut interrompu sous Cambyse, son ennemi particulier, qui fit brûler la momie d'Amasis et celle de sa femme. Ainsi que je l'ai démontré dans mon *Précis*, p. 501, Cambyse fit établir le cens d'après les années de son propre règne, bien que n'ayant conquis l'Egypte qu'en son an 3. Ce calcul persista sous Smerdis ou Barzia et pendant les premières années de Darius. Le cens quinquennal eut encore lieu en l'an 6 de Darius, répondant à l'an 15 de Cambyse. Mais, peu après, on en revint au premier comput partant du début du règne d'Amasis. C'est ainsi que le cens eut lieu en l'an 9 de Darius, 60° d'Amasis, en l'an 14 de Darius, 65° d'Amasis, en l'an 19 de Darius, 70° d'Amasis, en l'an 24 de Darius, 75° d'Amasis, en l'an 29 de Darius, 80° d'Amasis, en l'an 34 de Darius, 85° d'Amasis, etc. Il se continua de même sous les règnes suivants, jusqu'au moins en l'an 33 d'Artaxercès, répondant à l'an 140 d'Amasis, c'est à-dire jusqu'à une douzaine d'années après la nomination des décemvirs romains, auteurs de la loi des XII tables, qui ont emprunté cette coutume au code d'Amasis.

Donnons maintenant le texte de quelques-uns des extraits de déclarations faites alors au censeur relativement au mariage.

« An 9, épiphi, du roi Darius.

« Le choachyte Péténofréhotep, fils de Nesamenhotep, ayant pour

bibliques relatifs à Agar — coutume se rattachant à la polygamie de second ordre (si je puis m'exprimer ainsi) des rois et des dynastes (voir mon *Précis*, p. 376 et suiv.) — est ancienne dans la vallée du Nil et peut être l'origine de la généralisation faite par Amasis lorsqu'il admit le mariage chaldéen par *coemptio* et réglementa définitivement le mariage.

mère Seteirban, dit à la femme Tahei, fille d'Unnofré, dont la mère est Tahosuosor :

« Je t'ai établie pour femme. Je n'ai aucune parole à t'opposer à ce sujet. Toutes choses au monde relativement à moi faire à toi mari (c'est-à-dire à cet état de mari que j'ai par rapport à toi), je te les abandonne depuis le jour ci-dessus. »

Suivent les signatures des six fonctionnaires égyptiens que remplaçait à Rome l'unique censeur. Ces signatures sont mises au bas des documents, comme celles des six ou sept scribes qui délivraient, sous Amasis, les quittances d'impôts sur les revenus des terres. Quand il s'agit de simples témoins à des contrats entre particuliers n'ayant aucun caractère administratif et officiel, les témoins signent au revers et le notaire seul figure au recto.

Citons encore deux autres pièces de ce genre.

« L'an 34, payni, du roi Darius.

« Le choachyte de la nécropole Paaru, fils de Nesamenhotep, dit à la femme Ruru, fille de Nesmin :

« Je t'ai établie pour femme en ce jour,

« Je t'ai donné cession (je t'ai concédé (le *faire à toi mari*), le droit résultant de ce que je suis ton mari) depuis le jour ci-dessus. Je ne puis me tenir en dehors de ce *faire à toi mari* en lieux quelconques dans lesquels j'irai (en quelque lieu que j'aille) depuis le jour ci-dessus à jamais. »

« En l'an 33, épiphi, du roi Artaxercès.

« Le choachyte de la nécropole occidentale Pétiruru, fils de Nesamenhotep, dont la mère est Seteirban, dit à la femme Taba, fille du choachyte de la nécropole occidentale de Thèbes, Ounnofré, dont la mère est Tahosu :

« Je t'ai établie pour femme en ce jour. Je n'ai plus aucune parole au monde à t'objecter à ce sujet. C'est moi qui donne à toi le *faire à toi mari* en lieu quelconque où tu iras. Personne n'a à en connaître depuis ce jour. »

Ces deux dernières déclarations ne sont plus attestées par tout un collège de censeurs, mais par un censeur et quatre témoins. Dans l'une et dans l'autre on remarquera la mention formelle spécifiant que l'état de mari ne pourra cesser par suite d'une absence momentanée, soit de celui-ci, soit de sa femme. C'est une union de droit. La chose était bonne à dire, car sans doute dans ces unions sans cérémonies, d'où résultait, depuis Amasis, des enfants pleinement légitimes, il en était qu'on considérait comme devant cesser quand toute cohabitation était devenue impossible par l'éloignement des époux.

C'est la théorie que soutiennent encore les jurisconsultes de Rome, jusqu'à une époque assez tardive pour le mariage basé sur la volonté seule et une question de fait (mariage tout différent de celui qui résultait de la *confarreatio* et ne pouvait cesser que par une *diffarcatio*). Ils déclaraient ce mariage rompu, par exemple, quand le mari pendant une guerre, était fait prisonnier ; car tant qu'il serait au pouvoir des ennemis il lui serait impossible de venir rejoindre sa femme.

On n'était pas allé jusqu'à dire que si le mari, laissant sa femme en ville, allait faire un tour à la campagne et y restait quelques jours, il redevenait par cela même célibataire. Mais, pour les magistrats romains qui administraient une province et auxquels on interdisait d'emmener leurs femmes avec eux, on n'avait pas cru s'écarter beaucoup des principes stricts du droit en leur accordant d'avoir, durant cette séparation, une concubine, alors qu'aucune concubine n'était reconnue comme telle par la loi romaine en présence d'une femme égyptienne.

Il paraît, d'après l'ensemble des monuments, que, dans la déclaration faite lors du cens quinquennal, le mari égyptien pouvait lui spécifier les limites, ou l'absence de limites du mariage qu'il avait contracté antérieurement et qu'il validait à partir de ce jour. De leur nature même d'ailleurs, les mariages sacrés et les coemptions étaient sans limite de temps, puisque, par le premier, le mari se liait éternellement à sa femme, et puisque, par le dernier, la femme se *donnait* à perpétuité *in manu* à son époux. Les seuls mariages temporaires devaient donc être ceux qui étaient pleinement parallèles aux unions libres pour lesquelles la femme romaine avait eu soin d'éviter, par le *trinoctium*, l'*usus* qui aurait sans cela entraîné légalement la *manus*.

Nous aurons l'occasion de voir que ces unions libres devinrent de plus en plus fréquentes en Egypte à partir de la législation spéciale d'Amasis sur le cens quinquennal.

Cette législation du cens devait avoir, du reste, bien d'autres conséquences que celles qui étaient relatives au mariage.

Quand l'Assemblée nationale eut, en l'an 19, terminé son œuvre, cette œuvre était devenue absolument identique à celle que promulguèrent sous ce rapport les décemvirs romains.

Le cens qui, dès le principe, avait eu pour but de remplacer l'an-

cienne *hcrit* des sanctuaires et de fixer absolument l'état des personnes, comme probablement aussi l'état des biens, avait depuis
l'an 19 de nombreuses applications nouvelles.

En effet, alors la révolution rêvée pour tout cet ensemble était
consommée. La mancipation, usitée de tout temps pour les ventes
faites sur le marché, ne l'était plus seulement pour les meubles,
mais était étendue aux immeubles et même aux personnes ingénues.

A ce dernier point de vue, elle servait sans cesse à créer des liens
de droit, qui se trouvaient être identiques dans le code d'Amasis et
dans celui des décemvirs.

Nous avons dit précédemment qu'Amasis s'était proposé de bou-
leverser la famille égyptienne entière, je dirai plus : la société
égyptienne entière.

Or, famille et société étaient jusque-là basées sur un régime tout
patriarcal.

Ce qui dominait, c'était la *gens*, à la tête duquel était un chef, un
hir, analogue au *pater* ou *patricien* des *gentes* romaines.

En Egypte, ce *hir* était-il aussi un noble, un patricien? C'est là un
point qui m'a beaucoup embarrassé dans mes publications antérieures : tantôt j'ai penché vers la négative, tantôt vers l'affirmative;
ce qui est bien certain, c'est que le mot *hir* est souvent employé
dans les textes démotiques de cette période pour désigner un noble,
un seigneur, propriétaire (1) éminent du sol, duquel on dit dans les
Maximes morales :

« Ne maudis pas ton *hir* devenu Dieu.

« Ne maudis pas celui que tu ne connais pas.

« Ne dis pas à ton *hir* : « je te donnerai le bien », car il n'est pas
à toi.

« Ne lui dis pas : « Quand je suis obligé au fleuve, c'est toi qui
l'absorbe. »

Ce *hir* là c'est bien celui que les mêmes maximes désignent ainsi :
« Le *hir* du bourg, c'est son homme grand », c'est celui que les
Egyptiens actuels nomment le *cheikh el balad* et que les textes cités
nous représentent comme possédant en quasi-propriété éminente,
la terre que le paysan cultive et pour laquelle il paie de si hautes
redevances. C'est, du reste, le *hir*, le seigneur, qui est opposé aux

(1) Voir, sur cette question du *hir* et de la *gens*, mon *Précis du droit
égyptien*, p. 922 et suiv.

« hommes d'Egypte », aux gens du commun jusqu'à l'époque ptolémaïque, dans les contrats démotiques relatifs à des liturgies, et dont le titre entre dans l'appellation honorifique *Pahir*, « Monseigneur, » dont se sert la souris par rapport au lion, *tahirt* « Madame » dont se sert le chacal Koufi par rapport au grand félin d'Ethiopie, dans les dialogues philosophiques, etc. Mais, ce *hir* là est-il le même que le *hir* mentionné sans cesse dans les contrats de Shabaku, de Tahraku, etc., et qui y est représenté comme le chef de la *gens* roturière des choachytes cultivateurs ? Est-ce lui qui, en cette qualité, intervient alors, soit seul, soit avec la *gens* entière ou du moins qu'avec la partie de cette *gens* dont le domaine est en question, pour abandonner telle ou telle partie de ce domaine à telle branche de la famille ? Est-ce lui qui peut dire, comme il le fait déjà sous la 21e dynastie : « Attendu que l'un de nous, est cette maison héréditaire, nous l'avons donnée à d'autres que les occupants actuels ? »

S'il en est ainsi, la ressemblance entre la *gens* romaine et la *gens* égyptienne, la constitution sociale romaine et la constitution sociale égyptienne, d'une part, avant les XII tables et, d'une autre part, avant Amasis, était réellement bien frappante.

Dans tous les cas, les deux révolutions juridiques que nous venons de mentionner et dont la plus récente est certainement l'imitation de la plus ancienne diminuèrent singulièrement la situation du chef de *gens* noble, ou roturier.

Ni Amasis, ni les décemvirs n'allèrent jusqu'à le faire disparaître entièrement. Cela aurait été trop contraire aux anciennes traditions. Nous trouvons, en effet, encore la mention du *gentilis* et du *patronus* dans la loi des XII tables, comme celle du *hir* dans les contrats d'Amasis. Mais combien déchue est son importance de part et d'autre !

Dans les deux codes c'est le *pater familias* qui, pratiquement, se substitue au chef de *gens* et qui fait lui-même la loi de sa chose, de cette chose naguère appartenant exclusivement à la famille. Maintenant, il peut la vendre librement par mancipation. Il peut en disposer à son gré, comme il peut disposer à son gré de sa femme, de son fils, de ceux qui, naguère aussi pouvaient lui demander des comptes à cause de la communauté familiale. Le chef de *gens*, le *patronus*, le *hir*, le *gentilis* n'a plus rien à réclamer, sauf les droits d'hérédité qu'on lui a conservés à défaut d'agnat. Mais, en revanche, on exige de lui une protection efficace et on le dévoue aux dieux, s'il la refuse à son client.

Au fond, en Egypte et à Rome, la *gens* se rattachait à l'ancien droit sacré : et c'était contre cet ancien droit sacré qu'on établit le cens quinquennal, tout laïque, et le pouvoir despotique du *pater familias*, également laïque et démocratique, substitué à l'ancien *pater* de la *gens*. Il n'y avait plus à savoir s'il s'agissait d'un noble ou d'un roturier, d'un chef de tribu ou d'un simple contribule. La génération déterminait la possession autocratique sur les biens, ainsi que sur les fils, et, sous ce rapport, l'épouse était à l'état de fille, *loco filiæ* si elle n'était pas à l'état d'esclave achetée pour argent.

L'achat pour argent, la mancipation unilatérale et payée d'avance, joue dès lors, dans la formation du droit, même relatif à l'état des personnes, un rôle capital, que venait seulement contrebalancer celui du cens quinquennal.

Il est temps maintenant d'entrer dans quelques détails sur le jeu parallèle de ces deux institutions.

Nous avons dit qu'Amasis avait commencé sa réforme par l'institution du cens en l'an 5, première année de son Assemblée nationale, et qu'il la termina par ses dernières lois relatives à la mancipation en l'an 19, année de clôture de cette Assemblée.

Sa législation formait dès lors un tout parfaitement compact ; car, dans l'intervalle, bien des décrets spéciaux en avaient précisé les détails.

Prenons donc alors ce code achevé, et traçons un rapide tableau de ses lignes principales.

Le principe dominant est bien l'*æquanda libertas* dont Tite-Live fait l'objectif des plébéiens lors de la loi des XII tables. On veut égaler le bourgeois au noble, l'homme d'argent à l'homme des parchemins, et, par conséquent, substituer pratiquement l'individu à la famille et à la *gens*.

La propriété foncière cessera donc d'être familiale pour devenir individuelle.

Autrefois, à partir de Shabaku tout au moins, le seul contrat relatif aux terres qui était permis était l'acte de transmission *intrafamiliale* par équivalence de terres contre d'autres terres. La famille attribuait temporairement à telle branche la mise en valeur de tels champs et ces champs pouvaient être échangés contre d'autres champs actuellement en mains de telle autre branche. Et encore de telles mutations ne pouvaient-elles être effectuées qu'avec : 1° l'assentiment de la famille et de son chef le *hir* ; 2° l'agrément de la divinité, exprimée par l'intermédiaire du prophète d'Amon, prêtre du roi, auquel il appartenait de *dire le droit*.

Amasis changea tout cela.

D'abord, en l'an 5, il interdit l'ingérence du prêtre d'Amon, prêtre du roi, en matière civile, tout en laissant encore subsister l'acte de transmission de plus en plus libre.

Puis, en l'an 19, il supprima définitivement cet acte de transmission, désormais remplacé par l'écrit pour argent ou de mancipation.

L'argent décida de tout désormais. Le possesseur, qui n'était tel que comme délégué de la famille, se substitua à cette famille et put en aliéner, comme il leur plût, l'hérédité.

Nous avons dit précédemment que la mancipation avait été appliquée d'abord, bien avant Amasis, aux seuls biens meubles, tels que les animaux domestiques, les objets manufacturés, certains produits de la terre, etc., qui, dès la 12ᵉ dynastie, par exemple, étaient vendus, dans la grande foire se tenant chaque année non loin des limites de l'Ethiopie, etc.

Il en était de même à Rome, longtemps avant la loi des XII tables, alors que la mancipation était employée uniquement pour les choses qu'on pouvait tenir avec la main, *manu capere*, c'est-à-dire apporter ou amener. Il est certain qu'alors, à Rome, comme dans les anciennes républiques grecques, décrites par Platon, etc., c'était aux familles et non aux individus qu'appartenaient les terres à elles concédées — au moins en usage — dans les premiers temps d'organisation de la cité.

Cette ancienne constitution des terres est visée expressément par Cicéron et elle est prouvée aussi par les nouveaux partages que nous voyons réclamer jusqu'au temps des Gracques. Il est non moins certain, d'après les témoignages formels de Denys d'Halicarnasse antérieurement cités par moi, que la propriété éminente de toutes les terres appartenait aussi, à Rome, aux castes nobles, roi, prêtres, etc., ainsi que cela se pratiquait en Egypte, le prototype original des lois de Numa.

Mais, à partir du code des décemvirs, il en fut tout autrement. La 5ᵉ table attribuait expressément au *pater familias* le droit de disposer de sa chose : *uti legas sit super pecunia tutelave sua rei, ita jus esto*. La 6ᵈ table dit de même : *Qui nexum faciet mancipiumque, uti lingua nuncupassit ita jus esto*.

On croirait vraiment que ce sont là des traductions mot à mot d'articles du code primitif d'Amasis. Le *nexus*, ce que les Egyptiens appelaient le *mer*, le lien de droit, n'était-ce pas d'ordinaire à Rome, cette *sponsio*, que les Egyptiens nommaient un *sanch*, un serment, et qui était employée pour toutes les obligations, toujours unilatérales ?

La *mancipatio* ? N'avons-nous pas dit déjà que c'était le mode sacramentel employé pour toutes les aliénations, mode également unilatéral ; puisque sa cause, l'argent formant le prix, était versé d'avance ?

Quant à la *nuncupatio*, au *prononcé*, ne nous rappelle-t-elle pas l'origine toute verbale de ces deux contrats auxquels la présence de certains témoins fournissait l'authenticité extérieure, si je puis m'exprimer ainsi ? En Egypte même, l'écriture de l'*instrumentum* n'apparaît-elle pas seulement pour certains prêts, depuis Bocchoris, et pour la mancipation depuis Amasis, qui en généralisa l'emploi et l'étendit, d'une part, aux immeubles et, d'une autre part, aux ingénus ? Même après cela et jusqu'aux derniers moments du droit égyptien, la *nuncupatio*, la forme verbale n'est-elle pas gardée dans les contrats, commençant toujours, après la date, par la formule : « Un tel dit à un tel » ?

Je suis convaincu, pour ma part, que l'extension de la mancipation aux immeubles, remplacés fictivement dans la main de l'acheteur par une tuile pour une maison et une motte de terre pour un champ, est une innovation du code des décemvirs, précisant, dans la table VII, les conditions de la propriété foncière individualisée et les limites d'utilité publique et de bon voisinage que ne peut franchir, soit la mancipation, soit l'usucapion, c'est-à-dire les deux modes romains d'acquisition.

Ces modes romains étaient-ils, l'un et l'autre, admis par le code d'Amasis ? La chose n'est douteuse que pour l'usucapion, formellement interdite par le droit égyptien postérieur d'époque classique. Mais il faut bien se garder de prendre pour guide, en ce qui concerne le code d'Amasis, ce droit postérieur (rédigé du temps des rois égyptiens révoltés contre les Perses), qui s'inspira sur ces questions de principes tout opposés, parce qu'il tenait grand compte aussi des traditions familiales contre lesquelles Amasis avait voulu réagir. Nous avons déjà dit que l'*usus* avait paru à Amasis une base acceptable du mariage. Pourquoi n'y aurait-il pas vu aussi une origine acceptable de la propriété foncière (1) ? C'est ce que nous ap-

(1) Les rois lagides la reconnurent officiellement comme telle dans plu-

prendra sans doute quelque document à venir (1) ; car nous devons avouer qu'en ce moment ceux, en très grand nombre, que nous possédons ne nous éclairent pas sur ce point — au moins pour l'époque dont nous nous occupons.

Dans les temps anciens, la prise de possession matérielle peut bien avoir *parfois* joué un certain rôle. Le mot qui la désignait, *ker*, servait en même temps pour rendre la pêche, la chasse, la prise avec le lacet. Il s'appliquait à toute espèce de *possession* mobilière (*ker pau*) ou immobilière (*nutu keru*), quelqu'en soit l'origine.

Parfois même nous voyons mentionner une prise de possession matérielle comme indispensable après une donation (ce qui est probablement l'origine primitive des deux écrits successifs des aliénations.)

Je citerai ce texte, remontant à l'époque du règne associé d'Haremhebi avec son fils Aménophis V ;

« En l'an 7 du roi Raserka Horemhebi, à lui vie ! santé ! force !
« C'est le jour où les gens introduisirent Hai, mon père, dans la nécropole du Kher. Le maire de la ville, Thotmès, partagea les places qui étaient dans ce lieu du *kher*, pour l'intendance du Pharaon, à lui vie ! santé ! force ! Il donna la tombe d'Amon en administration, *shoun*, (c'est-à-dire en jouissance) (2) à Hai, mon père, (grand-père), et à Kannu, ma mère, la fille qu'il avait engendrée. Il (Hai) ne fit pas être d'enfant mâle : et ses places furent abandonnées, ainsi que leurs dépendances.

sieurs de leurs décrets de philanthropie, accordant, à partir de telle date, la propriété aux possesseurs (Voir le papyrus grec 1er de Turin et particulièrement ce que j'en ai dit dans mon « Procès d'Hermias ». Il est possible qu'en cela ils se soient inspirés d'Amasis.

(1) Notons que, dans la première aliénation d'immeubles par les nouveaux procédés d'Amasis qui nous soit parvenue — qui est datée de l'an 15 de ce roi et qui a été connue de nous après la rédaction de ce mémoire — on énumère quatre actes antérieurs, soigneusement datés, relatifs à la même propriété et qui sont livrés par le cédant, et un cinquième acte qu'il ne livre pas et dont la date n'est pas indiquée. Cet acte est censé être une mancipation, probablement antérieure à l'an 14 et dont on ne nous donne aucune preuve autre que l'occupation, occupation légitimant, en quelque sorte, les deux aliénations postérieures datées et les rattachant aux deux transmissions antérieures également datées. Nous parlons de ce document dans deux autres notes.

(2) Ces mots *shoun* « administration » et *shni* « usage » servent à désigner la jouissance, la sous-propriété inférieure à la propriété véritable n'appartenant qu'au roi, immédiatement, depuis les Ramessides aux castes nobles.

« En l'an 21, deuxième mois de la tétraménie *shmu* jour premier, je me tiens debout devant le roi Amenhotep en lui disant : « accorde à chacun des tombes parmi celles de ses pères. » Il me donna la tombe de Hai par écrit et je dus accomplir le service de sa prise de possession, en me tenant debout pour réunir l'assemblée avec tous les gens de ces parages faisant leurs services liturgiques dans les tombes.

« Le deuxième mois de la saison *shmu*, jour 6, il (le roi) fut à me remettre ces biens. Il fut à me donner le sol du *sih* (lieu de réunion funéraire) qui est placé dans les terrains allant vers le fleuve. Je renouvelai à plusieurs reprises les bonnes offrandes en ces lieux devenus terres partagées (*shet*). »

L'auteur de la requête ne nous a donné tous ces détails que parce que, postérieurement à cela, un tiers évicteur s'était présenté. Mais ces détails même nous prouvent que l'occupation matérielle et publique n'était pas alors dénuée de tout effet juridique, comme elle le fut du temps de Ramsès II, qui la condamna par l'inscription d'Abydos, et comme elle le fut, plus tard, dans le droit surtout, classique.

Nous avons montré souvent qu'Horemhebi a été, comme législateur, le précurseur de Bocchoris et d'Amasis, qui s'inspirent largement de ses principes, si longtemps controversés en Egypte. N'en fut-il pas ainsi pour l'*usus* dans le code d'Amasis ?

Ce qui est certain, c'est qu'en ce qui concerne la mancipation tout au moins, Amasis, en promulguant son code de l'an 5 et surtout de l'an 19, vit parfaitement qu'il était contraire aux traditions anciennes et aux mœurs publiques. Aussi voulut-il le protéger par tout un système vraiment effrayant de clauses pénales. La loi intervint donc : et elle déclara que quiconque dirait que la chose vendue par mancipation n'appartenait pas légitimement à l'acheteur aurait à payer une amende facultative au gré de celui-ci et à son bénéfice — ce qui n'empêcherait pas la propriété de l'objet cédé d'être acquise définitivement. De là une formule insérée dans toutes les mancipations et qui rappelait mot pour mot cette disposition du code.

Il y était stipulé que personne ne pourrait s'opposer à l'acte, depuis père, mère, frère, sœur, fils, fille, *hir*, *hirt*, jusqu'à grande assemblée de *ta ou Kenbeti*, et que celui qui viendrait pour prendre le bien à l'acquéreur, lui disant : « ce n'est pas ton bien celui-là », qui que ce soit au monde, depuis père, mère, frère, sœur, fils, fille, *hir, hirt*, jusqu'à grande assemblée de *ta ou Kepbeti*, — répète-t-on — lui donnera argent quelconque, blé quelconque qui plairont à son cœur ».

Ainsi le *hir* ou la *hirt*, seigneur ou chef de tribu mâle ou femelle, n'a point été supprimé en Egypte par Amasis, pas plus qu'à Rome le *gentilis* et le *patronus* par les décemvirs. Mais son existence ne nous est plus attestée contractuellement que par les peines dont on le menace s'il veut invoquer son ancien privilège traditionnel pour protester contre l'aliénation libre par mancipation qu'on vient d'établir.

Son rôle devient tout aussi honoraire que celui du prêtre d'Amon, prêtre du roi, qui autrefois *disait le droit* dans cet ordre d'idées et qui, depuis l'an 5 d'Amasis, n'a plus à se mêler que de fonctions uniquement religieuses.

Ce n'est pas tout.

Le nouveau réformateur porte la défiance jusqu'aux juges eux-mêmes, aux membres des tribunaux appelés *ta* ou *Kenbeti* et qui, s'ils veulent par un abus de la jurisprudence, décider dans un sens contraire à la nouvelle loi les procès à eux soumis, seront immédiatement frappés de la même pénalité que les *hir*, que les membres de la famille et que tout autre tiers évicteur osant réclamer contre une mancipation.

A propos des personnes dont on craint semblable intervention, nous devons entrer dans quelques explications.

Nous avons dit qu'Amasis avait voulu substituer au *hir* le *pater familias* à la romaine, et cependant, dans le formulaire que nous venons de citer, nous voyons mentionner le père à côté de la mère, du frère, de la sœur, de la fille. Comment concilier ces données contradictoires ?

D'une façon très simple. Amasis n'avait pu briser d'un seul coup avec les anciens usages et surtout avec les droits résultant d'unions légales antérieures. Sa loi n'avait, pas plus que les autres en général, d'effets rétroactifs. Dans les familles reposant sur l'ancien état de choses, les pères n'étaient donc pas admis à exercer le pouvoir attribué au nouveau *pater familias*, dans les familles basées sur le mariage par *coemptio*, surtout favorisé par le roi. Ils ne pouvaient donc invoquer cette *patria potestas* pour empêcher ses enfants soit d'aliéner les biens qu'ils se trouvaient avoir acquis, soit pour se soumettre eux-mêmes à une telle puissance par une vente volontaire de leurs propres personnes.

Ces mancipations des personnes ingénues sont en effet, depuis le nouveau code, tout aussi fréquentes que les mancipations d'immeubles.

Pour les mancipations d'immeubles on avait la formule :

« En tel mois de telle année, un tel dit à un tel :

« Tu m'as donné — et mon cœur en est satisfait — l'argent de tel bien, de telle contenance, ainsi situé, et dont les voisins sont, au sud... au nord... à l'occident... à l'orient... bien qui me vient d'un tel et d'un tel en vertu de tel et tel acte.

« Je t'ai donné ce bien... Je t'ai donné aussi telle et telle pièce le concernant.

« Il est à toi, ce bien sus-désigné.

« Point à en connaître homme quelconque du monde. Je l'écarterai depuis la date indiquée plus haut à jamais.

« Celui qui viendra à toi pour te le prendre, depuis père, mère, frère, sœur, fils, fille, *hir*, *hirt*, jusqu'à grande assemblée de *ta* ou *Kenbeti* ou moi-même, il te donnera, celui-là, argent quelconque, blé quelconque qui plairont à ton cœur. Sera à toi le bien en question en outre, depuis le jour ci-dessus à jamais (1) ».

(1) Les mêmes garanties servaient pour les donations, dont nous avons trouvé un exemple depuis la rédaction de ce mémoire et qui, daté de l'an 15, mentionnent plusieurs mancipations. Le papyrus en question est des plus intéressants. Il nous prouve que la première loi promulguée par Amasis sur la mancipation l'a été antérieurement à l'an 19, date que j'avais d'abord supposée, dans mon *Précis* et mes *Notices*, à cause de l'existence d'actes de transmission, rédigés d'après les anciens principes légaux, quoique très simplifiés, jusqu'à cet an 19. Décidément, l'an 19 ne représente plus, comme je l'ai dit antérieurement dans le mémoire actuel, que l'abrogation définitive de ces anciennes coutumes contractuelles, abrogation décidée par l'Assemblée nationale au moment où elle allait se dissoudre. Mais, dès l'an 14 et probablement avant, peut-être dès l'an 5, ces mancipations avaient été autorisées par la loi, ainsi que les donations. Les unes et les autres étaient déjà protégées contre l'éviction par une amende facultative s'appliquant à tous les hommes du monde, mais ne spécifiant pas encore les pénalités encourues par les *hir* et les assemblées de justice, pénalités promulguées en l'an 19, quand toutes les autres coutumes contractuelles furent définitivement supprimées et que la mancipation reçut un caractère pour ainsi dire hiératique.

Notons encore que notre document mentionne, avant les deux mancipations contemporaines d'Amasis, d'une part, un acte de possession dont nous avons précédemment (p. 6, note 1 :) précisé le caractère à propos de l'occupation et, d'une autre part, deux transmissions faites à Paamen, conformément à l'ancienne loi, sous Apriès et sous Psammétique.

Semblablement sont rédigées les aliénations des personnes libres.

Elles ont, je l'ai dit déjà, les mêmes règles, les mêmes usages

Voici le texte en question :

« L'an 15, 3° mois de *sha*, du roi Ahmès.

« Psammetikmenkh, fils d'Horudja, dont la mère est Tsenhor, dit au choachyte de la partie occidentale de Thèbes, Nesmin, fils de Tahosuosor, dont la mère est...

« Je t'ai donné ces 10 aroures de terres de ma part du domaine, (part) que ma donnée Tsenhor, ma mère, au nord d'une (autre) aroure de terre, ce qui fait 11 aroures sises sur Paamen (la demeure d'Amon, Thèbes), dans la terre d'adoration occidentale, sur les 22 aroures qui, sur la terre d'Amon de tel endroit à l'occident du canal qu'on nomme Uten, (terrain) que j'ai acquis pour argent (comme aîné κύριος représentant la mère ?) de Son, le fils de Efau, le *hir seshta* (dont la mère est Ran nebtpaèse, en l'an 14, 2° mois de *shmu*, qu'il (Son, fils de Efau) a acquis pour argent du scribe de Paamen de la terre d'adoration, Unnofré, fils d'Horudja, dont la mère est Chonspesarb, en l'an 14, 1er mois de *per*, le étant du (ce qui constituait le domaine du) scribe de Paamen de la terre d'adoration Horudja, fils d'Unnofré, dont la mère est Héri, son père, (domaine) qu'il (le susdit père) avait acquis pour argent du scribe et *setem* (domestique) de la maison royale (*sutenpa*), Neschons, fils de Meri, dont la mère est Nteti, lequel avait reçu transmission dans Paamen de ce que possédait le père divin, Petiosor, fils d'Unamen... L'acte de transmission dans Paamen, il l'accomplit en le garantissant contre toute éviction, le *sotem* et père divin Petibi, fils de Petiosor en l'an 3, 2° mois de *per*, du roi Apriès, défunt, pour ce qui appartenait au père divin Petiosor, fils d'Unamen, son père, auquel on avait donné, pour son établissement, un volume (un acte) pour sa part en l'an 37, 4° mois de *shmu* du roi Psammetique défunt.

« Je t'ai donné ces 11 aroures à prendre sur les 22 aroures du domaine de Tsenhor, ma mère, (11 aroures) qui (ont): au sud : les 11 aroures du reste des 22 aroures qui sont inscrites à tel : au nord le terrain de Herirem, fils de Chonstisù ; à l'occident la montagne ; à l'orient le canal Uten. Je t'ai donné 4 volumes (actes) : 1° ceux (les actes anciens) qu'a donnés l'écrivain de Paamen de la terre d'adoration Unnofré, fils d'Horudja au *hir seshta*, Son, le fils de Efau : ci, 2 volumes ; 2° celui qu'a fait (rédigé) l'écrivain de Paamen de la terre d'adoration, Unnofre, fils d'Horudja, dont la mère est Chonspesarb à Son, le fils d'Efau, le hir *Seshta* : ci 1 volume ; 3° celui que m'a fait Son, le fils d'Efau, le *hir seshta*, dont la mère est Rannebtpaèsé : ci volume 1 (total 4 actes sur 5).

« A toi cela : tes 11 aroures ci-dessus. Je te les ai transmises à toi (Elles constituent) le domaine que m'a donné Tsenhor, ma mère.

« N'a point à en connaître homme quelconque du monde. Je l'écarterais de ces choses, c'est-à-dire de ta propriété, depuis l'an 15, 3e mois de *sha* ci-dessus (indiqué) jusqu'à jamais.

« Celui qui viendra à toi pour te le prendre : homme quelconque du

légaux qu'à Rome sous le régime de la loi des XII tables ; et, comme à Rome, l'unique correctif du cens.

Encore faut-il faire à ce point de vue une distinction importante.

Pour toutes les ventes fictives, ayant le but de créer des liens de droits familiaux, le correctif du cens n'existait pas.

La *coemptio* avait des effets perpétuels comme l'adoption par mancipation.

Pour toutes les ventes réelles, ayant le but de mettre une personne libre en esclavage momentané à cause de ses dettes ou de ses fautes, d'en faire un *nexus*, le cens avait toute sa valeur.

En ce qui touche le mariage, l'idéal d'Amasis, comme des décemvirs, c'était de substituer à l'ancien *connubium* religieux, comportant la communauté de biens et de droits entre les époux et l'indépendance relative des enfants pubères, le mariage par *coemptio*, donnant au mari, au nouveau *pater familias*, la *manus* et la *patria potestas*, c'est-à-dire le pouvoir absolu sur sa femme et sur ses enfants.

Le formulaire que nous possédons était alors ainsi conçu :

« En tel mois de telle année (1) une telle dit à un tel : Tu as

monde entier, ou moi-même, te donnera argent quelconque, blé quelconque, qui plairont à ton cœur. Seront à toi tes 11 aroures ci-dessus en outre depuis ce jour jusqu'à jamais. »

« A écrit Hor, fils d'Anch (le notaire). »

Viennent ensuite les deux souscriptions du cédant et de son fils.

« A souscrit Psammetikmenkh, fils d'Horudja.

« A souscrit Nofrého (?), fils de Psammetikmenkh. »

Au revers, on lit les noms de 16 témoins et après eux d'un nouveau scribe : « Unnofré, fils d'Hor..., scribe de Paamen de la terre d'adoration. »

On sait que ce sont ces scribes qui, sous Amasis, perçoivent les impôts, comme le faisaient précédemment certains prêtres. Le scribe en question avait sans doute reçu les droits *ad valorem* revenant au trésor et qui sont mentionnés dans bien des contrats antérieurs (du temps de Psammetique, etc.) et dans les contrats postérieurs. Quant aux 16 témoins, nous remarquons que c'est exactement le chiffre qui a été exigé plus tard (sous Darius Codoman, etc.), pour les ventes d'immeubles. Sous Darius 1er, ce chiffre a diminué pour les mêmes actes.

En ce qui concerne la souscription des cédants, notons qu'elle se trouve dans une donation du temps de Darius (Voir mon *Précis de droit égyptien*, p. 541).

(1) L'acte publié, p. 466 de mon *Précis de droit égyptien*, porte ceci :

« L'an 4, mesore 20, du roi Psammetiku III (le fils d'Amasis). »

donné, et mon cœur en est satisfait, mon argent pour me faire être à toi servante (pour devenir à toi servante). Moi je suis à ton service.

« Point à pouvoir homme quelconque (personne au monde ne pourra) m'écarter de ton service. Je ne pourrai y échapper.

« Je ferai être à toi en outre jusqu'à argent quelconque, blé quelconque, totalité de mes biens au monde : et mes enfants que j'enfanterai : totalité de ce que je suis dedans (je possède) et les choses que je ferai être (que j'acquerrai) et mes vêtements qui sont sur mon dos, depuis tel mois de telle année (la date de l'acte), jusqu'à jamais et toujours.

« Celui qui viendra à toi t'inquiéter à cause de moi en disant : « elle n'est pas ta servante celle-là » (ici s'ajoutait facultativement l'incise : depuis père, mère, frère, sœur, fils, fille, parent, parente, *hir, hirt,* jusqu'à grande assemblée judiciaire ou moi-même) il te donnera celui-là, argent quelconque, blé quelconque qui plairont à ton cœur. En ta servitude sera ta servante encore. Et mes enfants tu seras sur eux en tout lieu où tu les trouveras.

« Adjuré soit Amon ! Adjuré soit le roi.

« Point n'a à te servir servante autre ! ne prends pas servante quelconque en outre ! Il n'y a point à dire : « Il me plaît de faire en toute similitude que ci-dessus ». Il n'y a point à m'écarter par cette similitude de ces choses. Il n'y a point à dire que tu prends femme pour le service de ton lit dans lequel tu es (1) ».

Par cet acte, la femme se mettait pleinement *in manu mariti.* Elle acceptait la situation légale d'une esclave et, comme le citoyen *sui juris* adopté par l'adrogation romaine voyait la possession de tous ses biens actuels lui échapper, tous, elle les cédait à son futur époux, qui aura sur ses enfants, comme sur elle, un pouvoir despotique et pourra les reprendre en quelque lieu qu'ils puissent être.

La seule réserve qu'elle fait, c'est que son mari ne pourra pas prendre d'autre servante dans de semblables conditions, c'est-à-dire s'unir à une autre femme par une nouvelle *coemptio.*

Elle tient, en effet, à rester seule épouse, tout autant que la

---

« La femme Djetamautankh, fille d'Anachamen, dit à Amon, fils de Pudja :

« Tu as donné, etc. »

(1) Dans l'acte de l'an 4 de Psammetiku III, on lit ici la signature du scribe : « Par l'écrit (la rédaction) de Pabi, fils d'Héreius. »

femme mariée par l'ancien mariage religieux. Toutes les femmes égyptiennes, dont les contrats de mariage nous sont parvenus, y tiennent toujours, même dans ces unions libres qu'un caprice pouvait rompre.

Tel n'est pas le cas dans le mariage par *coemptio*, tout aussi perpétuel que le mariage religieux. Ce n'était pas trop exiger, en effet, d'un époux auquel on donnait tout ce qu'on possédait ; tant sa sa beauté actuelle que ses services, ses enfants, son avoir, ses richesses de tout genre, plastiques, morales et matérielles.

Mais, pour obtenir ce résultat, la pauvre femme épousée par *coemptio* ne pouvait invoquer une obligation contractuelle. L'esclave ne peut forcer son maître à s'engager par un contrat. Ayant perdu sa personnalité civile à partir de la mancipation consentie, il ne peut avoir recours qu'au droit religieux, comme ces esclaves qui, dans les inscriptions grecques de Delphes, prennent un dieu pour garant de l'acte qui les affranchit. Evidemment, ce sont ces esclaves qui ont fourni le prix de leur liberté, mais ils l'ont confié au Dieu, qui devient leur représentant légal à l'égard de leur ancien propriétaire.

A Thèbes, c'est le grand dieu Amon, au ciel, et le roi, sur la terre, qui assument ce rôle et se chargent de tirer vengeance, soit du maître par rapport à son esclave lésé, — beaucoup de documents le prouvent (1) — soit du mari, s'il ne tenait pas compte de l'adju-

(1) Hérodote nous avait déjà signalé, à propos du temple de Canope, cette loi égyptienne (imitée par les Antonins), en vertu de laquelle les esclaves par trop violentés qui se réfugiaient auprès de certaines statues provoquaient ainsi une instruction sacrée de leur affaire et pouvaient, s'ils avaient raison, être délivrés de la tyrannie de leurs maîtres. Les papyrus démotiques et grecs, provenant du Sérapeum de Memphis, nous prouvent que ce temple jouissait, sous les Lagides, des mêmes droits d'asile et de protection que le Sérapeum de Canope, à l'époque persane. Voici le texte d'un de ces documents. Il y est question de l'action religieuse intentée par un esclave contre sa maîtresse.

« Ma voix, celle du serviteur de Tavé, est devant Osorapis (Sérapis) né (de la vache) Taba ; O toi qui es écrit ci-dessus ! seigneur grand, qui fais de ta face une protection ! J'ai crié vers toi ! Je m'éloignerai d'elle (de ma maîtresse). Tu as entendu ma voix : tu as vu mon état d'anéantissement qui t'est parvenu. Tu connais le petit serviteur suivant le cœur. Tu feras connaître sa perversité (à elle Tavé) grande comme la mer. A ma charge est la difficulté qui en résulte, et si j'ai un éloignement de tout mon être pour son service et sa compagnie ! Allons ! il y a une démarche à faire, — je la ferai ! il y a un dieu, une image de dieu à invoquer, — j'y cours. Qu'elle fasse connaître (Tavé) celle que suppliera le serviteur ! »

ration prononcée au moment de la *coemptio*, ainsi que l'établit notre formulaire.

Nous l'avons montré précédemment, cette *coemptio* là était en usage dans l'ancienne Ninive aussi bien que chez les Hébreux.

C'est de là, c'est de Ninive surtout (1) qu'elle avait été prise par Amasis, mais avec des modifications qui en avaient fait le prototype sur lequel n'avait plus qu'à se calquer la *coemptio* romaine.

Il en fut de même pour l'adoption par mancipation, qu'imagina Amasis sur le modèle de la *coemptio*, et que nous retrouvons à Rome, jusqu'au temps d'Auguste, tout au moins.

De ces images près desquelles on se réfugiait (comme à Rome, depuis les Antonins, auprès de la statue de l'empereur), il est aussi question dans d'autres adjurations, ayant cette fois pour but d'empêcher à l'avenir semblable recours. En l'an 37 de Philométor, nous voyons ainsi un paysan, nommé Phib, s'adresser par serment au représentant de l'administration des domaines pour s'engager à cultiver un terrain déterminé. Il ajoute : « Que je sois me tenant debout sur ces champs, t'en montrant les produits, t'en payant les redevances, sans que j'aille sur la place adjurer temple divin ou statue, comme font des compagnons s'appuyant sur les temples, ceux qui entrent en lutte. » Ce serment est prêté sur le nom du roi et de la reine, aussi bien sur celui d'Isis, d'Osiris et de tous les dieux. Il se rapproche en cela de notre formulaire de la *coemptio*.

(1) Dans ma lettre à M. Paturet, *Sur la condition de la femme en Égypte*, p. LI et suivantes, j'ai déjà cité une *coemptio* de ce genre, dont l'acte traduit par M. Oppert a été rédigé en Assyrie dans le temps de ces grands rois de Ninive qui ont lutté contre les rois éthiopiens, c'est-à-dire bien antérieurement à Amasis. Un père assyrien, assisté de ses fils comme agnats, y vend sa fille à une Égyptienne, nommée Nitocris, pour la marier à son fils Tachos.

« Cachet de Naburiktausur, fils d'Akhardisr le Hâséen, qui assiste Arduistar dans la ville... cachet de Tébitaï, son fils, cachet de Silim-bel son fils, maîtres de *leur* (*sic*) fille vendue.

« Qui est Tavas-hasina, fille de Naburiktausur.

« Et l'a acquise la femme Nikhtequarrau (Nitocris), pour 18 drachmes d'argent (67 fr. 50) : elle l'a achetée pour son fils, Sihâ (Tachos). Elle sera la femme de Siha.

« Le prix a été définitivement fixé.

« Qui que ce soit, dans un avenir quelconque, contestera et attaquera soit Naburiktausur, soit ses fils et ses petits-fils, soit ses frères ou les fils de ses frères, soit quelqu'un des siens, soit son ayant-droit, et qui voudra faire annuler le marché contre Nitocris ou les fils des fils, ou ses petits-fils, paiera 10 mines d'argent (2 250 francs)... et n'acquerra pas la chose. »

Viennent ensuite les formules relatives aux répondants, aux témoins, et aux officiers publics donnant l'authentification.

En ce qui touche les Hébreux, nous commenterons plus loin les textes de l'*Exode* se rapportant à la *coemptio*.

Suétone nous apprend, dans la vie de ce prince (LXIV et LXV), qu'il adopta de deux manières différentes ses petits-fils, nés de sa fille et d'Agrippa :

Caium et Lucium adoptavit domi per æs et libram emptos a patre Agrippa... Tertium nepotem Agrippam simulque privignum Tiberium adoptavit in foro lege curiata.

Ces deux modes d'adoption existaient également en Egypte. Nous avons déjà parlé longuement dans un des §§ précédents de l'adoption par loi curiate. Nous n'avons pas besoin d'y revenir.

Il n'en est pas de même de l'adoption *per æs et libram*, c'est-à-dire par *mancipatio*, qu'il nous faut examiner maintenant en détails.

Notons d'abord que le mot *mancipatus*, mancipé, « pris avec la main », s'appliquant au fils adoptif, et en parallélisme avec le mot *émancipatus, émancipé*, s'appliquant au fils qui, après trois mancipations successives, se trouvait délivré de la puissance paternelle, paraît d'origine babylonienne. En babylonien, il revêtait une double forme : 1° *kudinnu* du chaldaïque *kadan mancipatus est, in servitutem redactus est.* 2° *zabit. qati* qui, littéralement, signifie *manu captus* « pris avec la main », c'est-à-dire l'expression absolument correspondante comme forme à l'expression romaine.

Le fils adoptif était toujours en babylonien un fils mancipé.

C'est ainsi que, dans une tablette babylonienne (déjà citée par moi dans mon volume sur la Propriété), nous trouvons la requête suivante :

« Belkasir, fils de Nadinu, de la *gens* de Sagillaï, parla ainsi à Nadinu, son père, fils de Ziria, de la *gens* de Sagillaï :

« Tu m'as envoyé en demeure d'affranchi (d'émancipé). J'ai pris pour épouse la femme Sunnaï. Elle ne m'a infanté ni fils, ni fille. Beliukin, le fils de la femme Sunnaï, le fils de ma femme, qu'elle a engendré de Nikudu, de la *gens* de Nursin, son mari précédent — que je le prenne en qualité de fils ; qu'il soit mon fils. Que tu donnes ton assistance pour son acte de filiation ; dispose de nos propriétés et de nos biens comme ils se comportent, et attribue-les lui pour qu'il soit notre enfant mancipé (*zabit qati*) par nous ».

Au fond, je l'ai déjà dit, il y a entre l'état du droit que décrit Suétone et celui que nous révèle cette tablette babylonienne, une très grande analogie. Les enfants de Julie adoptés par Auguste, *per æs et libram*, étaient ses fils *mancipati*, comme Zunaa eût été celui de Belkasir, si le père de celui-ci, Nadinu, avait consenti à ce que lui demandait son fils.

Mais, bien que Belkasir eût reçu de lui une certaine indépendance par cette sorte d'affranchissement babylonien qui permettait au fils d'habiter et de vivre en dehors de son père, le père *Nadinu* conservait, en ce qui touchait l'organisation et les *questions d'état* de la famille, une puissance paternelle assez grande. Il ne voulut pas que son hérédité passât, non seulement à une autre famille, mais à une autre *gens* (1). Ayant donc réuni plusieurs témoins, appartenant à

(1) Ce que nous désignons par le mot *gens* à Babylone est le correspondant très exact du groupement auquel les Romains avaient donné ce nom de *gens*. Tous les membres d'une même *gens* étaient censés, à Rome, descendre d'un ancêtre commun et ils portaient un nom commun les rattachant à cette descendance. Il en est exactement ainsi à Babylone, dans le cas qui nous occupe ; car ce que nous traduisons par les mots « de la *gens* de Sagillaï », c'est l'indication pure et simple de cette filiation fictive, relativement à l'ancêtre commun supposé et les termes babyloniens signifient littéralement « fils de Sagillaï ».

Chez les Romains, le nom porté également par tous les membres de la *gens*, ce *nomen*, qui était toujours d'une désinence adjectivale, Flaminius, Cornelius, Fabius, Valerius, Pompilius, Quintilius, Manilius, Cœcilius, Tullius, Julius, venant de Julus, fils d'Enée, suivant Tite-Live (I, 83), représentait sous une autre forme exactement la même idée que ces mots : « fils de Sagillaï ». Et cependant on savait très bien, pour telle *gens* et pour telle ou telle autre qu'elles avaient été constituées par la réunion de plusieurs familles sans parenté antérieure entre elles. Festus nous le dit expressément. Ce n'était donc point de vraies familles qui se seraient accrues, avec le temps, par les naissances, au point de devenir une sorte de nation, de peuple à part, de *gens*. C'était le résultat voulu d'un groupement voulu, d'une organisation complète du peuple de Rome, analogue à celui qui divisait le peuple d'Athènes en phratries, mais plus encore à celui qui, après la destruction plusieurs fois répétée de Babylone par les Assyriens, avait substitué à l'ancienne population les tribus arabes qu'Assourbanipal avait enlevées dans ses conquêtes, puis d'autres fractions de peuples pris un peu partout et analogues à ces Albins, à ces Latins, à ces Etrusques, qui, volontairement ou non, avaient été incorporés à la Rome primitive jusqu'à, et y compris l'arrivée des Claude, qui trahirent leurs compatriotes à la veille de la bataille du lac Régille. A Babylone, sous Nabuchodonosor, l'indication de la tribu parut d'autant plus à conserver que c'était une indication non seulement de race, mais d'origine ; on poussa si loin la chose que, pour les Egyptiens et les Ninivites, on transforma le nom de leur pays en nom patronymique et ils se nommèrent « fils d'Egyptiens », « fils de Ninivites », comme d'autres se nommaient « fils de Sagillaï », « fils Egibi », « fils de Nursin ». De même pour les corporations, corps de métiers organisés en corporation où les professions restaient souvent héréditaires et formaient un petit peuple à part, dont on ne voulait pas rompre l'unité, on fit pour eux ce qu'on avait fait pour les Egyptiens et les Ninivites et on nomma leurs membres

sa propre *gens*, celle de Sagillaï, il répondit comme nous allons le voir :

« Nadinu ne consentit pas à la proposition que lui avait faite son fils.

« Nadinu, pour quoi que ce fût, dans les jours éloignés, ne fût pris de leurs biens, écrivit une tablette et *lia les mains* de Belkasir, son fils. Dans cette tablette il s'exprima ainsi :

« Le jour où Nadinu ira à sa destinée, si un fils né du flanc de Belkasir, un fils de lui, a été engendré, ce fils prendra après lui les biens et la propriété de Nadinu, son père. S'il n'a pas été engendré de fils provenant de son flanc, Belkasir prendra, en qualité de fils, son frère et héritier (maître, *bel*, κυριος) de sa part. A celui-ci reviendront ses biens et les propriétés de Nadinu, son père. Belkasir ne prendra qui que ce soit en qualité de fils, en dehors de son frère et héritier de sa part, pour les biens et les propriétés de Nadinu ».

Est-ce à cette source Chaldéenne qu'Amasis emprunte aussi son adoption par mancipation ? C'est possible, bien qu'il faille reconnaître que cette mancipation, cette *capture avec la main d'un fils*, ne s'opérait pas du temps de Nabuchodonosor, de Nabonid, etc., c'est-à-dire dans le siècle d'Amasis, par une vente proprement dite.

J'ai publié, avec mon regretté frère Victor Revillout, le formulaire des actes d'adoption contemporains. La seule trace d'une *origine* semblable qui s'y trouve réside dans le mot *kudinnu* venant de *kadou mancipatus*

« fils de tisserand », « fils de forgeron », « fils des scribes de tel grand temple. » Le lien de parenté civile n'était pas moindre en pareil cas que quand on croyait à l'existence d'un patriarche chef de tribu. Les fils de forgeron interviennent dans les aliénations d'immeubles, dans les actes relatifs à l'hérédité faite par l'un d'eux, comme les fils d'Egibi — peut-être de Jacob — ou ceux de Nursin interviennent dans les mêmes actes de ceux qui ont leurs noms patronymiques. Il ne nous paraît pas douteux, d'ailleurs, qu'en Babylonie, comme à Rome, les membres de la *gens* avaient certains droits de succession, à défaut de parents réels, sur tous ceux qui faisaient partie du même groupe. C'est tout à fait prouvé pour l'époque ancienne où les tribus arabes établies en Chaldée et obéissant aux lois de Babylone, y avaient reçu chacune leur territoire. Dans les actes relatifs à des successions d'immeubles faites par quelques membres de ces tribus, on en trouve où le chef de la tribu figure en première ligne parmi ceux qui pourraient revenir sur une aliénation d'immeubles faite à un étranger, etc. Comme représentant de la *gens*, il pouvait donc être appelé à en faire valoir les droits, exactement comme le *hir* dans les actes archaïques égyptiens. Mais, sous Nabuchodonosor, à Babylone, le chef de *gens* n'apparut plus dans les actes.

est *in servitutem redactus* est pleinement parallèle, il faut bien le reconnaître, au mot *turbani* affranchi, s'appliquant à *l'émancipé.*

En fait, cette vente fictive existant peut-être du temps des Ninivites, simultanément avec le mariage par *coemptio*, est pratiquement remplacée plus tard par une adoption reposant seulement sur la volonté des parties.

Les futurs père et mère adoptifs s'adressent, soit au père du fils qu'ils veulent adopter, soit à ses tuteurs légaux.

Dans un acte que nous possédons, c'est aux scribes ou prêtres du temple du soleil qui avaient recueilli un enfant trouvé, Sapikalbi, que Samasbalit et Kapta sa femme, disent :

« Sapikalbi, enfant de telle *gens*, ayant telle situation dans le temple de Samas, en filiation, cet enfant, accordez-nous, et qu'il soit notre fils ».

Marduksumaiddin, scribe de Sippara, et les autres scribes accueillirent favorablement cette prière, *et ils donnent* collectivement Sapikalbi à l'état de fils, à Samasbalit et à Kapta, sa femme.

« Aujourd'hui, poursuit encore notre texte, ils l'établissent fils de Samasbalit et de Kapta, sa femme ; Sapikalbi devient donc, le fils mancipé (*Kudinnu*) de ces deux personnes.

« Celui qui violerait cette *dababa* (qui ne respecterait pas la parole donnée par suite de la requête adressée en tête de l'acte), celui-là les dieux Marduk et Zarpanit, qu'ils prononcent sa destruction ».

Il faut remarquer que cette forme d'acte est identiquement celle que nous trouvons à la même époque, pour les *accordailles* d'une fiancée. Le futur mari fait aux parents une demande de sa *femme* tout à fait semblable, demande accueillie de même et suivie également d'anathèmes pour les contrevenants.

C'était alors la forme de droit à la mode, et si cette forme a bien été précédée autrefois par la forme de vente, Amasis n'a pu le constater que sur de très anciens documents.

On peut donc considérer le prince égyptien comme le véritable auteur de l'adoption par mancipation, qu'imitèrent plus tard les décemvirs.

Je dis : qu'imitèrent les décemvirs. En effet, tout semble me prouver que l'adoption *per æs et libram*, dont parle Suétone, remonte à la même période que l'émancipation par trois mancipations successives, que le mariage par *coemptio*, que la constitution de *nexi* par *mancipatio*, etc. En Egypte, dans le code d'Amasis, et à Rome, dans celui des décemvirs, tout cela ne fait qu'un, et tout cela est, nous le verrons, réglé par des règles de droits identiques des deux parts, ce qui ne peut laisser de doute sur un emprunt direct.

Voici le formulaire de l'adoption par mancipation (1).

« En telle année, tel mois, tel quantième.

« Un tel, fils d'un tel et d'une telle, dit à un tel :

« Tu m'as donné — et mon cœur en est satisfait — mon argent pour me faire être à toi fils (pour devenir ton fils). Moi, je suis ton fils : et sont à toi mes enfants que j'engendrerai, et totalité de ce qui est à moi et de ce que je ferai être (de ce que j'acquerrai).

« Point à pouvoir (ne pourra point), quiconque au monde m'écarter de toi, (depuis père, mère, frère, sœur, fils, fille, *hir*, *hirt*, jusqu'à grande assemblée de *ta* ou *kenbeti* ; moi-même, mes enfants qui seront les enfants d'enfants tiens (les petits-fils) à jamais. Celui qui viendra à toi pour me prendre de toi en disant : « Ce n'est pas ton fils, celui-là », qui que ce soit au monde, depuis père, mère, frère, sœur, fils, fille, *hir*, *hirt*, jusqu'à grande assemblée de *ta* ou moi-même, te donnera argent quelconque, blé quelconque, qui plaîront à ton cœur.

« Moi je serai ton fils encore, ainsi que mes enfants à jamais » (2).

Dans cet acte, l'adopté après avoir dit : « Tu m'as donné, et mon cœur en est satisfait, mon argent pour me faire être à toi, fils », ajoute aussitôt : « Moi je suis ton fils et sont à toi mes enfants que j'engendrerai, et totalité de ce qui est à moi et de ce que je ferai être ».

Ce sont bien là les principes du droit romain en matière d'adrogation. Celui qui se donne en adrogation était autrefois maître de sa personne, chef de famille. Il avait ou pouvait avoir des biens personnels. Par l'adrogation, tout cela passe, en même temps que lui, entre les mains de l'homme dont il a fait son père. Les enfants qu'il engendrera seront désormais à cet homme, comme descendants de cet homme, qui aura sur eux tout le pouvoir despotique attribué par la loi au *pater familias*.

(1) L'acte que j'ai donné, p. 425 de mon *Précis de droit égyptien*, porte : « L'an 32, athyr, du roi Ahmès.
« Hor, fils de Pétuosor, dont la mère est Teuaou, dit au choachyte de la nécropole, Haredj, fils de Djet : tu m'as donné, etc. :

(2) Ici intervient, dans l'acte de l'an 32, la souscription du notaire : « Par l'écriture de Nehemschonsu, fils de Hahoreroou ». Au revers, on voit les noms de 12 témoins.

Ce qu'acquerra l'adrogé d'une façon quelconque, rentrera de suite dans la fortune de son père légal, comme y était rentré déjà tout ce que possédait, antérieurement à l'adoption, celui qui avait voulu se donner un nouveau père.

Ce dernier résultat était, du reste, obtenu également par la mancipation ayant pour objet l'aliénation volontaire d'un *nexus*, c'est-à-dire d'un ingénu livré en esclavage momentané, à cause de dettes antérieures. Lui aussi, il disait : « Tu m'as donné — et mon cœur en est satisfait — mon argent pour me faire être esclave ». Lui aussi, il livrait tout ce qu'il avait, et pouvait acquérir par son travail.

Seulement, l'institution des *nexi* (sur laquelle il me faut quelque peu m'étendre), avait en Egypte et à Rome des règles spéciales, naturellement différentes de celles qui régissaient des institutions permanentes de nature, comme le mariage par *coemptio*, et l'adoption *per æs et libram*.

En établissant l'aliénation des personnes libres pouvant se livrer entre les mains de leurs créanciers, aliénation encore formellement interdite par Bocchoris, comme l'a fort bien dit Diodore de Sicile. Amasis avait voulu se conformer au *jus gentium* de son temps. En effet, en dehors de l'Egypte primitive, parmi les peuples de l'antiquité dont les lois nous sont connues depuis la Grèce (1) jusqu'en Asie, il n'en est pas un, paraît-il, qui n'ait admis à une certaine époque, à titre de principe universel du droit des gens, la faculté, pour un créancier, de posséder, dans certains cas déterminés, un homme libre, en exerçant sur lui le pouvoir donné au maître sur son esclave.

(1) Au moment où écrivait Diodore de Sicile, c'est-à-dire dans le 1er siècle avant notre ère, les créanciers, en règle générale, possédaient dans le monde grec le droit de saisir le corps de leurs débiteurs. La plupart des législateurs avaient respecté cette vieille tradition. Solon seul à Athènes, imitant, dit Diodore, la loi de Bocchoris, avait libéré les citoyens qui s'étaient engagés eux-mêmes pour leurs créances ἀπολυσας τους πολιτας απαντας των επι τοις σωμασι πεπιστευμενων δανειων. Mais les plaidoyers de Lysias et de Démosthène suffisent pour prouver que, postérieurement à Solon et peut-être par l'influence du droit égyptien subséquent d'Amasis, la législation athénienne attribuait dans certains cas au créancier le pouvoir d'un maître sur son débiteur. C'est ce qui arrivait, par exemple, quand sa créance était le prix versé par lui de la rançon d'un Athénien tombé entre les mains de l'ennemi ou de pirates et quand le *redemptus* de retour à Athènes n'avait pas remboursé ce prix au jour fixé.

En ce qui touche l'Asie centrale, plusieurs tablettes, tant ninivites que babyloniennes, nous montrent des parents vendant, cédant leurs enfants et les livrant en gage comme garantie de leurs dettes, ainsi qu'ils l'auraient fait pour des esclaves.

Il en est de même dans le droit hébreu de l'Exode qui paraît avoir inspiré plus particulièrement le réformateur égyptien.

Relativement aux juifs, il est ainsi formulé :

« Si tu achètes comme esclave un Hébreu, il servira pendant six ans et dans le septième (1) il sortira *gratis*.

« S'il est venu seul (mot à mot : avec son corps), il sortira seul. S'il est mari d'une femme, la femme sortira avec lui.

« Si le maître lui donne une épouse et qu'il lui engendre des fils et des filles, la femme et les enfants seront au maître de cette femme, et lui, il sortira seul.

« S'il dit, cet esclave : « J'aime mon maître, ma femme et mes

(1) Dans le même chapitre **xxi** de l'*Exode*, après le passage relatif aux hommes nés libres, tombés en servitude pour des questions d'argent, vient un passage tout aussi long relatif à la femme de condition libre vendue par son père à titre de servante-épouse:

« Si un homme vend sa fille en servante, elle ne sortira pas de la maison du maître, comme sortent les esclaves.

« Si elle déplaît aux yeux de son maître, qui ne l'a pas constituée comme femme et l'a fait acheter, il n'aura pas le droit de la vendre à l'étranger, par mauvaise disposition à son égard.

« S'il l'établit comme femme pour son fils, qu'il fasse à elle selon le droit des filles. »

Trois hypothèses sont ici prévues : 1º celle d'un mariage effectué par l'acheteur lui-même qui ne peut plus, dès lors, aliéner la femme épousée comme il aliénerait une servante ordinaire ; 2º celle d'un mariage préparé par une acquisition mais ne s'accomplissant pas, parce que l'acheteur ne trouve pas la femme à son goût quand il la voit et veut s'en défaire : il ne peut pas la vendre à l'étranger ; 3º celle de l'achat d'une jeune fille par un homme qui la donne pour femme à son fils : il doit la traiter comme sa propre fille et non comme une servante vulgaire.

Une quatrième hypothèse, celle de l'adjonction d'une épouse à l'épouse achetée, est indiquée ensuite :

« S'il en prend une autre pour lui, il ne lui supprimera pas la nourriture, le vêtement et le *concubitus*. Et si il ne fait pas être pour elle ces trois choses, il la fera sortir *gratis*, sans argent reçu par lui pour cela. »

Cette solution est très différente de celle que nous voyons pour les cas analogues dans les mariages égyptiens par *coemptio*. Mais c'est que les Egyptiens étaient *pratiquement* monogames. On voit, d'ailleurs, que la *coemptio* hébraïque était, comme la *coemptio* égyptienne, de durée indéfinie : le jubilé n'y faisait rien.

enfants, je ne sortirai pas libre », le maître le fera s'approcher des dieux, il le fera approcher de la porte et de son chambranle. Il lui percera l'oreille d'un trou : et cet esclave le servira à perpétuité »

Ici, nous avons bien le prototype de la loi promulguée à ce sujet par Amasis.

Les seules différences sont celles qui concernent : 1º Le cens quinquennal remplaçant le jubilé septennal ; 2º la façon dont sont considérés les effets de la génération masculine et féminine.

En Palestine, comme en Asie, en Grèce, à Rome etc., le principal auteur de la génération est censé la femme dont les enfants suivent la condition.

En Egypte, c'est le père qui joue ce rôle. Diodore est, à ce point de vue, des plus formels. « Les Egyptiens, dit-il, considèrent le père comme le principal auteur de la génération et la mère comme ne fournissant que le logement et la nourriture. » Il ajoute que c'était le principe d'après lequel on déclarait légitimes et libres les enfants que le maître avait procréés avec sa servante, achetée pour argent αργυρωνωτητου μητρος. Nous avons pu constater qu'il en était ainsi dans le mariage par *coemptio* : le père était, sur ses enfants, en quelque lieu qu'ils puissent être. »

Aussi, quand il s'agissait d'un *nexus* ayant épousé une esclave étrangère, le cens quinquennal aurait rendu la liberté au père ingénu et à ses fils, suivant sa condition, mais non à sa femme, qui n'était point, quant à elle, de naissance ingénue. La femme, mais la femme seule, et non les enfants, pouvait donc être, en Egypte, la cause pour le *nexus* d'un acte d'aliénation définitive, analogue à celui que nous décrit l'Exode pour le terme du jubilé septennal.

Telle me paraît la situation et l'histoire d'un jeune homme nommé Psenamenapi.

A une époque indéterminée, ce jeune homme avait été réduit à la condition de *nexus*, soit pour ses propres dettes, soit plutôt, vu son âge, pour celles de son père.

En effet, nous voyons que, pendant le temps d'application du code d'Amasis, sous Darius, par exemple, les pères engageaient souvent, comme à Rome, leurs enfants pour dettes.

Je citerai, par exemple, un acte de l'an 24 ainsi conçu :

« L'an 24 choiack (4ᵉ mois de la 1ʳᵉ tétraménie, du roi Darius).

« Le *setcmash* du temple d'Amon de Djème Haredj, fils de Tahosumin, ayant pour mère Ruru, dit à Horaou, fils d'Amenhotep, *le hir Sèshṭa* (secrétaire agent-comptable) du sanctuaire pour les choses (les redevances) de la récolte :

« Que je te donne neuf mesures provenant de la récolte pour ces choses (ces redevances), les dites mesures portées à la ville de Thèbes au terme de l'an 24 tybi (1er mois de la 2e tétraménie ou tétraménie de la récolte, de *peire*).

« Si je ne te les donne pas en l'an 24 tybi, que je te donne pour cela (pour ces neuf mesures) une mesure par mois depuis l'an 24 susdit, méchir (2e mois de la 2e tétraménie) par tout mois de toute année qu'ils feront (que les dieux feront être).

« Je ferai mes intérêts produire intérêts (1) (jusqu'à ce qu'ils soient parvenus à cela (c'est-à-dire à la même quantité de neuf mesures) (2).

« Que je te donne ces neuf mesures avec leurs intérêts. Si je ne te les donne pas avec leurs intérêts, fais être pour cela les gages que tu voudras. Que je te donne à cet effet, maisons, champs, esclaves mâles ou femelles, *fils*, *filles*, bœufs, ânes, argent, tout au monde. Que tu les prennes pour ces choses (pour ces mesures dues et leurs intérêts). Je ne te dirai point : « Je t'ai donné des mesures ou de l'argent ». En ta main est mon écrit. »

La dernière clause de cet acte est relative à la *pignoris capio*, autre emprunt fait par la loi des XII tables au code d'Amasis, et qui à Rome et en Égypte était réservée comme moyen d'exécution à certaines créances se rattachant par leurs causes, soit au culte des dieux, soit aux besoins de l'État. La *pignoris capio*, répondant assez bien à l'*exécution parée* de notre ancien droit et à la πραξις du droit grec, permettait au créancier de faire saisie, sans jugement, des biens de son débiteur ou au moins de quelques-uns d'entre eux pour se couvrir.

Or, parmi ces biens, les fils et les filles de celui-ci sont mentionnés à côté de ses esclaves, de ses bestiaux, de ses champs, de son argent, etc.

C'est probablement ce qui était arrivé pour notre jeune Psenamenapi. En l'an 5 nous le trouvons encore entre les mains du créancier qui, à défaut de *pignoris capio*, avait probablement reçu sur

(1) C'était un privilège des dettes sacrées et des dettes royales. D'après le code de Bocchoris, les particuliers ne pouvaient jamais faire faire pareille stipulation.

(2) Le code de Bocchoris interdisait d'aller, par un compte d'intérêts au-delà du double du capital.

lui un droit de gage analogue au *maskanu zabtum* « gage pris » des anciens Babyloniens, ou du moins d'hypothèque ou de *maskanu* ordinaire, sans possession, ne le mettant pas entre ses mains pour le moment, mais lui permettant de s'en emparer judiciairement et de le vendre comme il eut pu faire d'un bien d'un autre genre hypothéqué si, à l'échéance, l'argent qui lui avait été dû ne lui était pas versé.

Nous l'avons déjà dit, la dette pour laquelle on vendait ce jeune homme ne paraît pas avoir été contractée par lui. Nous croirions plutôt qu'en vertu de la législation d'Amasis, encore appliquée à cette époque et qui fut plus tard imitée par la loi des XII tables, le père du jeune homme l'avait donné en gage pour se procurer de l'argent.

Quoiqu'il en soit, celui qui le vend en l'an 5 ne dit pas le tenir d'un autre vendeur, comme le fera celui qui le vendra en l'an 6. Il en dispose directement en vertu d'un droit à lui personnel.

Voici cet acte, dont le formulaire se rapproche beaucoup de celui de l'acte de *coemptio*, avec cette différence pourtant que le vendeur ne se confond pas alors avec le vendu :

« L'an 5; pharmouti, du roi Darius.

« Ahmès, fils de Psep, dont la mère est Tamiu, dit au pastophore du temple d'Amonrasonter, Hor, fils de Neschons, dont la mère est Neschons :

« Tu as donné, et mon cœur en est satisfait, l'argent du jeune mâle Psenamenapi, fils de Thotmès, dont la mère est Seteirban, *mon* esclave, que je t'ai donné pour faire être esclave.

« Il est à toi, ton esclave celui-là. Celui qui viendra à toi à cause de lui, soit en mon nom, soit au nom de quiconque au monde, depuis frère, sœur, allié, père, mère, *hir, hirt*, jusqu'à moi-même, en disant : « ce n'est pas ton esclave celui-là » je le ferai s'éloigner de toi.

« Si je ne le fais pas s'éloigner de toi, je te donnerai cinq argenteus fondus de la double maison de Ptah... Et sera à toi, ton esclave, ainsi que ses enfants. »

Au point de vue du formulaire, les seules différences qui existent entres les actes d'Amasis et ceux de Darius, c'est que, sous ce dernier : 1º on a retranché la mention des assemblées de justice autrefois menacées, comme les particuliers, d'amendes arbitraires si elles s'opposaient à une mancipation légale ; 2º on a remplacé, d'une façon générale, cette amende infligée aux tiers par des dommages et intérêts frappant le vendeur qui aurait à se pourvoir contre les évicteurs ; dommages et intérêts n'empêchant pas plus que les anciennes amendes la mancipation d'avoir ses pleins effets.

Il faut remarquer de plus que pour tous les biens meubles, les êtres humains compris, la somme à payer s'élève alors — de nombreux papyrus le prouvent — au *double* du prix, c'est-à-dire à cette *stipulatio dupli* que la loi des XII tables a également imitée. Ici même les cinq argenteus assurés à l'acheteur, en dehors de la possession de l'esclave, correspondent à une mine d'argent en Grèce et aux cinq sixièmes d'une mine en Chaldée, prix ordinaire d'un esclave d'après les actes cunéiformes contemporains.

En ce qui concerne l'état personnel du jeune Psenamenapi il est alors sensiblement le même que celui du *nexus* hébreu, d'après le passage précédemment cité de l'Exode et que celui du *nexus* romain, d'après les documents originaux que nous possédons.

Dans ces espèces, ethnographiquement différentes et légalement semblables, l'homme libre vend ses services. Il entre chez son nouveau maître avec sa femme, s'il en a une (1) ; car, si cette vente, le mettant dans les mains d'un maître, lui ôte par cela l'exercice personnel de ses droits civils, il n'en est pas plus dépouillé fondamentalement pour autant que ne l'était le *nexus* romain.

De même que le *nexus* romain, il garde sa personnalité civile, il est toujours considéré comme un citoyen, comme un ingénu, il conserve sa place dans la société et dans la famille (nous le verrons bientôt par l'acte suivant pour Psenamenapi).

Si, à Rome, il fallut que la loi décidât qu'après trois ventes successives de son fils le père perdait sur lui ses droits et la faculté de le vendre encore, c'est que ces ventes d'un homme libre laissaient subsister les liens de la famille, à Rome, comme partout ailleurs.

Cependant cet homme, dont la vie était pour le moment celle d'un esclave, s'il n'était pas marié, pouvait se comporter en esclave, contracter, suivant les désirs de son maître, un mariage servile (2). Est-ce AUX FRUITS d'un mariage de ce genre déjà accompli, que se réfère cette clause de notre acte : « Et sera à toi cet esclave, ainsi que ses enfants » ?

(1) S'il est mari d'une femme, dit l'*Exode*, sa femme sortira (libre) avec lui (au jubilé de 7 ans).

(2) L'*Exode* dit : « Si le maître lui donne une épouse et qu'elle lui engendre des fils et des filles, etc. »

Un tel mariage est-il seulement prévu ?

La chose est difficile à résoudre. Ce qui est certain, c'est que de tels mariages entre des hommes libres et des esclaves proprement dites étaient parfaitement licites en droit égyptien ; Diodore de Sicile nous l'a dit et l'ensemble de nos documents nous le prouve, une simple déclaration faite lors du cens quinquennal les validait, aussi bien que les mariages sacrés, les mariages par *coemptio* contractés avec une femme née ingénue et les unions effectuées par *usus*.

A Rome, il en était de même, d'ailleurs, pour les trois espèces susdites et peut-être primitivement pour notre quatrième espèce, puisque plus tard la loi eut à restreindre les faits de ce genre, particulièrement pour les femmes ingénues dont les enfants suivaient la condition et qui se *mariaient* à des esclaves (1).

Si Psenamenapi n'était pas encore marié à une esclave en l'an 5, il est très probable qu'il l'était en l'an 6 de Darius, qui était, nous l'avons dit plus haut, l'époque du cens quinquennal, d'après le comput de Cambyse, alors encore substitué à celui d'Amasis.

Sauf les différences qui séparaient la condition des enfants dans les deux pays — différences indiquées par nous précédemment, — Psenamenapi se trouvait dès lors dans une situation analogue à celle que prévoit l'Exode pour le *nexus* hébreu :

« Si le maître lui donne une épouse et qu'elle lui engendre des fils et des filles, la femme et ses enfants seront au maître de cette femme et lui sortira seul.

« S'il dit, cet esclave : « j'aime mon maître, ma femme et mes enfants, je ne sortirai pas libre », le maître le fera s'approcher des dieux... et cet esclave le servira à perpétuité. »

Psenamenapi est alors revendu, mais avec son propre consentement, au lieu de l'être par le seul possesseur, comme une bête de somme ; ce qui avait été le cas en l'an 5.

Voici le début de l'acte :

« L'an 6, Thot, du roi Darius.

« Le pastophore du temple d'Amonrasonter, Hor, fils de Neschons,

(1) Voir dans le code théodosien, liv. IX, titre IX, la loi de Constantin : « De mulieribus, quæ se servis propriis junxerunt », loi confirmée plus tard par une novelle d'Anthénius. Celui-ci se sert de cette expression remarquable : « Ante legem *nupta* tali consortio segregetur », etc. Constantin, lui, punissait de mort la femme et laissait les enfants *in nuda libertate*.

dont la mère est Neschons, dit à la femme Tsenhor, fille du choachyte de la nécropole Nesmin, dont la mère est Ruru.

« Tu m'as donné, et mon cœur en est satisfait, l'argent pour faire à toi esclave le jeune mâle Psenamenapi, fils de Thotmès, dont la mère est Seteirban, mon esclave, que j'ai reçu pour argent d'Ahmès, fils de Psep, dont la mère est Tahor, qui m'a écrit à ce sujet un écrit en l'an 5, pharmouti, du roi Darius. Je te l'ai donné en esclave ».

Les phrases suivantes montrent que cet esclave, ou plutôt ce *nexus*, possédant un état civil bien régulier au point de vue égyptien, un père et une mère légitimes et égyptiens eux-mêmes, avait conservé aussi tous ses droits civils. Il y est dit en effet :

« A toi est ton esclave celui-là, ainsi que ses enfants et la totalité de ce qui est à eux et de ce qu'ils feront être (de leurs biens présents et à venir) ».

Ainsi cet esclave pouvait avoir des enfants qui fussent à lui légalement, comme le sont les enfants légitimes, et qui suivissent la condition de leur père en vertu de cette légitimité même. Il pouvait donc avoir aussi une épouse, légalement sienne, mais qui ne suivait pas sa condition, parce qu'elle-même rentrait dans la classe de ces servantes achetées pour argent avec lesquelles les Egyptiens pouvaient procréer des enfants légitimes, selon Diodore.

Cet homme et ses enfants avaient le droit de posséder des biens, d'en acquérir dans l'avenir, même en restant esclaves.

Ils étaient donc dans une condition très analogue à celles des colons du Bas Empire qui, tout en restant la propriété d'un maître, avaient leurs biens à eux, leurs mariages légaux, leurs fils légitimes.

Mais cet état même qu'ils acceptaient, ou plutôt que le père acceptait au nom de ceux qu'il représentait, aussi bien qu'en son propre nom, était encore inférieur à l'état que celui-ci aurait pu revendiquer en vertu de la survenance du cens quinquennal remplaçant le jubilé de 7 ans. En effet, il faut sa propre intervention pour que l'acte soit valable.

Cette intervention, en voici le prononcé :

« Le jeune homme Psenamenapi, fils de Thotmès, et dont la mère est Seteirban, ci-dessus nommé, est dehors (c'est-à-dire libre de s'en aller) et il dit :

« J'ai dit pour faire toute parole ci-dessus. Mon cœur en est satisfait. Je suis à ton service, ainsi que mes enfants et totalité de ce qui est à nous et de ce que nous ferons être. Ils ne pourront échapper à la faction d'esclave ci-dessus à jamais ».

La femme n'est pas plus nommée que dans l'acte précédent. Et cependant c'en est bien certainement la cause, de même que chez les Hébreux. Sans doute Psenamenapi aimait cette femme, qui était probablement vendue en même temps que lui et qu'il ne voulait ni séparer de lui-même, ni séparer de leurs enfants communs.

Dans tous les cas, rien n'est plus net que ce document pour montrer le jeu parallèle de l'institution du cens quinquennal et de celle de la mancipation des personnes libres.

En Egypte, d'après le code d'Amasis (ou à Rome d'après la loi des XII tables), l'ingénu aliéné réellement en qualité de *nexus*, et non fictivement par une *adoptio per æs et libram* ou par une *coemptio*, pouvait, au moment du cens quinquennal, réclamer sa liberté.

Son esclavage momentané avait été, du reste, de sa part, un fait également volontaire. La loi des XII tables nous le prouve par plusieurs fragments qui nous ont été conservés ; car elle prévoit le cas d'un arrangement, d'une transaction entre le créancier et le débiteur.

Examinons, à ce sujet les dispositions légales de la 3e table : *De ære confesso.*

Le débiteur avait à Rome, d'après cette table III (comme en Egypte d'après le code en usage sous Amasis) un délai de 30 jours pour acquitter sa dette.

Passé ce délai, il y avait contre lui *manus injectio*, main mise, (sorte d'action de la loi pour l'exécution forcée), et il devait être amené devant le magistrat (*in jus*).

Alors, à moins qu'il ne payât ou que quelqu'un ne se présentât pour lui comme *vindex* (sorte de caution prenant sa cause) le créancier l'emmenait chez lui et l'enchaînait soit par des courroies, soit par des fers aux pieds pesant 15 livres.

Là, il était libre de vivre à ses propres dépens. Sinon, celui qui le tenait enchaîné devait lui livrer par jour au moins une livre de farine.

Là aussi, il avait la faculté de transiger et de se livrer, par exemple, en qualité de *nexus*, entre les mains de son créancier, qu'il servait à la façon d'un esclave. S'il ne transigeait pas, il demeurait captif et ainsi enchaîné pendant 60 jours. Le créancier devait le produire dans l'intervalle au magistrat, dans le *comitium*, pendant 3 marchés consécutifs (de neuvaine en neuvaine), en déclarant à haute voix pour quelle somme il était condamné.

Si, de cette manière, il n'avait ému le cœur d'aucun *vindex*, le créancier possédait le droit de punir de mort le débiteur ou de le vendre au delà du Tibre (c'est-à-dire en pays non romain) cette fois comme esclave perpétuel.

S'il y avait plusieurs créanciers, ils pouvaient se partager son corps en morceaux. La loi ajoutait même : *Si plus minusque secuerint ne fraude esto.*

Cette loi atroce était-elle pratiquée dans toute sa rigueur en Egypte du temps d'Amasis ? On peut en douter. Le tempérament romain était beaucoup plus brutal que le tempérament égyptien. Les hommes de la lance (telle, est suivant les anciens, la signification du mot Quirite) pouvaient devenir facilement les hommes du couperet.

L'un des auteurs de la loi des XII tables, Appius Claudius, nous a permis d'apprécier la sensibilité de son cœur en appelant ses prisons privées « le domicile du peuple romain ».

Mais, sur ce point du moins, sur la *manus injectio* et l'emprisonnement du débiteur mis à la disposition de son créancier, tout nous prouve que, du temps d'Amasis, le code égyptien n'était guère plus doux que le code romain.

L'ancienne loi de Sasychis, qui faisait livrer au créancier la momie du père et des ancêtres du débiteur, était pratiquement remplacée par une loi nouvelle, qui mettait la personnalité civile et légale de celui-ci entre les mains du créancier.

Cela avait été interdit par Bocchoris, qu'avait imité d'abord Solon à Athènes. Mais Amasis avait rompu avec cette antique tradition égyptienne et je ne m'étonnerais nullement si quelque nouveau document nous apprenait qu'il avait permis l'aliénation définitive de l'ingénu hors des limites de l'Egypte. En Egypte même, cette aliénation définitive n'était pas plus possible qu'à Rome. Je dirai même qu'elle l'était moins, vu la douceur des mœurs publiques.

L'état de *nexus* demandait, du reste, de la part de celui qui y était soumis, un consentement volontaire dans les deux pays : et le cens quinquennal venait en délivrer également en Egypte et à Rome.

En ce qui touche les Romains, Tite-Live nous raconte par suite de quels abus monstrueux (pendant le second consulat de Cornelius Lentulus et Publilius Philo, année de la fondation d'Alexandrie par Alexandre le Grand, d'après le même auteur, mais que Lebas assimile à l'an 324 avant Jésus-Christ), les créanciers cessèrent, suivant lui, de pouvoir posséder ainsi, dans les liens d'une servitude momentanée, soit leurs débiteurs eux-mêmes, soit peut-être, plus souvent encore, les enfants de ces débiteurs reçus comme des esclaves en gage pour la dette du chef de famille.

Le récit de Tite-Live nous montre dans cet état de dépendance servile, entre les mains d'un usurier infâme et féroce, un jeune homme de bonne famille, presqu'un enfant. Le père de ce jeune homme avait servi comme officier dans l'armée romaine, nous le savons par Valère Maxime et par Denys d'Halicarnasse. Ce qui, le ruinant, l'avait conduit à recourir à un usurier, c'était le service militaire lors de la guerre contre les Samnites. On comprend donc l'indignation et le soulèvement général du peuple romain devant l'abus odieux que fit cet usurier de son pouvoir de maître, quand on vit ce noble jeune homme frappé de verges, déchiré de coups, pour avoir résisté à une passion honteuse.

Tite-Live dit qu'on vota d'enthousiasme une loi interdisant l'engagement pour dette et ces liens de servage enchaînant des gens libres, des citoyens, réduits à l'état de *nexi*. Il ajoute à ce sujet une phrase singulière : *Victum eo die, ob impotentem injuriam unius ingens vinculum fidei*. Mais les preuves recueillies par Saumaise et par d'autres montrent que Tite-Live a dû attribuer à la loi une portée plus grande qu'elle ne l'avait en réalité ; car on voit encore postérieurement des débiteurs engagés pour leurs dettes à l'état de *nexi*.

Du reste, Tite-Live, au commencement de la phrase suivante, semble avoir emprunté à la loi elle-même les termes : *ne quis, nisi si noxam meruisset*, qui, relatifs à l'abandon noxal, fait par le *pater familia*, permettent de soupçonner qu'il s'agissait d'enlever au père le pouvoir de faire argent de ses enfants et de les livrer en servitude à ses créanciers. On lui permit toujours de les abandonner en réparation du préjudice (*noxa* de *nocere*) qu'ils avaient causé à l'homme envers lequel ils avaient commis un délit. Mais sauf ce cas de délit et de *nuisance*, nul ne fut plus *nexus* par l'autorité paternelle.

La confusion de Tite-Live se comprend d'ailleurs pour un historien qui, n'étant pas juriste de profession, ne saisissait pas bien le sens précis des termes de droit et faute de savoir ce qu'était en pratique l'abandon noxal, faute de savoir qui pouvait faire et faire seul cet abandon, ne devinait pas dans le mot *noxa* l'idée juridique que ce mot devait représenter pour un jurisconsulte, à côté de sa signification vulgaire de délit.

En Égypte, on ne se borna pas à ce moyen terme, lors de la réaction populaire contre les abus du code d'Amasis. Les rois nationaux révoltés qui rédigèrent le code classique, après leur révolte contre les Perses, en tâchant de s'inspirer le plus possible des idées publiques et des vieilles traditions, rétablirent purement et simplement sous ce rapport la loi de Bocchoris, qu'avait, du reste, repromulguée le roi Éthiopien Mautrut et son associé Amyrtée, lors de la première insurrection contre le persan Artaxercès.

Mais il est temps d'en revenir à notre code d'Amasis et à sa comparaison avec celui des décemvirs.

Nous avons vu jusqu'à présent les divers emplois de la mancipation relativement aux ingénus et aux liens de droit qu'elle créait sur eux. Il faut maintenant que nous disions quelques mots sur l'emploi du même formulaire appliqué aux autres biens, meubles et aux immeubles.

Il y a, à ce point de vue, une distinction à faire entre le temps même d'Amasis et de son fils, d'une part, et le temps de Darius et de ses successeurs persans, d'autre part.

Sous Amasis, nous l'avons indiqué déjà en passant, la loi prescrivait elle-même, à l'égard de ceux qui voudraient attaquer ou discuter la légalité d'une mancipation, une amende arbitraire fixée par l'acheteur et qui frapperait non seulement la famille du vendeur et le chef de sa *gens*, s'ils réclamaient, mais aussi les tribunaux qui recevraient ou valideraient telle réclamation.

Sous Darius, il n'en était plus ainsi. Le vendeur seul était responsable par rapport à l'acheteur, sauf à se pourvoir contre le tiers qui aurait fait préjudice.

Il va sans dire que, lui mort, à ses héritiers incombaient la βεβαιωσεως δικη', comme les Athéniens (qui ont imité cette partie du droit égyptien) ont appelé cette action en garantie.

Ajoutons qu'à partir de Darius, la garantie, la βεβαιωσις, était de nature différente pour les biens meubles et pour les immeubles.

Pour les biens meubles, l'acheteur troublé dans sa jouissance avait droit au double de la valeur, c'est-à-dire à l'objet vendu et à son prix. C'est de là qu'est venue, nous l'avons dit déjà, la *stipulatio dupli* des Romains et particulièrement la peine du double (1) que la

---

(1) La table VIII prescrit la même peine dans les questions de dépôt. C'est en s'inspirant de la loi des XII tables que le droit consécutif a imposé la pénalité du double dans beaucoup de cas et particulièrement dans la stipulation de l'acheteur obligeant son *auctor* à : « *cam rem defendere ut tibi denunciatum erit aut si ita factum non esset duplum prœstari.* » L'*auctor* était alors obligé à l'*auctoritas*, c'est-à-dire à ce que les gréco-égyptiens nommaient la βεβαιωσις pour la mancipation.

table IV prononce contre quiconque dénierait ou peut-être aussi n'accomplirait pas les déclarations faites dans le *nexum* et le *mancipium*, c'est-à-dire dans les obligations ou les ventes.

En droit égyptien, la formule était moins large. En ce qui touche les obligations, le double est remplacé par l'hémiolion, ou moitié du capital à payer en plus, pour les créances qui n'auront pas été sol-

Je dois ici encore ajouter quelque chose à la rédaction de mon mémoire original représentant mon cours fait à l'École du Louvre, pendant l'année scolaire 1899-1900, mémoire plus tard abrégé par moi pour le Congrès de l'histoire des institutions et du droit de 1900, dont j'étais le vice-président. (Cet abrégé a été publié dans l'*Intermédiaire des curieux*, nᵒˢ du 20 août, du 30 août, du 10 septembre, du 20 septembre, du 30 septembre, du 10 octobre 1901). En effet, la question du taux du double, imité par les décemvirs du droit de Darius, a été celle qui a provoqué dans le Congrès le plus de protestations de la part de mon contradicteur, M. Girard. Je n'ai qu'à renvoyer, pour cela, au compte-rendu de cette séance du Congrès, tel qu'il a été publié par l'*Intermédiaire* (nᵒ du 28 octobre 1901) et l'on verra combien peu sérieux étaient les arguments de M. Girard sur ce sujet et sur la mancipation en général (Voir aussi ce que j'ai dit dans mon *Précis de droit égyptien* 790 et suiv. sur la mancipation en général.)

Quant aux autres objections présentées par lui, on en peut admirer l'audace dans le même compte-rendu. L'auteur, qui avait osé nier, à Rome, les lois royales, malgré tous les témoignages antiques, comme nous l'avons dit plus haut, et cela au moment même où l'on allait retrouver dans le tombeau de Romulus une des plus importantes de ces lois royales, pouvait bien aller aussi jusqu'à attribuer à la Grèce l'origine de ce cens quinquennal, que les décemvirs ont *certainement* pris au code d'Amasis (Voir aussi mon *Précis de droit égyptien*, p. 741 et suiv.). Qu'il me soit permis d'extraire ici du compte-rendu ce que j'ai dit à ce sujet :

« Je crois connaître assez bien le droit grec, domaine dans lequel j'ai eu le bonheur de faire de très importantes découvertes (entre autres le papyrus contenant le plaidoyer d'Hypéride contre Athénogène, retrouvé, acheté et commenté par moi). Eh bien ! je mets M. Girard au défi de prouver, ou même de rendre quelque peu plausible, son affirmation sur l'origine grecque du cens quinquennal. Jamais le cens quinquennal n'a existé en Grèce. C'est un emprunt absolument certain fait par Rome au code d'Amasis. Je crois avoir établi, d'ailleurs, que cet emprunt remonte aux décemvirs et fait corps à tous les emprunts analogues à la même source. »

Ce défi, renouvelé à deux reprises, tant dans la séance de ma lecture que dans la séance suivante, présidée par moi, a tellement ému M. Girard, après vérification, qu'il a voulu changer le compte-rendu de ses paroles pris par le secrétaire et supprimer dans le même compte-rendu ma réponse. C'est là ce qui m'a fait ordonner la décomposition du mémoire et de la discussion dans le volume du Congrès et provoquer la publication intégrale dans l'*Intermédiaire des chercheurs et curieux*. J'y renvoie donc.

dées *dans le mois* après le terme, et encore n'est-il pas prouvé que cette amende remonte à Amasis ou à Darius. Ce qui est certain, c'est que, dans les obligations royales et les obligations sacrées, elle est alors remplacée par une clause pénale du quadruple de l'intérêt légal à verser chaque mois, à partir du premier délai d'un mois.

En ce qui touche les ventes, le double n'est, sous Darius, prescrit en cas d'essai d'éviction que pour les biens meubles, nous l'avons déjà dit — et nous l'ajouterons maintenant, — pour les hérédités assimilées dès lors aux meubles (comme elles le sont à Rome par rapport aux délais de l'usucapion, etc.), ou pour les partages en résultant (1).

Au contraire, quand il s'agit d'une mancipation d'immeubles déterminés, le vendeur s'engage simplement à écarter lui-même les tiers évicteurs, dont, à partir de l'an 6 de Darius, l'indication est globale, sans énumérer les pères, mères, fils, fille, frère, sœur, *hir*, *hirt*, etc., et à assurer à son acheteur la propriété de la chose.

On comprend très bien pourquoi on établit cette différence.

L'immeuble ne disparaît pas. On le retrouve toujours à sa place.

Le bien meuble, au contraire, peut être enlevé ou détruit. Il faut donc le garantir d'une façon plus particulière.

Je vais donner maintenant trois exemples de ces sortes d'aliénation, tous trois datés de Darius, et tous trois aussi postérieurs à la loi qui avait supprimé dans les actes la mention du *hir* et de la *gens*, devenus simples souvenirs historiques.

L'un est relatif à un bien *mancipi* par excellence à Rome et en Égypte, c'est-à-dire à un animal appartenant à l'espèce bovine.

« L'an 9, méchir, du roi Darius.

« Le *setemash* (ou serviteur) du temple d'Amon, de Djème, Horudja, fils d'Ahartisu, dont la mère est Taèsé, dit à l'administrateur des attelages d'Amon, Osormen, fils d'Amenartisu :

« Tu m'as donné — et mon cœur en est satisfait — la moitié de cette génisse noire empâturée dans le clos d'Amon de Djème, qui est appelée, comme nom de vache, Sekethet, et que j'ai reçue pour argent (que j'ai achetée par mancipation) de l'homme du roi (du γεωργος βασιλικος) Hor, fils de Petuamenapi.

(1) Nous voyons qu'il en est de même sous les Ptolémées. Des amendes, dont le taux est difficile à apprécier, mais qui paraissent bien représenter la valeur de la chose, sont indiquées pour les partages, qui n'en resteront pas moins définitifs, tandis que, pour les ventes d'un terrain déterminé, il n'y a rien de tel.

« Je t'ai donné sa moitié à partir de ce jour ; je n'ai plus aucune parole au monde (à faire), pour sa moitié et pour tout veau mâle, toute génisse qu'elle enfantera dans notre maison ; car tu m'as donné pour cela deux katis d'argent.

« Aucun homme au monde n'a à en connaître (à s'en mêler). Moi-même j'écarterai de sa moitié — de la vache ci-dessus — celui qui viendrait à cause de sa moitié ci-dessus : je le ferai s'écarter de toi par toute parole, tout acte judiciaire au monde.

« Si je ne le fais pas s'éloigner par toute parole, tout acte judiciaire au monde, je te donnerai une vache de sa sorte de bœuf.

« Si je ne te donne pas une vache de sa sorte de bœuf, je te donnerai deux katis du temple de Ptah, et tu auras toujours, en outre, ta moitié, et tout veau, toute génisse qui s'y joindra depuis le jour ci-dessus et à jamais. »

Passons maintenant à une cession de part héréditaire où la mancipation porte, qu'on le remarque bien, non sur l'immeuble en question, mais sur la rétribution en échange de part, ce qui permet de spécifier l'amende du double, comme s'il s'agissait d'un bien meuble :

« L'an 15, phaménoth, du roi Darius.

« L'homme (le γεωργος) du temple de Montnebuas Phoamen, fils de Pétémont, dont la mère est Nespmèté, dit au choachyte de la nécropole Burekhf, fils de Nesmin :

« Tu m'as donné — et mon cœur en est satisfait — le prix de la rétribution en échange de ma part de 43 aroures de *tesher* (terre rouge ou cultivable) nommée de mon nom.

« Le prix de cette donation que je t'ai donnée, prix qui a été donné pour ce qui est en ma part, est de 4 katis 2/3, 1/12 (4 didrachmes 3/4).

« Mon cœur est satisfait de son prix. Point à moi parole quelconque (je n'ai plus de réclamation à faire) au sujet de ce qui m'est en part.

« Celui qui viendra à toi (pour t'inquiéter) à cause de cela en mon nom, au nom de quiconque au monde, je le ferai s'éloigner de toi ; si je ne le fais pas s'éloigner, je te donnerai un argenteus fondu de la double maison de Ptah (c'est-à-dire 10 katis au lieu de 5 environ) sans rien alléguer. »

Lorsqu'il s'agissait, au contraire, d'une vente proprement dite d'immeubles, on disait, par exemple :

« An 12, paophi, du roi Darius.

« Le choachyte de la nécropole Djiuputo, fils de Petuamenapi, dont la mère est Seteirban, dit au choachyte Psenêsé, fils de Herirem, dont la mère est Beneuteh :

« Tu m'as donné — et mon cœur en est satisfait — l'argent de cette maison, qui est actuellement en terrain nu et qui est placé dans le domaine sacré du roi Osorma (du Ramesseum), à l'occident de Thèbes, devant le Akhem.

« Elle fait en coudées d'aroures 5, en coudées carrées 500, en coudées d'aroures 5 en tout.

« A son sud est le chemin d'Amon, à son nord le reste de cette maison ci-dessus, à son occident le terrain du choachyte Petihorsuten, fils de Nesamenhotep, à son orient, la bonne demeure de Hetar, fils de Paba.

« Je t'ai donné cette maison ci-dessus. Tu m'en as donné — et mon cœur en est satisfait — l'argent, en dehors du 10ᵉ versé (comme droits de nutation) aux agents de Thèbes, pour être donné au *neterhotep* (domaine sacré) d'Amon.

« Je n'ai plus aucune parole au monde (aucune réclamation à faire) à ce sujet. Aucun homme n'a à en connaître (à s'en mêler). C'est moi qui les repousserai (les tiers évicteurs) de toi, depuis le jour ci-dessus à jamais. Celui qui viendra à toi (pour t'inquiéter) en mon nom, au nom de quiconque au monde, je le ferai s'éloigner de toi. Que je te garantisse ce terrain par toute pièce, toute parole au monde. A toi les pièces y relatives, en quelque lieu qu'elles se trouvent. »

On voit que, dans ce dernier genre de mancipation, l'amende est remplacée par la mention des pièces écrites relatives au même bien et au moyen desquelles le vendeur défendra les droits de l'acheteur (1). C'est ce que le papyrus grec premier de Turin nomme la στυριωσις, qui doit accompagner la βεβαιωσις dans les ventes de terrains, tandis que la βεβαιωσις seule est promise dans les ventes de biens meubles.

Cette στυριωσις n'existait pas, bien entendu, dans les mancipations romaines, puisqu'il s'agissait toujours alors d'actes verbaux au lieu de la transformation d'actes verbaux en actes écrits, comme cela s'était produit pour la mancipation d'Amasis et de Darius.

___

(1) La mention des pièces constituant la στυριωσις se trouve déjà dans la donation de l'an 15 d'Amasis, dont nous avons parlé plus haut en note, (p. 69).

La βεβαιωσις elle-même n'avait pas, dans la mancipation romaine primitive, de raison d'être, puisqu'à Rome le principe d'occupation brutale était poussé à un tel point que, d'après la loi des XII tables (table VIᵉ), l'usucapion, *usus auctoritas*)(1) était acquise par deux ans de possession, pour les biens fonds, et par un an pour toutes les autres choses (y compris les hérédités).

Nous avons dit plus haut que l'*usus* avait dû être pour Amasis un moyen d'acquérir la possession des biens, aussi bien qu'un moyen de contracter mariage. Mais évidemment, en Egypte, un tel moyen n'était licite qu'à défaut de pièces écrites contradictoires (2). Le droit égyptien était devenu, en effet, essentiellement un droit écrit tandis que le droit romain était resté essentiellement un droit verbal. Or, dans ce dernier genre — avec l'oubli toujours facile possession vaut titre — on ne pouvait en arriver à la conception assez élevée de la garantie perpétuelle du vendeur et de ses ayants-cause comme dans le droit de Darius.

La conception plus simple de la mancipation qu'avait eue Amasis et qui, pour les biens meubles du moins (3), sans s'inquiéter de βεβαιωσις perpétuelle, protégeait par la loi cette mancipation, frappait seulement, en vertu de cette même loi, les tiers qui en attaqueraient les effets, convenait mieux au tempérament romain. Tout ce qu'on conserva donc du droit de Darius, ce fut l'idée de la *stipulatio dupli* et la VIᵉ table se borna à dire: *Quum nexum faciet mancipiumque, uti lingua nuncupassit, ita jus esto* (4), en ajoutant une

(1) A la seconde période du droit romain, l'*auctoritas* est devenue le synonyme de la βεβαιωσις. C'est la garantie de vendeur, obligatoire, comme en Egypte, dans la mancipation, mais n'existant pas dans la *cessio in jure*, pas plus que dans l'écrit de cession. Elle s'applique, en effet, à l'auteur de l'acte et à ceux qui le remplacent et n'est pas faite pour les évictions des tiers, ainsi que celle de la mancipation. Ajoutons que ces nouvelles distinctions du droit romain sont empruntées au droit égyptien de l'époque classique, comme celle qu'on constate plus tard, dans les *papyri diplomatici* de *Marini*, entre la mancipation et la *solennelle* dation de l'usage, après un délai qui varie entre dix et trente jours. De tout ceci, nous parlons plus longuement dans notre *Précis de droit égyptien* (Giard et Brière).

(2) Dans la donation de l'an 15 d'Amasis plusieurs fois citée, l'*usus* remplace une des cinq pièces qui auraient dû être livrées (v. p. 65 note).

(3) Pour les immeubles, la donation de l'an 15 d'Amasis (v. p. 69) nous montre parallèlement en usage les deux garanties. Nous ne savons s'il en était toujours ainsi.

(4) « Festus au mot *nuncupata*, Cicéron, *De officiis*, 3, 16, *De oratore*, 1, 57, *Pro Coecina*, cap. 23; Varro, *De lingua latina*, 59. »

clause portant la peine du double pour quiconque dénierait ou attaquerait les déclarations faites dans le *nexum* et le *mancipium* (1).

Sauf l'amende devenue fixe, au lieu d'être facultative au gré de l'acheteur, on dirait vraiment que cette loi romaine a été littéralement traduite du texte égyptien du code primitif d'Amasis.

Celui-ci employait d'ailleurs le même formulaire pour les mancipations relatives à des ingénus, à des esclaves, à des biens meubles et immeubles.

Il en est ainsi à Rome. La même formule de la mancipation s'applique à tous les genres de biens *mancipi*.

Cette formule était : *Hunc ego hominem* (ou *hanc rem*) *ex jure Quiritium meum esse aio ; isque mihi emptus est hoc ære æneaque libra.* En disant ces mots devant le *libri pens* et cinq témoins (répondant assez bien au scribe et au quatre témoins usités le plus ordinairement du temps d'Amasis), le vendeur frappait la balance avec le métal qu'il donnait en guise de prix, à celui de qui il recevait la chose.

Cette cérémonie sacramentelle fut évidemment conçue de manière à frapper les esprits des assistants qui avaient à s'en souvenir.

On y faisait intervenir l'acquéreur, au lieu du vendeur, parce que, d'après le droit des Quirites, des hommes de la lance, ceux-ci ne considéraient comme bien à eux que ce dont ils s'étaient emparés violemment, comme l'a dit Gaïus, et que, par conséquent, l'*occupation* était la base de tout. Mais l'acheteur présent ne contredisait pas et recevait l'argent. C'était donc lui qui cédait, et si une seule personne parlait (ici l'acheteur) c'est que dans le droit romain des XII tables, comme dans le droit égyptien, tous les contrats devaient être unilatéraux, au lieu d'être bilatéraux, à la façon de ceux des Grecs. En droit égyptien, celui-là seul parle qui s'oblige ou qui crée un droit quelconque. C'est donc le vendeur dans la mancipation, l'emprunteur dans les obligations faisant la *mancupatio* du nexus. De même qu'à Rome, d'ailleurs, l'unitéralité est poussée si loin que, pour le mariage, une seule partie (ordinairement le mari) prend la parole.

Ce n'est pas là — pour la question même qui nous occupe — la seule ressemblance entre le code des décemvirs et celui d'Amasis.

(1) « Cum ex XII tabulis satis esset ea præstari, quæ essent lingua nuncupata, quæ qui inficiatus esset, dupli pœnam subiret : et jurisconsultis reticenciæ pœna est constituta » (CICÉRON, *De officiis*, 3, 16).

Dans l'un et dans l'autre il est de règle (contrairement à ce qui se faisait en Chaldée et en Grèce, etc.), que nul autre que la partie intéressée ne peut créer un lien de droit. La représentation, le mandat, etc., étaient donc formellement interdits dans les deux pays.

Enfin, en ce qui touche particulièrement la mancipation, le principe absolu est que le prix doit être payé d'avance, sans aucun reliquat, (ce qui diffère absolument de l'ὠνὴ-πρᾶσις *emptio-venditio* des Grecs, de la vente assyro-babylonienne, etc.

Ajoutons que, dans le droit primitif des décemvirs et dans celui d'Amasis qui en est la source, la mancipation suffit pour assumer le domaine de la chose, sans aucun acte judiciaire subséquent.

C'est beaucoup plus tard que, parallèlement dans les deux droits, on voit intervenir un acte de ce genre ayant pour but de céder l'usage de la chose dont la mancipation a fait acquérir la propriété.

En Égypte, ce fut lors de la réforme opérée par les rois nationaux révoltés contre les Perses. On exigea à ce moment (1), après la mancipation, un écrit pour argent, un écrit d'*oui*, de cession ou d'abandon, analogue à celui par lequel chacun des cohéritiers cédait ou abandonnait à l'autre la part revenant à celui-ci dans l'hérédité commune. La mancipation créait, en effet, sur l'objet vendu des droits semblables à ceux du sang sur l'hérédité. Mais encore fallait-il, pensait-on, que la jouissance effectuée en fût livrée. Cette distinction permettait d'ailleurs de vendre, par un simple écrit de mancipation, sans écrit de cession, la propriété nue avec réserve d'usufruit (cet usufruit que la mort du vendeur donnait à défaut d'acte à l'acheteur).

A Rome un nouvel apport (tout égyptien également) du *jus gentium* introduisit la même coutume. Les papyrus latins de Ravenne, édités par Marini et écrits à une époque tardive, mentionnent expressément la *mancipatio per æs et libram*, avec les souscriptions des témoins légaux sur l'*instrument*, qu'on avait peu à peu introduit comme commencement de preuve par écrit, bref toutes les formalités antiques.

(1) Bocchoris avait eu peut-être une idée analogue. Son acte de transmission n'avait nullement alors les clauses restrictives que lui donnèrent les rois éthiopiens : et il pourrait bien avoir suivi, dès lors, souvent un acte *pour argent*. Mais cette consécution de deux actes avait été supprimée pour l'écrit de transmission, sous la dynastie éthiopienne, aussi bien que pour l'écrit de mancipation sous Amasis.

7

Or, l'un de ces texes (pap. 93, p. 144) après la mention de cette mancipation (*cedo, trado et mancipio*) et la description détaillée sur l'instrument des biens vendus, etc., en vient à dire que le propriétaire en garde l'usufruit dix jours avant d'en faire la *solennelle tradition*, alors en usage dans tous les contrats de cette époque :

De quam præfatam portionem meam in integro fundi suprascripti Baloniani cum omnibus ad se generaliter pertinentibus retineo mihi usufructu dierum decem : quod possit supradictæ sacræ Rav. Ecclesiæ actoribusque ejus ut leges censeunt pro solemni et corporali traditione constare. Post vero transactos dies usufructuarios meos memoratam portionem fundi, suprascripti prædicta Ecclesia Rav. actoresque ejus habeant, teneant, possideant juri dominioque more, etc.

Dans un autre papyrus (pap. 86, p. 133) le délai de jouissance de l'ancien propriétaire est de trente jours avant la tradition solennelle, tant des choses *mancipi* que des choses qui ne l'étaient pas :

Ergo quæ tradenda erant tradidimus quæ mancipanda erant mancipavimus huic tam legaliter perfectæ donationi dem abesse futurumque esse promittimus quarum rerum suprascriptarum triginta dierum ususfructus est nobis pro traditionis (1) *solemnitate retentio.*

Evidemment, l'usufruit en question est ici complètement comparable à la jouissance que le vendeur gardait ou était censé garder après avoir livré la propriété de la chose par la mancipation dans le droit égyptien réformé par les dernières dynasties nationales et conservé sous cette forme par les Ptolémées et les Romains, tandis que la *solennelle* tradition est comparable à l'acte de cession ou d'abandon toujours postérieur à l'acte pour argent ou de mancipation et qui livrait la jouissance.

Ces deux écrits étaient totalisés ensemble par l'écrit de cession pour indiquer que l'acheteur devenait absolument maître de la chose. Le formulaire faisait donc dire au vendeur :

« Tu m'obligeras au droit de l'écrit pour argent (ou de mancipation) que je t'ai fait sur cette maison à telle date, pour que j'en accomplisse le droit en tout temps, en dehors de l'écrit de cession ci-dessus, pour compléter deux écrits. Que j'en accomplisse le droit en résultant en tout temps, de force, sans délai, sans opposition ».

(1) Dans le formulaire gréco-latin des ventes de l'époque byzantine, cette *traditio* est rendue par καταγραφη et elle est tout à fait de droit. Voir, sur cette question, mon *Précis de droit égyptien*, publié chez Giard et Brière, p. 817 et 819.

La seule différence à constater entre le droit égyptien de l'époque classique et le droit romain de basse époque, c'est que, dans le premier, le délai de jouissance n'est *constatable* que lorsque ce délai était vraiment utile, soit pour un mari assurant à sa femme la propriété des biens en en gardant l'usufruit, soit pour un père ou une mère qui agissent semblablement à l'égard de leurs enfants, soit parfois pour un débiteur assurant à son créancier la propriété d'un de ses biens, qu'il a, en vertu d'un autre acte, le droit de racheter jusqu'à un terme spécifié d'avance — ce que les Romains imitèrent aussi par leur contrat de fiducie (1) annexé à une mancipation.

Quand il s'agissait, au contraire, d'une vente sérieuse, l'écrit de cession, logiquement postérieur et toujours séparé, porte la même date que l'écrit de mancipation (tel mois de telle année). Il est vrai que le quantième n'est jamais indiqué en pareil cas, ce qui permet de supposer un intervalle de dix, de vingt ou de trente jours (2) comme dans les papyrus romains, c'est-à-dire d'une, de deux ou de trois décades, périodes qui remplaçaient en Egypte la semaine.

Ces périodes mêmes me font incliner vers cette supposition ; car les Romains n'ont généralement pas fait, dans leur droit, œuvre d'imagination ; tout y est emprunté, selon les époques, soit au droit de l'Egypte, soit au droit commun de la Chaldée et de la Phénicie, soit, pour quelques bribes et dans les cas bien rares (surtout de constitution politique où le droit grec est original), à cette source, généralement secondaire aussi.

Mais je m'aperçois que je m'éloigne trop du sujet de ce chapitre : la comparaison du code d'Amasis et de celui des décemvirs ; j'y reviens donc et, avant d'en arriver : 1º à l'examen du fait historique des emprunts opérés par ces derniers ; 2º à l'étude détaillée de

(1) Voir sur cette question mon livre intitulé : *La créance et le droit commercial dans l'antiquité.* J'y montre que les origines de la fiducie (première forme de l'hypothèque) sont pleinement égyptiennes.

(2) Il est vraisemblablement de 30 jours, puisque c'est le délai accordé en droit égyptien pour le paiement des créances et même pour la reddition des dots, ce qu'ont imité les Macédoniens d'Egypte. Voir pour ce point mon *Précis*, p. 1125, 1127, 1129, 1130, 1133, 1134, 1138. La *tradition* en faveur de l'acheteur, pour qui avait fait la vente sérieusement, était une obligation aussi étroite que celle qui résultait d'un écrit de créance. Mais il lui était toujours licite de s'acquitter avant les 30 jours, et même de restreindre contractuellement le délai à 10 ou 20 jours, comme nous en avons des exemples dans les ventes romaines.

leur œuvre même, je terminerai la comparaison des éléments égypto-latins, en traçant rapidement un résumé des procédés légaux établis par les deux législations, en ce qui concerne les contrats privés et les actions.

À Rome comme en Egypte les contrats par excellence c'étaient alors la *mancipatio* et le *nexus* par *sponsio*, c'est-à-dire primitivement par serment, ce que les Egyptiens nommaient une *adjuration*, un *sanch*.

Cela suffisait à tout.

Par la mancipation on pouvait, non seulement aliéner un bien meuble ou immeuble, mais se marier, adopter, constituer un homme ingénu à l'état de *nexus*, ou bien créer sur une terre un gage pris (*maskanu zabtum*) première forme à Rome de l'hypothèque, au moyen d'une *fiducie* identique sur les bords du Nil et du Tibre.

Par le *nexus* de la *sponsio* ou du *sanch*, on pouvait assurer le recouvrement d'une dette ou constituer une obligation quelconque : même celle de la βεϐαιωσις relative à un fond de terre, puisque la mancipation primitive ne la contenait pas. Les papyrus latins de Marini nous montrent sans cesse cet emploi de la *sponsio* annexée à une donation ou à une vente territoriale et nous croyons que cet usage remontait très haut. La loi des XII tables n'assurait-elle pas à une semblable *nuncupatio* toute l'autorité possible ?

En Egypte le *sanch*, le prêt, était devenu aussi une des formes du contrat de mariage — forme surtout choisie pour constater après coup des unions dont étaient résultés des enfants.

Le premier des contrats de ce genre, basé en principe sur le mariage par *usus*, qui depuis a toujours été conservé en droit égyptien, remonte au commencement du règne de Darius (1). Il est absolument contemporain d'une autre espèce de contrats de mariage également basée sur l'*usus* et qu'on employait d'ordinaire pour les femmes qui avaient gardé leur virginité jusqu'à la date du document. Je veux parler du contrat par don nuptial (2).

---

(1) Notons qu'à une époque postérieure, la même forme de reçu d'argent s'introduisit en Egypte pour un nouveau contrat imité du droit babylonien : le contrat de mariage dotal. Mais alors il n'est pas plus question que dans le contrat par don nuptial des enfants déjà nés.

(2) Cette forme se rattachait primitivement, sous Darius, au mariage par *coemptio*. La femme disait qu'elle avait reçu l'argent du mari pour le *neb himt* de celui-ci, c'est-à-dire pour son pouvoir marital, sa *manus* sur cette femme. Ce qu'on achetait alors ce n'était plus la femme, c'était ce

L'un et l'autre d'ailleurs montraient que, dès lors, le but que s'était proposé Amasis — comme plus tard les décemvirs — c'est-à-dire le pouvoir absolu du *pater familias* sur sa femme, sur ses enfants et sur ses biens, — était souvent manqué en ce qui concerne la femme, grâce aux finesses des juristes.

Il en fut de même à Rome.

La femme avait pris l'habitude du *trinoctium*, enlevant au mari toute *main mise*, tout droit de *manus*. Elle gardait ainsi sa liberté et l'usage de sa fortune. Elle en usait largement: et ordinairement à l'aide d'un intermédiaire, elle prêtait à son mari des sommes le mettant absolument sous sa dépendance.

Caton, dans son discours pour obtenir la loi *Voconia*, discours dont une partie nous a été conservée, se plaint vivement de cet état de choses, qui retournait les conditions de la vie conjugale telles qu'elles avaient été prévues par le code des XII tables. Grâce à lui, les droits de la femme dans l'hérédité familiale et, par suite, dans le ménage furent restreints. On interdit également toute *sponsio* directe ou indirecte constatant un apport fait à son mari par la femme qui, n'étant pas *in manu*, restait en principe libre d'employer sa fortune comme elle l'entendait et par conséquent d'user de rigueur envers ses débiteurs.

Aucune restriction de ce genre ne fut apportée en Egypte aux principes juridiques posés par Amasis et par les décemvirs.

La fille eut toujours, comme primitivement à Rome, des droits égaux à ceux des fils dans l'hérédité du père. Elle put toujours aussi échapper à la *manus* par quelque chose d'analogue au *trinoctium* et spécifier même dans les contrats notariaux qu'elle voulait vivre chez elle. Elle put toujours enfin prêter de l'argent à son mari, soit avant les noces, soit *après* (dernier genre de donation absolument interdite dans le droit romain depuis Caton).

Il lui parut donc tout simple de rattacher à cet apport d'argent le début de son *union libre*, union libre que la déclaration au censeur suffisait à rendre légale. Quand, par exemple, des enfants étaient déjà nés au moment du contrat notarial relatif aux intérêts matériels des époux, le mari rédigeait, à sa femme le billet de créance suivant :

« L'an 5, Athyr, du roi Darius. Le choachyte de la nécropole Pse-

pouvoir — bien réduit (v. p. 104). Plus tard, on a remplacé ces mots par le mot « don nuptial ». On sait que le don nuptial, réglé par la loi, est la forme employée par les Arabes pour le mariage.

nèsé, fils de Herirem, dont la mère est Benentch, dit à la femme Tesenhor, fille du choachyte Nesmin, dont la mère est Ruru :

« Tu m'as donné trois outen d'argent du temple de Ptah, ce qui fait deux outen plus 2/3 1/6 1/10 1/30 1/30, trois outen d'argent du temple de Ptah, je le répète encore, quand je t'ai établie pour épouse.

« Que je te méprise (c'est-à-dire si je te répudie), moi je te donnerai les outen d'argent fondus du temple de Ptah que tu m'as donnés et qui sont indiqués plus haut.

« Prélève le tiers de la totalité des biens que je ferai être (que j'acquerrai). En les recevant que je te les donne. »

Puis, sur la même feuille de papyrus, le père (Psénèsé), s'adressant à la fille (Ruru) qu'il avait eue avec sa femme (Tsenhor) et il la reconnaissait pour sa fille, en lui assurant pour l'avenir une part d'hérédité égale à celle des enfants qu'il avait eus ou pourrait avoir.

Plus tard, à l'époque Ptolémaïque et romaine, on réunit ces deux actes en un seul. Le mari actait alors envers sa femme tant pour la reconnaître en cette qualité que pour reconnaître leurs enfants communs. Voici un des nombreux exemples de ce genre d'actes :

« L'an 13, tel mois, du roi Ptolémée, le dieu Philopator Philadelphe, et des prêtres des rois qui sont inscrits à Racoti (Alexandrie).

« L'archentaphiaste Hereius, fils de Petèsé, dont la mère est Tétoua, dit à la femme Tsetamen, fille de Petosor, dont la mère est Tétoua :

« Tu m'as donné — et mon cœur en est satisfait — 21 *argenteus* fondus de Ptah, ou — 20 *argenteus* plus 5/6 1/10 1/30 1/60 1/60 — 21 argenteus fondus de Ptah, en tout, pour ton *sanch* (ta créance).

« L'archentaphiaste Petèsé, fils d'Hereius, mon fils aîné, ton fils aîné, et l'homme du même rang Petosor, fils d'Hereius, mon fils, ton fils, les deux, mes enfants, tes enfants, que tu m'as engendrés, et les enfants nouveaux que tu m'engendreras seront les maîtres de tous mes biens présents et à venir.

« Que je te donne trente-six mesures d'olyre, dont les 2/3 font vingt-quatre, trente-six mesures d'olyre en tout, plus 2 argenteus (outen) fondus et 4/10 (4 katis) du temple de Ptah, ou 1 argenteus 4/10 plus 5/6 1/10 1/30 1/60 1/60, 2 argenteus en 4/10 fondus du temple de Ptah, en tout, pour ta pension alimentaire par an, au lieu que tu voudras. C'est à toi qu'il appartient d'exiger le prix de ta pension qui sera à ma charge. Que je te donne cela :

« La totalité de mes biens présents et à venir est en garantie de ton *sanch* ci-dessus. (Au temps où tu voudras, je te le donnerai. Je ne puis faire de serment judiciaire à l'encontre de toi ».

La forme du mariage par créance n'en subsista pas moins toujours (1) et elle fit même (dans le papyrus grec XIII de Turin, relatif à un procès consécutif), considérer la pension alimentaire comme les intérêts de la créance, bien qu'excédant de beaucoup souvent le taux légal.

En réalité, le prêt pécuniaire était tout fictif. La seule dette de l'homme était une dette morale envers la femme dont il avait eu l'*usus* et qui lui avait donné des enfants.

Quant à la pension annuelle ou à la part de communauté du tiers dans les revenus du mari considérée comme l'équivalent de la pension, elle était devenue peu à peu de règle dans tous les mariages, quels qu'ils soient. Du moment où la femme pouvait avoir un domicile séparé, il fallait qu'elle pût y vivre, et puisque le mari était cause de certains états physiologiques rendant, pendant de longs mois, la femme incapable de travail, soit pendant la grossesse, soit après, il fallait aussi qu'il payât régulièrement les frais dépendant de cet état de choses.

Sous Darius, on n'était pas encore arrivé à cette philosophie légale de l'union libre (restée, du reste, toujours pratiquement monogame grâce aux clauses relatives à la répudiation).

Le contrat de mariage par créance nuptiale n'était pour tous alors qu'un fait exceptionnel dû à une condition spéciale, se rattachant à certains résultats de l'union par *usus* et qui nécessitaient une constatation immédiate, indépendante de celle qui était habituellement formée par le cens quinquennal. La dette morale comportait des conséquences pécuniaires de diverses sortes en guise de dommages et intérêts. Mais il ne paraissait pas nécessaire de généraliser la chose à tous les *connubia*.

La femme mariée religieusement et vivant en communion complète avec son époux n'en n'avait pas besoin.

Celle qui s'était donnée comme esclave, pas davantage.

Il est vrai que, de plus en plus, dans ce dernier genre, le lien de servage était devenu bien honoraire (autant, disons-le, que dans les dernières formes de la *coemptio* romaine).

(1) J'en ai cité des exemples datés de l'époque romaine et particulièrement des Antonins.

Ce qu'on achetait alors en Egypte, ce n'était plus la femme, c'était le titre de *neb*, de maître, de seigneur, que la femme cédait sur elle à son nouvel époux.

Comme dans le contrat de *coemptio* proprement dit, c'est donc la fiancée qui parle. C'est-elle qui assure à son mari, outre le *neb himt*, c'est-à-dire le droit de maîtrise qu'il aura sur la femme, non plus tous ses biens, mais une partie de ses biens ou de ses revenus, suite nécessaire de la cession de ce *neb himt*.

Or, par une singulière coïncidence, cette part est exactement celle que le mari assure à sa femme dans le mariage par créance nuptiale, c'est-à-dire le tiers des revenus et des acquêts.

Donnons en entier un acte daté de l'an 30 de Darius et qui nous montre déjà effectuée cette transformation de la *coemptio*, rendant pratiquement la femme à elle-même.

« An 30, au mois de Thot, du roi Darius.

« La femme Osorettusu, fille du choachyte de la nécropole Anachamen, ayant pour mère Tahor, dit au choachyte de la nécropole Haeroou, fils de Petamentefnekht, dont la mère est Niftesopnai :

« Tu m'as prise pour femme aujourd'hui. Tu m'as donné 1 kati fondu de la double maison de vie pour mon *neb himt* (maîtrise de femme) quand tu t'es établi mari.

« Que je te méprise, que j'aime un autre homme que toi, c'est moi qui te donnerai 9 katis fondus de la double maison de vie, en plus de ce kati fondu de la double maison de vie que tu m'as donné pour mon *neb himt* ci-dessus (ce qui fait en tout 1 outen).

« J'abandonnerai à toi le tiers de la totalité de biens quelconques que je ferai être, sans alléguer aucun acte, aucune parole au monde.

On voit ici le principe de l'unilatéralité des contrats, appliqué avec une rigueur telle qu'elle fait dire à la femme tout ce que dit en général le mari.

Remarquons, du reste, que la vente du *neb himt* est l'origine du contrat par *schep* ou don nuptial, qui n'en est que la forme encore atténuée. Mais alors, à l'époque ptolémaïque et romaine, c'est le mari qui parle et qui constate l'apport d'une somme d'argent, remis à l'épouse pour son cadeau de femme (*schep en himt*) Bien entendu, c'est lui qui verse aussi la pension alimentaire, ou le tiers de ses revenus, exactement comme il la (ou le) verse dans le contrat dotal pur, quand l'apport nuptial est fait par la femme.

Le contrat dotal débutant par la formule : « Je t'ai prise pour

femme », c'est-à-dire, « je t'ai choisie pour femme », comme le contrat par don nuptial, et mettant, comme lui, au futur, la phrase :
« Je t'établirai pour femme », c'est-à-dire, dans le nouveau sens
qu'avaient pris ces mots : « je consommerai physiquement le mariage », avant d'en venir aux apports de la femme, bien que se rap-
prochant singulièrement par le fond des tablettes de *nudunnic* ou
dot des anciens Chaldéens, se rattachait cependant, en Egypte, à
une origine autochtone, si je puis m'exprimer ainsi.

De même que le contrat par don nuptial, dérivé du contrat de
neb himt, et médiatement de celui de *coemptio*, de même le contrat
dotal, dérivé du contrat de créance nuptiale, dont l'usage reste réservé aux légitimations par mariages subséquents, — mais dont la
forme atténuée et polie est le dit contrat dotal, — ne fait de la dot
qu'une des conséquences du mariage encore à effectuer.

Au fond, l'un et l'autre mode étaient, du reste, liés intimement
aux deux modes fondamentaux de contrats qu'avait institués
Amasis et qu'imitèrent plus tard les décemvirs, c'est-à-dire, soit à
la mancipation dont le prix est payé d'avance, soit à la créance par
sponsio ou *sanch*.

Mais nous nous sommes peut-être trop appesantis sur ces deux
contrats égypto-romains, et il faut maintenant que nous en venions
à la comparaison très rapide des autres parties de la législation
d'Amasis et de celle des décemvirs.

Passons donc du chapitre des obligations à celui des actions.

A ce point de vue, disons-le, Amasis n'a pas inventé tout ce qu'ont
inventé plus tard les auteurs des XII tables.

L'*actio sacramenti*, par exemple, remonte en Egypte aux Ramessides tout au moins, s'il faut en croire un texte récemment traduit
par nous.

On sait en quoi consistait l'*actio sacramenti*, que règle à Rome la
XIIe table.

C'était une sorte de pari entre les deux parties qui comparais-
saient en justice. Chaque plaideur avait à consigner une somme
d'argent appelée *sacramentum*, et dont la loi fixe le montant pour
chaque genre d'affaires, somme qui devait être perdue par celui
qui succomberait, et consacrée au culte public (*ad sacra publica*).

Cette action était primitivement toute religieuse. Elle devait re-
poser dans l'origine sur un serment, comme le serment par le roi
visé dans le texte égyptien que nous allons reproduire, puisque
le même nom du serment était *sacramentum*, qu'on retrouve

encore dans cette acception pour le *sacramentum militare* ou serment militaire, mot que la chronique démotique traduit par *sanch*.

Nous avons dit précédemment que *sanch* ne signifiait pas seulement « serment » quand il s'agissait de serment militaire, mais quand il s'agissait de ces obligations sacrées contractées par serment et analogues à la *stipulatio*, ou plutôt à la *sponsio* romaine, qui n'est, je l'ai démontré ailleurs, qu'un serment démarqué.

C'est au serment *faciendi*, au *sanch*, qu'on avait d'abord recours en droit égyptien, pour toutes les obligations (nous avons encore des exemples récents de cet acte auquel se rattache primitivement la forme unilatérale et verbale des contrats). C'est aussi à un autre serment, à un *sanch* qu'on avait recours pour établir la vérité, non seulement de semblables obligations verbales ou de dettes quelconques, dont l'*instrumentum* n'existait pas actuellement, mais encore la réalité de toutes les obligations *ex delicto*, j'entends par là toutes les fautes justiciables du tribunal civil des prêtres dont on n'avait pas de preuves testimoniales ou écrites, et pour lesquelles on ne pouvait employer, ainsi que pour les crimes, la question dans les tourments, réservée aux actions publiques de la cour du préfet de la ville ou du prétoire, ou de la cour spéciale (1).

Ce que nous avait dit sous ce rapport Diodore de Sicile a été confirmé par une multitude de ces *sanch* écrits en démotique et qui étendent encore singulièrement la portée du témoignage de l'historien grec.

Il ne faut donc pas nous étonner de voir, d'après de nouveaux documents, le *sanch* ou *sacramentum* intervenir aussi exactement dans le sens de l'*actio sacramenti* des Romains ; on en use, non plus seulement pour innocenter, à défaut de preuves, un accusé ou un prétendu débiteur, mais pour appuyer la vérité objective d'allégations contradictoires sur un cas litigieux, dont on se déclare prêt, des deux parts, chacun dans un sens contraire, à fournir l'explication avec preuve à l'appui.

Dans l'affaire de *sacramentum* égyptien qui nous est parvenue et qui se plaide devant la cour criminelle du *dja*, préfet de la ville, il ne s'agit pas à la vérité d'une action civile. Mais les procédés juridique restent identiques. Celui qui prête le premier serment et qui

(1) Voir pour les diverses juridictions, mon volume sur *Les actions publiques et privées en droit égyptien.*

fait la consignation pécuniaire du *sacramentum* est un prêtre qui, peut-être pour dégager sa propre responsabilité, en accuse un autre d'avoir commis des détournements au préjudice du domaine sacré.

Sans doute que semblable garantie aura été exigée ensuite de l'autre partie, qu'on arrêta du reste, sur l'heure, avec ses prétendus complices.

Voici comment débute le document :

« An 2 (de Ramsès X) 23 mésoré. C'est le jour où on a fait l'examen de l'or et de l'argent pris dans le sanctuaire du roi Rauserma-meri-amen, au sujet duquel le divin père Amenmès, de la terre de ce sanctuaire, a fait rapport devant le Pharaon, à lui vie, santé, force affaire que le roi livra aux mains du préfet de la ville *dja* Ranebmanekht, de l'intendant des greniers, royal officier Ramenmanekht, du royal officier Iuna, pour en faire l'examen dans le palais des millions d'années de ce sanctuaire. Ils firent la constation du manque de 86 *khalkenen* (χαλχιον) estimés en argent qui ont été pris et au sujet desquels le divin père de la fraternité de ce sanctuaire a fait sa réclamation au Pharaon.

Il dit (le *dja*) : « tu n'as pas vu l'homme qui les a fait prendre ? »

Lui (le père divin) il dit : « C'est l'intendant du trésor de Sutekh nommé Wus, qui est aussi intendant du domaine territorial, qui les a pris. Il a pris lui-même 26 *khalkenen* (χαλχιον) l'intendant du palais royal de ce sanctuaire. Il en coupa (tira) 1 outen 1/2 d'argent. Il prit ces choses avec le divin père Ima, le *hir seshta* (secrétaire agent comptable) du sanctuaire Raanina et Tekhiu et Ramès. Ils (ceux-ci) prirent 60 *khalkenen* 3/4... Ils en coupèrent (tirèrent) 3 outen 1/2 d'argent. Total 5 outen (= 86 *khalkenen*) (1). Restent (en caisse) 36 outen d'argent (comme valeur). Ils ont confié cela (ce qu'ils ont volé) au gardien Uraa. Ils tirèrent profit des Khalkenen ».

« Ils (les juges) lui firent supplier le nom du Pharaon (au divin père demandeur). Ils lui firent déposer dans sa demeure (comme *sacramentum*, 1/10 d'outen (2) (1 kati).

« Alors le Pharaon fit arrêter les cinq criminels en ce temps, dans le sanctuaire.

____

(1) 17 khalkenen et demi = 1 outen.

(2) Ce taux était sans doute fixé par la loi, comme à Rome, et il ne s'éloigne pas, comme valeur en argent, de ce que le code des XII tables fixait en cuivre pour des causes analogues quand il s'agissait, par exemple, de la liberté d'un homme (50 as).

« Il alla au sanctuaire le divin père (demandeur). avec cet homme, le principal accusé, pour dire ce qu'il avait volé ».

La suite du document reproduit cette déclaration détaillée du père divin, déclaration portant sur les détournements commis en divers endroits, qu'il désigne sur place. Malheureusement, la fin du procès nous a été enlevée par une déchirure de papyrus. Mais ce que nous avons suffit pour faire bien voir, dès cette époque, le fonctionnement de l'*actio sacramenti*, qui fut, depuis, conservée dans les codes de Bocchoris, d'Amasis et de Darius. C'est à cette source dernière qu'elle a été empruntée par les décemvirs.

A ce même moment, les décemvirs avaient aussi emprunté à la législation d'Amasis l'action de la loi appelée *pignoris capio* et dont la XII⁰ table indiquait expressément les usages spéciaux.

Selon Gaïus, la *pignoris capio* était accordée contre le débiteur pour le paiement du prix d'achat d'une victime, ou du prix de louage d'une bête de somme, lorsque le louage a été fait spécialement pour en employer le prix en sacrifice. En un mot, c'était une garantie propre aux obligations sacrées et qui a été aussi étendue aux obligations publiques : telles que celles qui se rapportaient à une dette causée par l'achat d'un cheval de guerre, à sa nourriture, à sa solde et à l'équipement militaire.

En Egypte, sous le régime du code d'Amasis et particulièrement sous les Persans, il en est identiquement de même : la *pignoris capio*, la saisie directe des biens du débiteur sans jugement, ne dépend que des obligations sacrées et des obligations royales.

J'ai déjà eu l'occasion de citer précédemment, à propos des aliénations ou des promesses d'aliénation de *nexi*, un contrat daté de Darius et qui visait expressément la *pignoris capio* pour une dette relative aux impôts exigés sur une culture de *neter hotep*. Je citerai encore une autre obligation rentrant peut-être encore mieux dans l'esprit de celles que signalait le texte même de la loi des XII tables, car elle avait pour but l'accomplissement d'un sacrifice.

En voici le texte :

« L'an 35, 2⁰ mois de la saison *sha* (paophi) du roi Artaxercès.

« L'administrateur du domaine de Teki, Téos, fils de Rôri, dont la mère est Tahosuèsé, dit au prophète d'Horus et d'Amon Neshor, fils de Petihor :

« C'est moi qui livrerai à Téos, fils de Nesamenhotep, ton choachyte, ta vache grande et noire de labour, que tu t'es engagé à donner à Téos, ton choachyte, pour un sacrifice, afin qu'elle soit immolée au lieu d'immolation, au terme du 20e jour du troisième mois de *sha* (athyr). Si je ne livre pas à Téos, fils de Nesamenhotep, ton choachyte, ta vache pour l'immoler au lieu d'immolation, au terme de l'an 35, 20e jour du 3e mois de *sha*, je lui livrerai un bœuf de labour de la même espèce au terme de l'an 35, 20e jour du 3e mois de *sha*. Si je ne lui donne pas un animal de la même sorte au terme de l'an 35, 20e jour du 3e mois de *sha*, je lui donnerai en argent 5 katis fondus du temple de Ptah, au terme de l'an 35, 30e jour du 3e mois de *sha* (c'est-à-dire 10 jours plus tard). Si je ne donne pas l'argent des cinq katis fondus du temple de Ptah au terme de l'an 35, 30e jour du 3e mois de *sha*, ils produiront intérêts au taux d'un dixième par argenteus pour ces cinq katis par mois quelconque, depuis le 4e mois de *sha* (choiak) de l'an 35 ci-dessus. Si je ne verse pas cela, comme intérêts, en mois quelconques d'année quelconque à venir, les intérêts produiront intérêts, jusqu'à ce qu'ils aient atteint la totalité de l'équivalence (c'est-à-dire une somme égale au capital). Que je lui donne ces choses (ces katis) avec les intérêts à ton temps de bon plaisir. Tous mes biens présents et à venir seront pour la garantie qu'il voudra : tous mes biens, maisons, champs, esclaves mâles et femelles, bœufs, ânes, argent, airain, étoffes, biens quelconques, choses quelconques m'appartenant : *qu'il prenne cela pour lui*, relativement à ces choses, jusqu'à ce qu'il ait reçu complètement l'argent ci-dessus et ses fruits. Je ne puis dire : « J'ai donné bœuf, argent ou intérêts pour cela ». Mon écrit est en ta main, pour qu'il exige de moi l'argent ci-dessus et ses fruits produits. Il est sur moi et sur mes enfants.

Cette obligation de droit sacré était, en cette qualité, privilégiée de toutes les manières, en dehors même de la question de la *pignoris capio*.

L'intérêt y était de 120 % par an, au lieu de 39 %(1) du droit civil.

L'intérêt des intérêts, interdit en droit civil, y était prévu.

Le délai d'un mois pour le paiement y était supprimé.

Celui qui s'y obligeait devait le faire, non seulement par rapport à celui qui recevait cette obligation et à qui il s'adressait en portant la parole, mais par rapport à un tiers absent.

(1) Dans l'acte de Darius cité plus haut et qui concernait les tributs annuels dûs sur un terrain de *neter hotep*, ces tributs étaient payables en céréales, et, à cause de la différence de divisions entre les mesures et les monnaies, l'intérêt était du tiers (133 1/3) %. Sauf cette différence, l'acte est entièrement à comparer avec celui d'Artaxercès.

Rien de pareil ne se rencontre en droit civil proprement dit ; car le droit civil égyptien, comme le droit civil romain des XII tables, ne reconnaît pas le mandat, la procuration, la représentation d'une personne par une autre, en dehors des mandats légaux résultant des liens de famille — et il exige que chacun agisse vraiment *in re sua* pour une chose le concernant — n'admettant pas qu'un acte puisse créer des droits pour un tiers n'y figurant pas à titre de partie.

Ici, au contraire, dans un acte ayant une cause religieuse, on stipule au profit d'un tiers, comme déjà Hapidjefa, du temps de la XIIe dynastie, relativement à sa fondation funéraire, stipulait au profit d'un tiers, son prêtre de *Ka*.

C'est qu'en effet, il s'agit encore du culte funéraire ; et le tiers, au profit duquel on stipule, est un chôachyte chargé de ce culte. On voit que la représentation est réciproque, en droit sacré, entre ceux qui accomplissent les services religieux et ceux pour qui sont faits ces services.

On aurait quelque tendance à croire qu'il en était de même à Rome, dans le code des décemvirs, et que lorsque les personnes sacrées avaient à intervenir, la rigueur de la règle *in re sua* n'était plus en usage.

Malheureusement, nous n'avons plus que des fragments de la Xe table (*de jure sacro*). Nous y voyons seulement beaucoup d'articles concernant les funérailles. Quelques-uns paraissent certainement empruntés au droit égyptien : par exemple, celui que cite Cicéron (*de legibus*, 2, 23) et qui interdisait d'inhumer (ou de brûler) dans la ville aucun mort : *Hominem mortuum in urbe ne sepelito neve urito*. Ce n'est pas autre chose que la traduction du décret que le médecin du roi, nommé *Tata*, avait fait prendre en Egypte, et qu'on rappelait encore bien des siècles après dans le papyrus grec 1er de Turin ; par exemple, celui que citent encore Cicéron (*ibidem*) et Festus, d'après lequel le sépulcre et son vestibule (ce que les Egyptiens nommaient le *hat noub* et le *hat sih* ou *hat beta*) ne sont pas susceptibles d'être acquis par un usucapion : *Quod autem forum, id est vestibulum sepulcri, bustum ve usucapi vetat (lex XII tabularum) tuetur jus sepulcrorum*. Une semblable loi de protection des tombes a été rappelée à bien des reprises par les rois égyptiens, entre autres par Horemhebi et son fils Aménophis.

Mais en est-il de même pour tout le droit sacré des sépultures ? Cicéron, Festus, ne citent-ils pas un paragraphe restreignant autant que possible l'abus des pleureuses, se déchirant les joues et les vêtements, pleureuses que les monuments égyptiens nous montrent sans cesse agissant ainsi ?

D'autres dispositions ne prohibent-elles pas les banquets funéraires, les aspersions somptueuses, les couronnes attachées en longues files, les petits autels dressés pour y brûler des parfums, la confection de plusieurs lits funéraires, de plus de trois robes ou de trois bandelettes de pourpre, l'emploi de dix joueurs de flûte, l'adjonction de l'or aux sépultures et jusqu'à l'embaumement du corps des esclaves.

Toutes ces coutumes sont bien égyptiennes : et leur interdiction paraît devoir être, *in abstracto*, attribuée à l'influence d'une autre législation. Nous aurons, en effet, l'occasion de voir plus loin, et cela d'après l'aveu de Cicéron et de plusieurs anciens, qu'il s'agit alors d'un emprunt fait aux lois solonniennes, peut-être imitées déjà d'ailleurs par Amasis, ce contempteur des anciens usages sacrés. Les législations antérieures de la vallée du Nil, beaucoup plus impressionnées par l'influence sacerdotale, s'étaient jusqu'alors bornées, en fait de règlements somptuaires, comme les prêtres eux-mêmes, à admettre, suivant les castes et la position sociale, ces diverses classes d'ensevelissement que nous décrit Hérodote.

En Egypte, d'ailleurs, l'intervention des prêtres proprement dits au moment de l'ensevelissement est prouvée par le rituel des funérailles publié par mon ami Schiaparelli ; et après cet ensevelissement (bien que le fils fut officiellement chargé des *sacra privata* en l'honneur de son père, ou, comme le disent les textes, de lui donner l'eau), cependant pratiquement une sorte de prêtre inférieur appelé en égyptien *Uahmoou* et en grec χοαχυτης « choachyte » (succédant à l'ancien prêtre de *Ka* des grands personnages de l'ancienne période) le remplaçait pour cet office et pour les rites à accomplir à certains jours.

A Rome, au contraire, au moins à l'époque bien connue de nous, les rites funèbres sont laissés aux soins de la famille. Le fils héritier fait la *cretio* et le balayage sacré de la chambre du mort ; il organise, s'il est patricien, les pieuses processions dans lesquelles on promène les images des ancêtres, ces images dont la coutume est empruntée à l'Egypte, et s'il est pour tout cela remplacé, d'abord par le fils adoptif, puis par l'héritier étranger à la famille, rien ne prouve absolument qu'il soit aussi remplacé pour quelques-uns des rites funéraires, soit par les flamines, soit par des prêtres spéciaux.

Ce n'était donc probablement pas dans ce cas que la règle *in re sua* pouvait avoir des exceptions, mais seulement quand il s'agissait d'obligations relatives à des sacrifices publics, telles que celles qui comportaient d'ordinaire la *pignoris capio*.

Au point de vue des actions, nous rappellerons pour simple mémoire ce que nous avons dit déjà de la clause pénale du double et du délai de 30 jours, l'un et l'autre empruntés au droit égyptien.

Le double était fixé par les XII tables pour bien des cas divers en outre de ceux que nous avons déjà indiquées. Je signalerai cette loi que Gaïus rappelle au livre 6 de commentaires du code des XII tables (Dig. 44, 3 *de litigios:* 3) *rem de qua controversia est prohibemur in sacrum dicare ; alioquin dupli patimur.*

L'usage de consacrer des choses contestées se retrouve en Egypte même, et cela au moins jusqu'en l'an 3 d'Amasis.

En l'an 10 d'Apriès, un nommé Djet, fils de Nesmont, avait reçu de son futur beau-père Nekhtosor, fils de Téos, 40 aroures de terre constituant la dot de sa femme. Au commencement du règne d'Amasis, son beau-père et sa femme étaient morts également. Les 40 aroures revenaient donc à la famille de cette femme représentée par son oncle Osorettusu, fils de Téos : Mais pour éviter de les rendre, Djet, fils de Nesmont, les consacra devant le dieu Montemuas nofre hotep, qui ainsi mis en possession lui en concéda l'usage moyennant certaines redevances.

L'oncle réclama et le neveu par alliance fut obligé de le dédommager. L'acte suivant fut alors rédigé.

« L'an 3, tybi 19, du roi Amasis.

« Osorettusu, fils de Téos, dont la mère est Taba, dit au choachyte Djet, fils de Nesmont :

« Que tu reçoives cela en main : ces 40 aroures que tu as reçues en les disant consacrées. Celles-là sont en ta main devant le dieu Montemuas nofre hotep, toi les ayant prises comme consacrées.

« Il n'y a point à en donner de part, depuis le jour ci-dessus. Aucun homme ne pourra les donner, ou les faire prendre par quiconque du monde entier, *en mon nom*, depuis frère, sœur, fils, fille, *hir, hirt,* homme quelconque du monde entier, jusqu'à grande assemblée de *Ta* du *Kenbeti.* Tu as donné, et mon cœur en est satisfait, l'argent. Ils connaîtront tous que c'est devant le dieu Montemnas nofre hotep depuis le jour ci-dessus.

« Ils ont dit (fait la déclaration) au prêtre d'Amon, prêtre du roi. Personne ne peut dire *nobi* sur l'acte ci-dessus ».

A ce moment-là, l'assemblée nationale qui remania tout le droit et établit la mancipation (tant pour les immeubles que pour les ingénus) n'avait pas été convoquée. Le prêtre d'Amon, prêtre du roi, possédait encore son privilège de présider aux contrats et de *dire le droit*. Mais, par certains décrets royaux, Amasis avait déjà préparé la réforme. On sent poindre l'aurore d'une jurisprudence nouvelle. L'argent, dont la mention était si formellement interdite dans les actes de transmission intra-familiale, d'après le code de Shabaku, fait ici sa première apparition officielle. On indique nettement que c'est le motif du désistement d'Osorettusu. On ajoute aussi que ce désistement ôte tout droit d'intervention, *au nom de la partie cédante*, soit aux membres de la famille, soit aux chefs de *gens*, soit *même aux tribunaux*. Nous avons vu qu'à une époque plus tardive du régime d'Amasis, à partir des lois de l'an 19 sur la mancipation et ses garanties, on alla plus loin en frappant d'amendes arbitraires soit ces membres de la *gens*, soit les tribunaux. Mais c'était déjà beaucoup que de mentionner, en l'an 3, les tribunaux, auxquels on interdit de se mêler de la chose. Cela n'a pu se faire que par suite d'un décret royal permettant d'une façon plus large et rendant définitifs les abandons volontaires de propriétés, effectués d'une façon quelconque. Nous voyons, en effet, que de l'an 3 à l'an 19 l'ancien acte de transmission dans lequel, à partir de l'an 5, le prêtre d'Amon et du roi n'a plus à intervenir, se simplifie de plus en plus et devient un acte de bonne foi, au lieu d'être hiératique dans sa forme, comme le fut jusqu'à Amasis l'acte de transmission et comme le sera depuis l'an 19 d'Amasis celui de mancipation.

Ici ce n'est ni à l'un, ni à l'autre que nous avons affaire. Il s'agit d'une transaction judiciaire ayant pour base le principe même de la loi des XII tablés citée plus haut. Je ne pense pas cependant que l'argent se soit élevé au double de la valeur des 40 aroures. Si cette disposition a été textuellement prise au code d'Amasis, c'est au code tel qu'il fut formulé de l'an 5 à l'an 19 par l'Assemblée nationale, à laquelle Amasis avait voulu laisser toute la responsabilité de ses innovations les plus révolutionnaires.

Je ne suis pas éloigné de croire, pour ma part, d'après de nombreuses preuves et de nombreuses analogies, qu'en vertu de cette loi la consécration illégale devenait nulle par le fait, ce qui n'empêchait pas l'amende du double. Depuis ce moment, en effet, jamais on ne voit plus intervenir semblable prétexte de consécration. A plus forte raison, ne valide t-on pas, comme dans notre papy-

rus, une pareille consécration moyennant certains petits dommages
et intérêts.

Mais on conçoit que le prêtre d'Amon, prêtre du roi, auquel il
avait été soumis, ne pouvait bénévolement repousser une fondation
pieuse au bénéfice de sa caste. Amasis, au contraire, détestait assez
cette caste pour pousser jusque-là son audace anticléricale ; et les
décemvirs étaient trop dans les mêmes idées pour ne pas admettre
cette loi avec enthousiasme. Au point de vue des actions, nous au-
rions encore à comparer les autres données de la Iʳᵉ, de la IIᵉ et de
la IIIᵉ table avec celles du droit d'Amasis. Malheureusement, certains
éléments nous manquent, car les papyrus nous ont conservé pour
cette période beaucoup plus de contrats que de procès.

Cependant, en nous éclairant de ce qui paraît permanent dans les
institutions égyptiennes, d'une part, et du caractère d'Amasis, bien
connu de nous, d'autre part, on peut arriver à des conclusions pro-
visoires, sur certains points du moins. Mais ceci rentrera mieux dans
l'examen détaillé de la loi des XII tables auquel il est temps de passer
et qui constituera la dernière partie de notre étude sommaire.

§ III. — *Examen analytique des XII tables.*

Pour faire cet examen d'une façon vraiment fructueuse, il faut
nous rappeler d'abord dans quelles conditions fut promulgué le
code des décemvirs.

Dans ce but, nous n'avons qu'à ouvrir Tite-Live et Denys d'Halicarnasse, nous y voyons que la *plebs* poursuivait alors la revendi-
cation de droits civils égaux à ceux des anciens citoyens et des
membres des *gentes*. A la suite de très longs conflits, ils obtinrent
gain de cause. En l'an 300 de Rome, 454 avant Jésus-Christ, on se
résolut à remanier toute la législation, en imitant les autres codes
plus libéraux de tendance.

« D'accord, nous dit Tite-Live, sur le besoin de nouvelles lois,
on n'était divisé que sur le choix du législateur. On envoya donc à
Athènes Sp. Postumius Albus, A. Manlius, P. Sulpitius Camerinus,
avec ordre de copier les célèbres lois de Solon et de prendre con-

naissance des institutions des autres Etats de la Grèce, de leurs mœurs et de leurs droits ».

Ainsi ce n'étaient pas seulement les lois athéniennes de Solon, mais les autres législations connues des Grecs, qu'il s'agissait d'étudier et de rapporter. Or, précisément, deux ans avant la mission des députés romains, en 456 avant Jésus-Christ, Hérodote avait lu, aux Grecs rassemblés aux jeux Olympiques, les premiers livres de son histoire, dans lesquels il faisait un très grand éloge du roi égyptien Amasis, si ami des Grecs, qui avait promulgué son code en l'an 19 de son règne, 554 ans avant Jésus-Christ, c'est-à-dire un siècle auparavant. En ce moment, où Amasis était devenu, grâce à Hérodote, si fort à la mode, il était bien naturel de s'inspirer aussi de son œuvre et c'est ce qu'on fit : tout ce que nous avons dit jusqu'à présent suffit à le prouver ; car les analogies étroites de la loi des XII tables et du code d'Amasis ne peuvent être un effet du hasard.

Un synchronisme vraiment étrange vient ainsi confirmer la comparaison des textes et les dires des historiens et nous permet de repousser absolument les conclusions de la prétendue critique historique, qui, depuis Vico, a voulu mettre en doute les témoignagnes unanimes des anciens (Cicéron; *De legibus*, 2, § 23 à 25 ; Tite-Live, 3, 31 et suiv.; Denys d'Halicarnasse, 10, § 64 ; Gaïus, *Dig.*, 10, 1. *Fin. regund.*, 13 et 47, 22 ; *De coll. et corp.*, 4 ; Pomponius, *De orig. jur.*, 2, § 4 ; Pline, *Hist. nat.*, 34, 5 ; Lydus, *De Magistr. l.* I, § 54, etc.).

Nous nous inscrivons en faux même contre les modérés, qui prétendent, avec Ortolan et Labbé, que les auteurs de la loi des XII tables n'ont imité les droits grecs que sur des détails de minime importance et que « leur droit » est « un droit originaire et non d'emprunt, ayant son caractère spécial et qu'il faut tenir pour tel ».

Non, il n'en est point ainsi, et ce sont les anciens qui ont raison contre les modernes en affirmant qu'il a été imité, après une mission sur laquelle ils nous donnent de si précieux détails. Si le code attique de Solon, cela a été démontré déjà, a fourni aux décemvirs certains éléments, le code égyptien d'Amasis en a fourni bien d'autres beaucoup plus importants et l'on peut affirmer que c'est la source principale de leur législation, toute d'emprunt.

Les trois députés partis en l'an 300 de Rome, 454 avant Jésus-Christ, ne revinrent, selon les anciens, qu'en l'an 302 de Rome, 452 avant Jésus-Christ : et ce fut l'année suivante, en 303 de Rome, 451 avant Jésus-Christ, que furent élus les décemvirs chargés de codifier.

Dans l'intervalle, un exilé crétois nommé Hermodore traduisit en latin et commenta juridiquement les textes grecs rapportés par les députés, ce dont les Romains le remercièrent en lui élevant une statue ; toutes ces choses étaient du domaine public et parfaitement admises par tous les anciens.

Il est donc certain pour nous que cela constitue un fait historique dont il faut tenir compte. Puisque l'orgueil des Romains, toujours si pointilleux et qui leur fait attribuer à leurs compatriotes les innovations juridiques du grand Hypéride (1), etc., n'en n'a pas été offusqué, je ne vois pas pourquoi nous serions à leur endroit plus *chauvins* qu'eux. Rendons donc à chacun ce qui lui appartient, au risque de dépouiller complètement le peuple qui, parmi toutes les nations anciennes, est celui qui toujours a le plus vécu sur le fond des autres. On ne lui laissait que le droit ! Eh bien ! en cela même, nous ne cesserons de le répéter, il n'a fait que copier, depuis ses premières institutions, y compris la loi des XII tables, jusqu'au dernier temps de son existence, sous le Bas empire. Dans le *corpus juris* des Romains, il n'y a rien qui soit vraiment romain.

Venons en maintenant aux détails de notre étude analytique.

Les principales sources des XII tables sont surtout, d'une part, la législation de Solon et, d'une autre part, celle d'Amasis.

Mais, il faut bien le noter, Solon n'est souvent qu'une source secondaire ou plutôt un simple intermédiaire, puisque — les Grecs nous l'ont dit à l'envi et Diodore le répète à chaque instant (liv., 1. § 77, 5 ; § 79, 4 ; 96, 2, etc., — il n'a fait que transporter à Athènes des lois égyptiennes appartenant au code antérieur à Amasis, c'est-à-dire à celui de Bocchoris.

En effet, le code d'Amasis, promulgué en 554, était à peu près contemporain de la mort de Solon, arrivée seulement 5 ans auparavant, vers 559, pense-t-on. Mais le législateur d'Athènes avait été archonte et chargé de rédiger les lois de 593. En fait de lois égyptiennes, il n'a donc pu imiter que le code de Bocchoris, dont Diodore de Sicile fait tant d'éloges et qu'il cite si souvent textuellement et, disons-le, fort exactement.

A propos de la loi que Diodore attribue expressément à Bocchoris et qui interdisait d'engager les personnes libres à cause de leurs dettes (loi qui fut, pour un temps, abrogée par Amasis) il nous ap-

(1) Voir mon mémoire sur le discours d'Hypéride contre Athénogène, découvert, publié et commenté par moi.

prend ainsi que Solon la transporta à Athènes, comme il y transporta, (dit-il ailleurs), celle qui obligeait tous les habitants de l'Egypte à indiquer aux magistrats leurs moyens d'existence.

Cette dernière loi, qu'ont imitée de nos jours les Etats-Unis, avait pour but d'ouvrir la voie à son code commercial, en écartant tous les vagabonds, que l'idée même de commerce aurait pu attirer. Elle rentre donc à merveille dans l'esprit de la législation de Bocchoris, que nous avons essayé plus haut de bien faire comprendre, et elle rentrerait moins dans celle d'un ancien chef de brigands tel qu'Amasis.

Nous verrons au contraire que ce dernier prince, imité en cela par les décemvirs, était très doux pour ses ex-collègues, les voleurs.

Il y a, par conséquent, en réalité, trois parts à faire dans la loi des XII tables :

1º Ce qui a été emprunté par Solon à Bocchoris ;

2º Ce qui a été emprunté par les décemvirs à Solon, qui l'a imaginé de lui-même, soit d'après des analogies déjà lointaines avec le code Bocchoris, soit d'après des idées absolument personnelles parfois même par réaction ;

3º Ce qui a été emprunté par les décemvirs au nouveau code d'Amasis.

Il faut bien le savoir, du reste, dans cette dernière catégorie, il y a des choses pour lesquelles Amasis semble s'être inspiré de Solon lui-même.

Ainsi, pour la femme, Solon, qui avait longtemps voyagé en Egypte et avait constaté certains abus de la puissance, déjà grande en ce pays, du sexe faible, avait rêvé, au contraire, de le mettre dans une tutelle beaucoup plus étroite encore que la tutelle des agnats introduite par les Doriens dans certaines parties de la Grèce où elle avait succédé à la situation plus avantageuse décrite par Homère. Il avait donc constitué sa législation de l'épiclère, législation brutale, qui ne tenait aucun compte des sentiments, de même de la pudeur naturelle, de la femme.

L'épouse devint pour lui une espèce spéciale d'esclave, tandis que le fils gardait sa personnalité.

Amasis, lui, (s'inspirant à la fois du nouveau code de Solon, et, nous l'avons vu, de certaines traditions juridiques beaucoup plus anciennes de Chaldée), les mit l'une et l'autre sous la puissance du *pater familias*, dans les conditions mêmes qui furent copiées plus tard par les décemvirs.

Au contraire, relativement au testament, Solon, s'inspirant du code de Bocchoris, qui avait accordé aux individus d'acter sur leurs terres et d'en faire certaines aliénations, alla plus loin que lui et, le premier de tous les législateurs, il permit aux gens sans enfants de tester et de léguer toute leur hérédité à des étrangers, ce qui n'était jusque-là possible que par une adoption.

Amasis, venant après Solon, n'osa pas cependant le suivre en cela. Il se borna à rétablir l'aliénation libre des domaines (usitée également alors en Chaldée et dont les Ethiopiens avaient voulu faire une transmission intra-familiale par échange de terres) ; il en permit la vente directe, la mancipation, (en même temps que celles des ingénus interdites par Bocchoris). Mais il ne voulut pas rendre licite, comme Solon, même pour ceux qui n'avaient pas d'enfants, le testament fait à des étrangers ; car ce testament semblait imaginé pour dépouiller les collatéraux de leurs droits réels, droits qu'ils auraient pu exercer sur l'argent prix de l'immeuble et le remplaçant en quelque sorte.

Les décemvirs, au contraire, s'inspirèrent de la loi de Solon et, outre la mancipation libre des immeubles et des ingénus, permise par Amasis et non par Solon, ils introduisirent dans leur code le testament Solonien à des étrangers, l'étendant même à ceux qui avaient des enfants, ainsi déshérités — chose inouïe jusque-là. Ici donc les XII tables tiennent autant de Solon que d'Amasis.

Je ne m'étendrai pas sur des ressemblances très frappantes, qu'on a remarqué depuis longtemps entre l'œuvre de Solon et celle des décemvirs (en ce qui concerne les règles de bon voisinage, qui semblaient d'ailleurs très analogues à ce que nous trouvons en droit égyptien) et je commence immédiatement mon analyse détaillée, tant de fois annoncée ci-dessus, des fragments malheureusement fort incomplets de la compilation latine dont il s'agit.

Pour cela je suivrai la classification et l'étude du texte qu'Ortolan et Labbé (1) avaient publiées dans leur histoire de la législation romaine.

J'estime beaucoup ces auteurs, je l'avoue, parce que, mieux que d'autres, ils me semblent, en général, s'être inspirés des traditions des anciens.

Or, au risque d'être bafoué par les partisans de la critique histo-

______

(1) Les renvois leur sont aussi empruntés ordinairement pour tout ce qui touche le texte des XII tables.

rique à outrance, je crois que les contemporains ou ceux qui s'en rapprochaient sont, mieux que nous, en mesure de juger sérieusement des faits. J'en ai eu, du reste, pour ma part, bien souvent la preuve, particulièrement en ce qui touche Diodore de Sicile, dont la critique historique faisait si peu de cas, et dont les témoignages sur l'Egypte ont été confirmés d'une façon éclatante par une multitude de documents originaux étudiés et traduits par moi. Il en est ainsi d'Herodote et de beaucoup d'autres classiques qui souvent excitaient l'hilarité des modernes.

Nous venons de voir, par l'ensemble de ce travail, que Tite-Live, Denys d'Halicarnasse, Cicéron, etc., ne font pas exception sous ce rapport pour les origines du droit romain.

Disons-le cependant, Cicéron, dans son admiration patriotique pour Rome, est beaucoup moins franc que les historiens et avoue difficilement les emprunts faits à d'autres peuples. Nous l'avons déjà constaté à propos des innovations juridiques d'Hypéride, bientôt copiées textuellement à Rome. Nous le constatons aussi pour la loi des XII tables, dont Cicéron voudrait faire le chef-d'œuvre de l'esprit romain et qu'il admire sans réserve. Il ne faut donc généralement croire Cicéron que pour les faits, tandis qu'il faut en croire Tite-Live et Denys d'Halicarnasse pour leur genèse.

Entrons maintenant *in medias res*.

La première table « de l'appel devant le magistrat » *de in jus vocando*, offre avec le droit athénien ou solonien de très grandes analogies, qui ont été souvent remarquées. En voici l'ensemble ou du moins les restes subsistants.

1° « Si tu appelles quelqu'un devant le magistrat et qu'il refuse d'y aller, prends des témoins et arrête-le (1).

2° S'il cherche à ruser ou à s'enfuir, opère mainmise sur lui (2).

3° S'il est empêché (3) par la maladie ou par l'âge, que celui qui

(1) « Si in jus vocat, ni it, antestator; igitur em capito » (Porphyrio, *Ad Horat.*, sat., 1, 9, vers. 65 ; Cicéron, *De leg.*, 2, 4 ; Lucilius, *Sat.*, liv. XVII, d'après Nonius Marcellus, *De propr. serm.*, cap. 1, § 20, au mot *calvitur* ; Aulu Gelle, *Noct. attic.*, 20, 1 ; *Auctor Rhetor ad Herenn.*, 2, 13. »

(2) « Si calvitur, pedemve struit : manum endojacito Festus » aux mots *struere et pedem struit.* ; *Dig.*, 50, 16, *De verborum significatione*, 233 f. Gai., liv. 1, de son *Comment. sur les XII Tables* ; Lucilius, à l'endroit précité.

(3) « Si morbus ævitasve vitium escit, qui in jus vocabit jumentum

appelle devant le magistrat fournisse un moyen de transport, mais non un chariot couvert, si ce n'est bénévolement.

4° Que, pour un riche, un riche seul puisse être *vindex* (sorte de répondant prenant sa cause) ; pour un prolétaire quiconque voudra l'être (1).

5° S'ils pactisent (c'est-à-dire s'ils transigent) que l'affaire soit ainsi arrêtée et réglée (2).

6° S'il n'y a pas de transaction, que l'exposé de la cause ait lieu avant midi au *comitium* ou au *forum*, contradictoirement entre les plaideurs présents tous deux (3).

7° Après midi que le magistrat fasse addiction du procès à la partie présente (c'est-à-dire qu'il lui attribue la chose ou le droit de litige) (4).

8° Que le coucher du soleil soit le terme suprême (de tout acte de procédure) (5).

9° Venait ensuite un article sur les *vades* et les *subvades* (6), c'est-à-dire, comme l'expliquent fort bien encore Ortolan et Labbé, les cautions ou répondants, que les parties, quand l'affaire n'avait pu se terminer le même jour devant le magistrat, devaient se donner pour garantir leur promesse de se représenter au jour indiqué ou bien celle de se présenter devant le juge, genre de promesse appelée *vadimonium*.

Les plus vieux commentaires du droit attique ont déjà dit que

dato ; si nolet, arceram ne sternito » (Aulu Gell., *Noct. attic.*, 20, 1 ; Varro, dans Non. Marcell., *De propr. serm.*, cap. 1, § 270 ; Varro, *De ling. latin.*, 4, 31.

(1) « Assiduo vindex assiduus esto ; proletario quoi quis volet vindex esto », (Aulu Gell., *Noct. attic.*, 16, 10 ; Varro, dans Non. Marcell, *De propr. serm.*, cap. 1, § antepenult.

(2) « Rem ubi pagunt, orato » (*Auctor Rhetor Ad Herenn*, 2, 13 ; Priscianus, *Ars grammatica*, 10, 5, 32.

(3) « Ni pagunt, in comitio aut in foro ante meridiem causam conjicito, quom perorant ambo præsentes » (Aulu Gell., *Noct. attic.*, 17, 2 ; Quintilianus, 1, 6 ; Plinius, *Hist. nat.*, 7, 60.

(4) « Post meridiem, præsenti stlitem addicito » (Aulu Gell., *Noct. attic.*, 17, 2.

(5) « Sol occasus suprema tempestas esto » (Aulu Gell., *Ibid.* — Festus au mot *supremus* ; Varro, *De ling. latin.*, 5, 2 et 6, 3 ; Macrobius, *Saturn.*, 1, 3 ; Censorinus, *De die nat.*, cap. fin.

(6) Aulu Gell., *Noct. attic.*, 16, cap. 10 ; Confer. Gaius, *Instit. comm.* 4, § 184 et suiv., sur le *vadimonium* ; Varro, *De ling. lat.*, 5, 7 et Acron, *Horat. satyr*, 1, 1, vers. 11.

les nos 1 et 2 sur la sommation de l'appel en jugement, les nos 5 et 6 sur les transactions et le n° 8 sur le coucher du soleil devant être le terme suprême de tout acte de procédure, étaient littéralement traduits des lois soloniennes, à très peu de différences près.

Il est vrai que plusieurs de ces prescriptions paraissent avoir été déjà communes avec le droit égyptien. Par exemple, les transactions ante-judiciaires ou judiciaires en conciliation, faisant loi entre les parties, étaient en usage et semblablement réglées dans la vallée du Nil dès le temps des Ramessides — un célèbre procès vient en faire foi — et nous avons de nombreux documents y relatifs sous l'empire des codes de Bocchoris et d'Amasis, soit en démotique, soit en grec.

En ce qui touche la convocation en justice et le terme du coucher du soleil pour les procédures, les analogies avec le droit égyptien ne nous paraissent pas moins certaines. C'est bien en un jour que les procès devaient être décidés, puisque Diodore de Sicile, toujours d'accord avec les documents originaux, nous avait appris que les 30 magistrats présidés par l'archidicaste devaient juger immédiatement au seul vu des 8 tomes de la loi, de la plainte écrite du demandeur, de la réponse écrite de l'autre partie, puis après celle-ci d'une réplique du demandeur et d'une duplique du défendeur également écrites. Tout cela ne demandait évidemment pas beaucoup de temps, comme nous le voyons d'ailleurs dans les procès hiéroglyphiques et hiératiques qui nous ont été conservés et font mention de ces deux livres entre lesquels les dieux ou les juges avaient à choisir et entre lesquels effectivement ils choisissaient immédiatement.

Avant Solon, à Athènes par exemple, sous le code de Dracon qui précéda de 47 ans celui de Solon et pourrait bien s'être inspiré aussi de celui de Bocchoris, les magistrats (archontes, aréopage, etc.) décidaient les procès.

Solon rendit une loi permettant d'en appeler aux juges populaires (δικασται) des sentences rendues par les magistrats (αι αρχαι), et bientôt ceux-ci n'eurent plus que l'ανακρισις ou la mise en action des procédures judiciaires, dont la décision appartint aux héliastes.

Pour cette ανακρισις, les archontes durent, il est vrai, comme autrefois, s'inspirer de règles complètement semblables à celles qui existaient en Egypte.

Selon Isée, avant de permettre un procès relatif à une hérédité ils devaient s'informer de la race et de la généalogie de celui qui se présentait par exemple τις μητηρ κακτου θυγαθηρ ; et la loi portait expressément qu'il appartenait aux archontes d'interroger les parties et à celles-ci de répondre.

C'est exactement la loi égyptienne que cite, comme telle, le papyrus grec 1er de Turin. « Dinon ajouta, est-il dit, que si le procès était devant les laocrites, selon les lois du pays, il fallait que le demandeur démontrât d'abord qu'il était le fils de Ptolémée, de la mère dont il parlait et que ses ancêtres descendaient de la race signalée par lui. S'ils ne démontraient pas ces choses, les juges ne pouvaient l'entendre discuter sur rien ».

Cette loi faisait, du reste, intimement corps avec celle que Diodore nous dit expressément avoir été importée à Athènes par Solon :

« Il était, dit-il, prescrit à tous les Egyptiens de donner leur état civil aux magistrats απογραφεσθαι προς τους αρχοντας, (ici Diodore se sert, on le voit, du terme d'archonte, qu'emploie aussi la loi attique citée plus haut), et d'indiquer, en même temps, de quels revenus et par quel genre de vie ils se procuraient la nourriture. Celui qui mentait était puni de mort ; on raconte que Solon rapporta cette loi de son voyage d'Egypte à Athènes ».

Nous avons dit qu'elle nous paraissait en effet rentrer très bien dans l'esprit de la législation de Bocchoris ; si nous la citons encore, c'est qu'elle nous montre bien l'origine de notre loi attique relative aux actions, loi qui, après tout, se retrouvait peut-être aussi dans quelques articles encore inconnus de la première table romaine.

A Rome et à Athènes, les juges populaires devaient, du reste, bientôt succéder aux magistrats. Les centumvirs romains sont absolument comparables aux héliastes. Mais, du temps de la loi des XII tables, comme dans le droit anti-solonien, comme aussi dans le droit égyptien, les magistrats décidaient alors le plus souvent.

L'article 7 de la première table que nous n'avons pas encore étudié nous donne de ce fait la preuve incontestable.

Dans le n° 6 on disait que s'il n'y avait pas de transactions la cause devait être portée devant le magistrat avant midi au *forum* ou au *comitium*. Dans le n° 7 on ajoutait : *Post meridiem præsenti silitem addicito*. Après midi que le magistrat fasse addiction du procès à la partie présente, ce qui signifie qu'il lui attribue la chose ou le droit en litige.

En droit romain de l'époque postérieure, ainsi que le remarque Labbé : « la *causæ conjectio* ou exposé sommaire de la cause et la décision par défaut contre le plaideur absent appartiennent à la procédure devant le juge et cependant le mot *addicito* ne peut s'appliquer qu'au magistrat. Nous adoptons ce dernier sens, conclut-il, en expliquant la difficulté par la différence d'époque ».

Et cependant déjà alors on trouve mentionnée par la deuxième table le juge et *l'arbiter* non magistrats, qui ont exactement le rôle que leur a attribué la loi athénienne depuis Solon.

Ce rôle était, du reste, une conséquence naturelle de la constitution républicaine, succédant à l'ancienne constitution monarchique. Aux magistrats ou aux archontes, remplaçant le roi, appartenaient *l'imperium*. Mais cet *imperium* avait désormais des limites de plus en plus étroites, et qu'avaient fixées le peuple. C'est, reconnaissons-le, la principale différence du droit égyptien et du droit attico-romain.

Il y en a cependant d'autres, spécialement pour les Romains, tant en ce qui concerne les cautions, imitées de celles qu'on trouve à Delphes, en Macédoine et en Chaldée et qui occupe dans le code des décemvirs une place considérable, tandis qu'elles sont absolument interdites en droit égyptien.

En cela, comme en tout ce qui concerne les obligations — les anciens s'accordent à le dire — Solon s'était inspiré du code égyptien de Bocchoris. De même qu'il avait interdit d'engager les personnes pour les dettes contractées par elles, de même il avait restreint autant que possible les cautions étrangères. Il les avait admises pour les créances, il est vrai, contrairement au droit égyptien, mais il les avait réduites à une année seulement (1).

Quant aux cautions des ventes — d'un usage général dans les autres parties de la Grèce, — c'est-à-dire aux *bebaiotes* et *propolètes* de Delphes, de Macédoine etc., ils furent supprimés à Athènes par Solon, qui substitua à cette βεβαιωσις extérieure en quelque sorte la βεβαιωσις ou garantie du vendeur, seule existante désormais en droit athénien. Saumaise a beaucoup insisté sur cette différence capitale dont j'ai eu moi-même à parler longuement ailleurs et qui confirme une fois de plus les dires des anciens sur l'origine égyptienne, d'une grande partie des lois de Solon.

De même, en ce qui concerne les cautions *sistendi* et les autres ga-

(1) Démosthènes, προς Απατουριον.

rauts employés dans les actions, nous n'en trouvons aucune trace dans les lois attiques qui nous sont parvenues.

Au contraire, elles jouent un très grand rôle, ainsi que les *sponsores* et les *fidejussores* des obligations, dans le droit des XII tables.

Il est certain que, pour ce chapitre, on s'est inspiré, non seulement de la législation grecque d'Athènes, mais encore d'autres législations grecques, comme nous l'avait dit expressément Tite-Live.

Ainsi s'explique tout naturellement l'origine du § 4 de la première table relative au vindex ou répondant des parties pour le fond et du § 9 concernant les *vades* et les *subvades*, c'est-à-dire les répondants spéciaux du *vadimonium*, ce qu'on appellera plus tard les cautions *sistendi*.

Ces répondants, nous les retrouvons, du reste, dans les droits grecs autres que le droit attique, par exemple en droit macédonien. J'en ai publié (1) et commenté certains exemples dans les papyrus grecs, ptolémaïques et romains.

J'ai prouvé en même temps, par de nombreux actes babyloniens, que ceci était un emprunt à la Chaldée.

Voici un acte de ce genre :

« Le 20 du mois de Tebit, Sumailu, fils de Nebo Ahiiddin, produira Nebonazir, fils de Musézib et dans la ville nommée Hussitav de Niboimié il le livrera à Sulai, fils de Sumaiukin. Si Sulai ne réclame pas, il le donnera à Kinziru; s'il ne le fait pas être là, tout ce qui est dû d'après la créance de Sulai sur Nebonazir Samailu le donnera.

« Ville du dieu Satrape, le 28 d'Arah samma de l'an XI de Nabuchodonosor, roi de Babylone ».

Ce texte cunéiforme est à tout fait analogue aux textes grecs suivants :

« Au très saint prêtre, grammate et epistate de la ville des Arsinoïtes, Aurélius, fils de Caïn, et Damien, fils d'Abraham, et Menas, fils de Neilos, et Apollon, fils d'Armaïs, du bourg de Philoxène, nome d'Arsinoé, salut. Nous confessons par garantie solidaire et volontairement devoir garantir et produire à votre sainteté Aurélius Amon, fils d'Asiagaon du même bourg, lequel nous garantissons être prêt à se réconcilier avec son épouse Marie et à l'entretenir comme il convient aux femmes libres de ces parages. Si nous ne

---

(1) Dans mes *Mélanges* et dans un article sur « deux contrats grecs du Louvre », publiés par la Société des études grecques.

laisons pas cela, nous serons obligés à l'amener et à le livrer à votre tribunal où nous l'avons reçu. Si nous ne le livrons pas aussitôt demande comme il a été dit, il nous faudra faire à elle pour lui satisfaction en toutes choses qui nous seront demandées pour elle, telles qu'il les ferait. Cette garantie est souveraine et solide ».

« A Flavius Marousitès, le très-illustre fils de feu son illustre père Menas (maire) de la ville d'Arsinoé, Pousi, réparateur de meules de la ville d'Arsinoé, salut : je reconnais garantir et répondre de livrer à votre illustre Altesse Aurélius Victor (qui arrivera en tel lieu au 1er epiphi de la présente 10e indiction). Je vous le livrerai comme je l'ai reçu et, si je ne fais pas ainsi, je vous livrerai telle somme d'argent pour la créance du... Cette garantie est ferme et authentique ».

D'après le § 7 de la première table déjà cité, la magistrat devait, à Rome même, donner en cas pareil raison à la partie présente qui avait comparu.

C'est ce que les juges babyloniens ou grecs avaient souvent soin de spécifier eux-mêmes. Nous citerons cette pièce remontant au premier temps de l'occupation des Lagides et dont j'ai le premier aussi compris le sens.

« Amasis au stratège Aphtonétos, salut. Nous te soumettons la copie de l'hypographe des chrématistes, jugeant les choses qui se présentent, au sujet de l'affaire de Zoile, hypographe attesté par les cachets apposés par Akimilos, fils d'Artémidoros, celui qui fait les jonctions (les liens qui scellent les décisions).

« Il a été décidé conformément à la requête présentée aux chrématistes, jugeant les affaires à eux apportées (requête par laquelle le demandeur offre) de se remettre à lui (à l'autre partie) pour le garantir dans les jours fixés par le *diagramma* au sujet des affaires en question et des obligations présentées à l'assemblée. S'il ne vient pas, il donnera à Apollonius l'estimation. Si lui se rendant (à Alexandrie) Apollonius ne reçoit pas l'estimation, il lui versera les frais de son voyage, et en ce qui concerne les questions relatives aux bœufs (le fond du procès), il sera réglé de la façon qui est portée dans la demande de Zoile, fils d'Héphestion, faite contre lui l'an 19, le 25 hyperbétus ».

Ce document est tout à fait analogue aux deux précédents : et le mot δουναι y répond aux mots αναδεδεχεσθαι και παραδουναι des deux textes en question, aux termes *ibakamma inamdin* du document babylonien, et *exibere et præstare* qu'on employait dans la *cautio sistendi* du droit romain.

Ajoutons d'ailleurs que, semblablement à ce qui se faisait en droit romain d'après les articles 5 et 6 de la première table conformes à la loi de Solon et à la loi égyptienne déjà citées, à Babylone même, comme dans les parties de la Grèce autres que l'Attique, les transactions suffisaient à faire, sous ce rapport, loi entre les parties.

On dit, par exemple, dans une de ces transactions accompagnant une promesse *sistendi* (à laquelle pouvaient s'adjoindre des cautions par un acte séparé) :

« Le 5 du mois de Kiselew, Sargina produira ses témoins de la ville de Pikoudou et par rapport à Iddina il établira que Iddina ilu a parlé aussi à Sargina. Tu ne disputeras pas avec moi sur la question de ton esclave qui fut tué. Moi je te paierai la vie, ton esclave s'il établit cela Iddina ilu paiera à Sargina une mine d'argent, prix de son esclave. S'il ne l'établit pas (il perdra son procès).

Dans une autre, sans jour fixé, on lit :

« Le jour où Nebogamil produira ses témoins et par rapport à Aiahha, fils de Sania établira la preuve que Nabonid a donné deux mines et demie d'argent à Aiahha et à Baruch on fera un acte d'établissement de compte avec Nabonid pour tout ce qui touche la part, etc.

« Si les témoins n'établissent pas cela, tout ce que Nabonid a eu de l'un d'eux il le rendra à Aiahha. »

De tels actes de transaction sont fréquents en droit égyptien où ordinairement ils prennent la forme de serment, de *sanch*, analogue à la *sponsio* romaine.

Souvent aussi, les juges ont donné la formule du serment à prêter, qui devient ainsi une transaction pleinement judiciaire. C'est par milliers qu'il faudrait citer les exemples.

Je crois que ce que nous avons dit suffit pour le commentaire de la première table, *de in jus vocando*, et j'en viens à la seconde, *de judiciis*.

Nous n'avons pas le texte de ce qu'on est convenu d'appeler le premier paragraphe de cette table. Nous savons seulement par Gaïus (*Institut. comm.*, 4, § 14) qu'il était relatif à l'*actio sacramenti* et qu'il fixait les tarifs de ce pari judiciaire selon les diverses espèces de procès.

Ce tarif, nous l'avons dit, est analogue à celui que nous voyons appliquer, en Égypte, pour l'*actio sacramenti*, d'origine pleinement égyptienne dans ses deux éléments, nous l'avons démontré également (p. 105 et 107).

Ajoutons seulement ici que le *sacramentum*, considéré comme dépôt d'argent fait par les deux parties (mais, notons-le, sans serment) est également prévu par la loi de Solon, sous le nom de πρυτανεια, à propos des procès relatifs aux transports des oliviers. Le tarif légal est encore très comparable. Mais le code des décemvirs s'est mieux conformé au prototype égyptien.

Le deuxième paragraphe concerne les délais accordés en cas de maladies, de rendez-vous avec un pérégrin ou d'autres nécessités graves, soit pour le juge, soit pour l'arbitre, soit pour une des parties (1).

Nous voyons ici la distinction entre les *judices*, δικασται ou κρινοντες que nous rencontrons également dans les lois athéniennes qui opposent semblablement leur rôle à celui des magistrats, αρχονται ou αι αρχαι.

Cette triple distinction était venue, nous l'avons dit déjà, de la constitution républicaine, qui, à Athènes et à Rome, avait succédé à l'ancienne constitution monarchique.

Dans les Etats monarchiques de l'antiquité, les magistrats jugeaient directement, au lieu de confier les affaires aux juges.

C'est Solon qui, le premier, voulut, selon les Anciens, un tempérament entre la démocratie, l'aristocratie et l'oligarchie (2) en permettant l'appel des magistrats aux juges (3), et amena bientôt la substitution complète aux derniers des premiers, en tout ce qui touche les décisions judiciaires directes.

En même temps, il rendit une loi en vertu de laquelle il supprimait toute *atimie* pour les condamnés, excepté pour ceux que l'aréopage, les Ephètes ou le Prytanée, sur le rapport du roi, avaient condamnés, soit pour meurtre, soit pour brigandage, soit pour usurpation de la tyrannie.

Depuis ce temps, les juges, δικασται (c'est-à-dire surtout le grand jury des héliastes) en vinrent à décider, à Athènes, à peu près de tout, tandis que, dans les Etats monarchiques, chez les Macédoniens, etc., les magistrats, archontes ou *præsides*, gardaient leur ancienne juridiction en vertu de leur *imperium*. Seuls, en dehors

____

(1) Morbus souticus... status dies cum hoste... quid horum fuit unum, judici, arbitrove, reove, dies diffusus esto (AULU GELL., *Noct. Attic.*, 20, 1 ; CICÉRON *de offic.* 1, 12 ; FESTUS au mot *reus* ; *Dig.* 2, 11, *si quis caut. in jud.* 2, § 3 fr. Ulp.

(2) ARISTOTE, *polit.*, liv. II, chap. xx.

(3) περὶ ἐκείνων, ὅσα αἱ ἀρχαὶ κρίνουσι, εἰς τὸ δικαστήριον ἐφέσεις εἶναι τοῖς βουλομένοις, Conf. PLUTARQUE, *In Solone*, p. 88, A et 1103 de l'édition *princeps*. Voir aussi Suidas et Pollux.

d'eux (1), les *chrématistes*, c'est-à-dire les agents d'affaires du roi, eurent aussi à juger, de leur côté, certaines affaires, comme, sous l'empire romain, les *procuratores Cæsaris*.

Mais, d'une façon générale, (ce qu'avait oublié un savant académicien, quand je lui ai montré le papyrus d'Hypéride, non encore complètement déroulé) (2), toutes les fois qu'on trouve dans une plaidoirie ω ανδρες δικασται cela seul suffit pour montrer qu'il ne s'agit pas d'un procès ptolémaïque, mais d'un procès attique.

J'ai déjà eu l'occasion de dire que le tribunal des *centum viri*, réservé, il est vrai, aux affaires concernant la *gens*, la famille et l'hérédité familiale, remplaçait, dans le droit des décemvirs, le tribunal des héliastes, dont la juridiction était cependant, du temps des grands orateurs du moins, beaucoup plus large. Mais le texte du paragraphe 2 de la deuxième table que nous venons de citer prouve que le mot *judex* était employé déjà comme plus tard, même quand il ne s'agissait plus des *centum viri*. En effet, il est peu probable que l'absence d'un seul des cent juges ait fait remettre une affaire, comme le faisait certainement l'absence reconnue *légitime* de l'arbitre ou διαιτητης choisi par la partie, ou l'absence, reconnue légitime, d'une des parties même.

Dans la loi athénienne, à laquelle était probablement semblable, sous ce rapport, la loi des XII tables, les règles qui s'appliquaient aux jugements proprement dits s'appliquaient aussi aux arbitrages. Les arbitres, comme les juges, ne devaient pas laisser traîner une affaire au delà du coucher du soleil, et ils devaient, comme les juges également, donner raison — en cas d'absence — à la partie présente, si l'autre ne s'était pas légalement excusée. Les décemvirs ont, pour ces deux règles, traduit simplement la loi de Solon, imitée elle-même de celle de Bocchoris.

Puisque nous en sommes à parler des juges et des arbitres, il faut que nous ajoutions quelques mots sur les magistrats proprement dits.

Et d'abord, la distinction entre le préteur urbain et le préteur pérégrin des Romains, est servilement empruntée au droit attique.

A Athènes, il y avait, à partir de 683, c'est-à-dire antérieurement

(1) En Egypte, on garda aussi, après Alexandre, pour les natifs, les anciennes juridictions.

(2) J'avais offert à cet helléniste de lui abandonner la publication de mon papyrus. Mais, par cette raison, il voulut m'en laisser la charge : et je l'acceptai avec d'autant plus de plaisir que j'avais déjà vu, quant à moi, qu'il s'agissait du chef-d'œuvre d'Hypéride, si vanté des anciens.

même à Dracon et Solon, un certain nombre d'archontes ou de magistrats, dont chacun avait sa juridiction spéciale.

A l'archonte roi (βασιλευς) étaient dévolues toutes les attributions qui furent données par les décemvirs au roi des sacrifices (*rex sacrificiorum*). Il avait à connaître des affaires ayant un caractère religieux et des crimes considérés comme offense envers les dieux.

Mais ce n'était plus le premier archonte ou premier magistrat de la cité. Il n'occupa à Athènes que le second rang. Le premier était tenu par l'archonte éponyme, c'est-à-dire donnant, comme les consuls auxquels il fut plus tard assimilé, le nom à l'année.

Le consul avait d'abord, à Rome, toute l'autorité judiciaire en même temps qu'administrative (1)· Le préteur urbain ne fut primitivement, sous ce rapport, que son vicaire. Aussi est-ce à l'archonte éponyme qu'il appartient, à Athènes, de donner les actions analogues à celles que le préteur urbain donne plus tard, c'est-à-dire de diriger presque tout le droit civil des citoyens.

Au troisième archonte, ou polémarque, comparable au maître de la cavalerie des dictateurs romains et qui commandait dans les guerres, était attribuée la juridiction judiciaire sur les métèques, les étrangers, bref, tous ceux qui n'étaient pas citoyens. Cette juridiction, qui appartenait, à Rome, au préteur pérégrin, remplaçant, à ce point de vue, le maître de la cavalerie, (comme le préteur urbain remplaçait, en qualité de magistrat des citoyens, ce dictateur ou le consul).

Depuis leur institution, en 683, jusqu'à Solon, les trois premiers archontes avaient jugé directement les causes de leur juridiction. Dracon enleva à l'archonte βασιλευς les φοινικαι δικαι qu'il transporta aux Ephètes. Solon fit plus encore. En instituant les tribunaux des Héliastes et en permettant les appels des magistrats (αι αρχαι) aux juges, il devait bientôt réduire les archontes à n'être plus ordinairement que les instructeurs des procès et les directeurs des juris. Ce furent eux qui, comme les préteurs, donnèrent les actions ou les refusèrent.

Quant aux six derniers archontes d'Athènes (complétant le total

---

(1) Le dictateur auquel étaient attribués tous les privilèges primitifs des consuls restreints par certaines lois qui en avaient donné une partie à d'autres, reprenait l'*imperium* plein et entier, administratif, judiciaire et militaire. Les préteurs disparaissaient donc devant lui, ainsi que tous les autres magistrats. Le dictateur n'avait pour lieutenant que le maître de la cavalerie.

de neuf), ils formaient le collège (συνεδριον) des *thesmotètes* et agissaient en commun. Ils eurent pour mission de surveiller les lois, mission spéciale que les décemvirs romains jugèrent inutile.

Dois-je ajouter que la magistrature temporaire même des décemvirs a été imitée d'un droit grec. Dans toutes les cités dont elle s'emparait, Sparte avait l'habitude de donner l'administration à dix hommes, c'est-à-dire à des décemvirs. Il était naturel de voir les Romains, qui, par leurs instincts militaires, étaient la copie des Spartiates et généralement des Doriens, à la langue desquels les rattache aussi la linguistique, se conformer d'abord en ce point, comme en beaucoup d'autres, aux habitudes des Spartiates, avant même d'en venir à étudier le code ionien des Athéniens.

Remarquons-le, du reste, dans tout ce qu'ils empruntèrent à ces derniers, ils eurent soin de ne joindre rien de trop abstrait, rien de trop contraire à leur brutalité native ; et c'est justement là raison qui leur fit supprimer les *thesmotètes*, par trop analogues à ce tribunal des trente juges qui, en Egypte, gardait les lois.

Le troisième paragraphe de la deuxième table concerne la déclaration des témoins.

Celui qui les demande doit alors faire cette dénonciation à leur porte en leur fixant le troisième jour de marché, terme(1) que nous voyons fixer aussi par la table IV pour l'exécution du débiteur insolvable après son incarcération. Comme l'a remarqué Wesseling dans son commentaire des *lois attiques* (p. 447), cette loi a été empruntée textuellement par les décemvirs aux Athéniens. Il en donne, d'après Démosthènes, Pollux, etc., des preuves incontestables.

Ajoutons que la sommation publique faite au témoin de comparaitre est en parallélisme avec la sommation faite à la partie adverse, qui, il l'a remarqué précédemment (p. 403), est, dans la première table, presque littéralement traduite aussi de la loi attique.

Quant à l'indication des trois jours de marché, elle se réfère à un usage local. On sait, du reste, que, chez les Grecs, l'*agora*, le marché, était en même temps le lieu des réunions populaires, comme chez les latins le *forum*. On convoquait le peuple sur l'*agora* ou le *forum* pour donner aux décisions prises par les gouvernants, plus de publicité. Ce n'est qu'à une époque relativement récente que, pour les actes publics, à Athènes et à Rome, par exemple, le peuple,

---

(1). « Cui testimonium defuerit, is tertiis diebus ob portum obvagulatum ito. FESTUS aux mots *portus et ragulatio.* »

jusque-là témoin, voulut être acteur; mais, pour les actes d'un caractère privé, il resta témoin.

Le quatrième paragraphe de la deuxième table permettait de transiger même sur le vol (1).

Ceci constitue une différence bien marquée entre le droit romain et le droit attique. On en comprend le motif quand on se rappelle ce dire de Gaïus au sujet des quirites, ou hommes de la lance, ne considérant comme bien à eux que ce qu'ils avaient pris les armes à la main. Le principe même de l'occupation, qui était chez eux si en honneur et qui permettait de s'emparer d'une hérédité en un an, se rapproche singulièrement du vol.

Mais y a-t-il là une simple affaire de tempérament éthnographique, si je puis m'exprimer ainsi? N'a-t-on pas, au contraire, songé aux précédents d'une législation antérieure? Cette seconde hypothèse (qui peut d'ailleurs se combiner avec la première) me semble à peu près démontrée.

Nous avons pu constater combien largement le code des décemvirs s'était inspiré de celui d'Amasis. Or, nous le savons, Amasis, ancien chef de voleurs, d'après les récits d'Hérodote, s'était montré très doux pour ses ex-confrères. S'il faut en croire Diodore, la législation égyptienne, remaniée par lui, avait même organisé la corporation des voleurs sur le modèle des autres corporations ou castes ouvrières. Les noms de tous les membres de cette société devaient être inscrits chez leur chef, qui recevait aussi le produit du vol. Tout cela était réglé par la loi (νομος), que Diodore trouve, à juste titre, singulière; et cette loi sanctionnait le principe des transactions sur le vol, tout comme la loi romaine de la table II; car il ajoute que le volé n'avait, pour rentrer en possession de l'objet, qu'à s'adresser au chef des voleurs et à lui payer le quart de la valeur. L'historien conclut en disant que, comme il est impossible que tous s'abstiennent de voler, le législateur avait trouvé le moyen de faire conserver la chose moyennant un léger prix de rachat.

Certes, un tel principe était diamétralement contraire à la vieille morale égyptienne, si pure, si relevée, et même à l'ancienne jurisprudence des Ramessides, qui punissait si sévèrement le voleur, d'après les papyrus judiciaires qui nous ont été conservés. Mais Amasis se plaisait à contredire de la sorte les vieux préjugés. « Un arc ne pouvait être toujours bandé, » disait-il, et, sous ce prétexte, il se

____

(1) *Dig.*, 2, 14, *De pactis*, 7, § 14, fr. Ulp.

croyait tout permis : même la débauche et l'ivrognerie la plus crapuleuse. Les documents égyptiens, déjà expliqués par moi ailleurs, sont en cela pleinement d'accord avec les récits d'Hérodote. Rien d'étonnant dès lors, de le voir endiguer le vol en le réglementant, comme il endiguait et réglementait les pires excès, en donnant un temps aux affaires, un temps aux plaisirs les moins exempts de retenue.

Chose curieuse ! les traditions de corporations de voleurs égyptiens semblent avoir été bien longtemps conservées par ceux qu'on appelait, au Moyen Age, chez nous, et qu'on nomme jusqu'à nos jours, en Angleterre, « les Egyptiens » et qu'on appelle souvent aussi « les Bohémiens », sans en savoir bien précisément l'origine.

En ayant déjà parlé longuement, je n'ai pas beaucoup à insister sur la troisième table, qu'on intitule tantôt : *de rebus creditis* ; tantôt : *de œre confesso rebusque jure judicatis.*

Commençons par dire que le taux de l'intérêt, dont on fait généralement le paragraphe 18 de la table VIII *de, delictis*, me semble avoir dû figurer en même temps en tête de la table III. Cette table, en effet, devait nécessairement porter quelles étaient, à cette époque, les conditions générales des créances à Rome.

Je suis persuadé, en effet, pour ma part, que toute cette table était imitée du code des contrats de Bocchoris, tel qu'il existait après les remaniements et les retouches opérés par Amasis. Or, un des points fondamentaux de ce code, c'était la limitation du taux de l'intérêt, ou, si l'on préfère, l'intérêt légal.

Nous avons déjà eu l'occasion de dire, dans le précédent chapitre, que l'intérêt légal établi par Bocchoris était une imitation de ce qui existait en Chaldée depuis les plus anciennes époques. Nous devons ajouter que ce n'était pas une imitation servile et que Bocchoris avait tenu compte des différences de productions du sol et des étalons monétaires.

Partout, en effet, dans l'antiquité, le taux légal s'est trouvé en proportions voulues avec les monnaies en usage.

En Chaldée l'unité se composait de 60 sekels-didrachmes. L'intérêt était d'un sekel par année et par mois (ou un 60° du capital) ou 20 0/0 par an.

En Egypte les principales unités monétaires étaient l'outen et son dixième, le kati-didrachme, et l'année se divisait en 4 tétraménies. L'intérêt fut pour l'argent d'un kati par tétraménie ou 30 0/0 par an. Pour les céréales, les mesures, se divisaient par tiers et sixièmes, et la récolte étant annuelle, l'intérêt se calculait par an. Cela faisait par an le tiers du capital, ou 33 1/3 0/0.

A Rome les unités monétaires étaient l'as ou livre et l'once (12e de l'as). L'intérêt des XII tables fut donc d'un douzième du capital (*unciarium fœnus*). Mais la base du calcul nous manque en ce qui concerne le temps (ce qui a amené de longues discussions). Plus tard, à la suite d'une émeute populaire, le taux fut de 12 0/0. Mais alors l'étalon d'argent avait remplacé l'étalon de cuivre et l'intérêt légal, appelé alors *centesima*, représentait ce qu'à Athènes on nommait l'intérêt de *la drachme* (par miné de 100 drachmes et par mois).

Il paraît probable que le taux légal (1) avait été baissé lors de cette émeute, par rapport à la loi des XII tables. Or si l'on admettait que l'*unciarum fœnus* était d'une once par mois (8 et 1/3 par an) il aurait augmenté à l'époque secondaire. D'ailleurs, l'appellation *unciarum fœnus*, avec le pluriel de *uncia*, suppose un intérêt de plus *d'une once par an* et qui n'est point comparable à la *drachme* (au singulier) marquant à Athènes l'intérêt *par mois* (ou du moins celui des intérêts (2) qui a été transporté plus tard à Rome sous le nom de *centecima* (3). Le *pluriel* pour *une* année ne permet pas pareille hypothèse. Évidemment le laps visé pour le paiement d'*une uncia* est une fraction de cette année. J'ai donc tendance à croire que les décemvirs avaient pensé à la saison trimestrielle (ωρα) qui remplaçait, dans le monde greco-latin, la tétraménie ou saison égyptienne. Sans doute ces législateurs avaient copié servilement l'intérêt fixé par Bocchoris et Amasis, en appliquant seulement à leurs monnaies (dont la division était par tiers, sixièmes et douzièmes) ce que les Egyptiens appliquaient à leurs mesures de céréales ayant semblable division ; c'est-à-dire 33 1/3, ou plus simplement un tiers, par an, ce qui faisait un once (12e d'as) par trimestre ou saison, d'après l'année de douze mois établie par Numa.

(1) La peine fixée par la loi des XII tables pour l'usurier qui dépassait le taux légal était du quadruple. Nous aurons l'occasion de le voir à propos des peines.

(2) Ainsi qu'Isocrate nous le dit dans son discours égénétique, Solon avait édicté, sans limite, la liberté absolue des contrats. Il n'y avait donc pas de taux légal à Athènes, pas plus qu'à Ninive. Mais, à Ninive, cette liberté fut au bénéfice des prêteurs, à Athènes des emprunteurs.

(3) La loi de Solon portait expressément τὸ ἀργύριον στάσιμον εἶναι ἐφ' ὁπόσον ἂν βούληται ὁ δανείζων. Les orateurs nous montrent, en effet, des taux d'intérêts très variés. Mais, entre tous ces taux, Petit l'a fort bien noté, le plus fréquent était la drachme par mois et par mine, c'est-à-dire la *centesima* romaine.

Postérieurement au temps de l'étalon d'argent on aura trouvé plus simple d'admettre le calcul par mois usité pour les créances à Athènes, comme autrefois à Babylone, et c'est alors qu'une diminution notable du taux légal fut opérée, en tenant compte d'ailleurs des nouvelles unités en usage.

Après la question de l'intérêt, venait celle des délais de paiement : et pour cela encore la IIIe table copiait le code égyptien, en accordant trente jours au débiteur.

Ici commence le 1er fragment connu (1) :

1° « Pour le paiement d'une dette d'argent avouée ou d'une condamnation juridique, que le débiteur ait un délai légal de trente jours. »

A ce que nous avons dit précédemment à ce sujet nous n'avons qu'à ajouter un mot, c'est que, d'après tous les anciens, les grecs eux-mêmes avaient pris aux Egyptiens leur idée du mois de trente jours divisé en trois décades (2). Le débiteur a ici trente jours pour s'acquitter ; et plus loin, il est dit qu'il doit rester en prison avant son exécution finale jusqu'au soixantième jour. On pourrait comprendre ce soixantième jour pour le temps même de l'emprisonnement, si le texte n'ajoutait qu'il devait concorder à peu près avec le délai de trois jours de marché, ce qui fait vingt-sept jours. Je crois donc qu'il s'agit simplement d'un nouveau laps de trente jours. Or, dans les contrats archaïques égyptiens, dans ceux de Darius, d'Artaxercès, etc., par exemple, les mesures de rigueur ne commencent pour le débiteur qu'après deux mois.

Tout ceci donc est encore, dans la loi romaine, un emprunt textuel au droit égyptien.

Le paragraphe 2, après avoir fait mention du premier délai de trente jours, porte :

« Passé lequel, qu'il y ait contre lui *manus injectio* (mainmise ; sorte d'action de la loi pour l'exécution forcée) ; qu'il soit amené devant le magistrat (3). »

La *manus injectio,* comme la *manuum consertio,* (sorte de combat

____

(1) « Æris confessi rebusque jure judicatis triginta dies justi sunto » (Aulu Gell., *Noct. attic.,* 20, 1, 15, 13 ; Gaïus, *Inst. comm.,* 3, § 78 ; Dig., 42, 1, *De re judicata,* 7, *fr. Gai.*

(2) Voir le *Dictionnaire des antiquités* de Saglio, à l'article « calendrier ».

(3) « Post deinde manus injectio esto, in jus ducito » (Aulu Gell., *Noct. attic.,* 20, 1 ; Gai., *Inst. comm.,* 4, § 21 sur la *manus injectio.*

judiciaire fictif que la table VI prévoit pour les constestations relatives à la propriété ou à la possession d'une chose) se réfèrent à des usages brutaux, totalement étrangers à la civilisation égyptienne primitive et à la civilisation athénienne ou généralement ionienne. S'ils sont de provenance grecque originaire, c'est certainement aux Doriens et plus spécialement aux Spartiates qu'il faut songer. Les Spartiates et les Romains représentaient en effet une soldatesque; Gaïus l'a fort bien dit, à propos de ces Quirites dont la lance était le symbole.

C'est la violence qui décide de tout ; et, si cette violence s'adresse à un être trop faible pour résister par lui-même, il peut appeler à son aide un *vindex*, un vengeur ; car c'est de ce nom que le paragraphe suivant appelle les cautions judiciaires, institution qui, de même que toutes les cautions en général, ne se trouve jamais en Egypte, nous l'avons déjà dit, et qui, à Athènes, a été réduite aussi au minimum, tandis qu'elle est d'un emploi beaucoup plus large dans les autres parties de la Grèce.

§ 3. « (1) Alors, à moins qu'il ne paye ou que quelqu'un ne se présente pour lui comme *vindex* (sorte de caution prenant sa cause), que le créancier l'emmène chez lui ; qu'il l'enchaîne, ou par des courroies ou par des fers aux pieds pesant au plus 15 livres, ou moins si on le veut ».

§ 4. « (2) Qu'il soit libre de vivre à ses propres dépens ; si non, que le créancier qui le tient enchaîné lui fournisse chaque jour une livre de farine, ou plus s'il le veut bien ».

Tout ceci est une conséquence naturelle de la *manus injectio*. Le créancier a mis sur son débiteur la main au collet. Il en a fait la saisie au nom de la créance préexistante. Il ne lui reste plus qu'à l'enfermer chez lui, qu'à le lier de chaînes, comme le faisait le décemvir Appius Claudius, qui appelait ses prisons particulières le domicile du peuple romain ; et qu'à le tenir ainsi enchaîné pendant les délais légaux, avec la seule obligation de lui donner par jour une livre de farine, s'il n'a pas d'autres moyens d'existence.

(1) « Ni judicatum facit, aut quips endo em jure vindicit, secum ducito ; vincito, aut nervo, aut compedibus, quindecim pondo ne majore, aut si volet minore vincito » (*ibid.*).

(2) « Si volet suo vivito ; ni suo vivit, qui em victum habebit, libras farris endo dies dato ; si volet, plus dato » (AULU GELL., *Noct. attic.*, 10, 1 Voir aussi DIG., 50, 16, *De verborum sign.*, 234, § 2, fr.; *Gai.* (livre II de son Comm. des XII tables).

Un quatrième paragraphe (1) permettait au débiteur de transiger alors et, pour payer sa dette, de se mettre, par exemple, lui et les siens, dans la servitude de son créancier en qualité de *nexus*, ce qu'avait interdit la loi de Bocchoris, imitée par Solon, comme l'ont fort bien dit Diodore de Sicile (2) et Plutarque (3).

Pour toutes ces questions, Solon s'était en effet inspiré de Bocchoris, et n'avait même permis qu'à la grande rigueur les cautions de paiement, en les limitant à une année de garantie

τὰς ἐγγύας ἐπετείους εἶναι (4).

Il interdit donc absolument de donner les corps en garantie des dettes : ἐπὶ τοῖς σώμασι μηδένα δανείζειν.

Amasis, au contraire, quand il réforma le code des contrats de Bocchoris, autorisa expressément la *manus injectio*, tout à fait contraire aux vieilles mœurs, si douces, des Egyptiens, et la constitution des *nexi* qui en était une suite logique. Si un acte libre du débiteur ne lui faisait pas consentir à une telle garantie, Amasis et ses imitateurs, les décemvirs, avaient admis un nouveau délai parallèle au mois de répit accordé pour le paiement avant la *manus injectio* et qui, nous l'avons expliqué plus haut, portait à soixante jours le laps de temps précédant la liquidation finale (5). Le paragraphe 5 de la quatrième table portait, en effet, dans les phrases relatives à la transaction possible pendant la captivité du débiteur, qu'au bout de soixante jours et après la production du coupable durant trois jours de marché consécutifs, au *comitium*, devant le magistrat, celui-ci devait proclamer sa condamnation, en indiquant pour quelle somme elle était prononcée. Le paragraphe 6 indiquait ensuite les résultats de cette condamnation. Le créancier avait le droit, soit de mettre à mort le débiteur, soit de le vendre comme esclave perpétuel au-delà du Tibre, c'est-à-dire en pays étranger — ce qui lui ôtait la possibilité d'être revendiqué en liberté lors du cens quinquennal

(1) « Erat autem jus interea paciscendi : ac nisi pacta forent, habebantur in vinculis dies sexaginta; inter eos dies trinis nundinis continuis, ad prætorem in comitium producebantur, quantæque pecuniæ judicati esset prædicabatur » (AULU GELL., *Noct. attic.*, 20, 1.

(2) I. LXXVII, 5.

(3) In Solone.

(4) Démosthène contre Apaturios.

(5) En droit athénien, cette liquidation finale ne devait porter que sur les biens du débiteur condamné : εἴ τις ἐκπροσθεμήσειε καὶ καταβάλοι τὰς δίκας, ἐξεῖναι ἅπτεσθαι αὐτοῦ τῶν κτημάτων.

(comme la chose aurait été légale s'il avait accepté la condition du *nexus*).

S'il y avait plusieurs créanciers la loi disait (1) :

« Après le troisième jour de marché, qu'ils se le partagent par morceaux. S'ils en coupent des parts plus ou moins grandes, qu'il n'y ait pas de mal. »

On ne saurait aller plus loin dans la cruauté froide : et je pense que cela, du moins, ne se trouvait pas dans le code d'Amasis.

La IVᵉ table *de jure patrio* n'était guère plus douce d'ailleurs.

Comme la loi de Lycurgue, elle ordonnait, dans le premier paragraphe, la mort de tout enfant difforme et monstrueux (2).

Comme la loi d'Amasis, elle donnait, dans le paragraphe 2, pleine

(1) Aulu Gelle (20, 1) s'exprime ainsi : « Tertiis autem nundinis capite pœnas dabant, aut trans Tiberius peregre venum ibant. Sed eam capitis pœnam sanciendæ, sicut dixi, fidei gratia, horrificam atrocitatis ostentu, novisque terroribus metuendam reddiderunt. Nam si plures forent, quibus reus esset judicatus, secare, si vellent, atque partiri corpus addicti sibi hominis permiserunt. Et quidem verba ipsius legis dicam, ne existimes invidiam me istam forte formidare : *tertiis nundinis partis secanto ; si plus minusve secuerint, ne fraude esto*. Nihil profecto immitius, nihil immanius : nisi ut reipsa apparet, eo consilio tanta immanitas pœnæ denuntiata est, ne ad eam unquam perveniretur. Addici namque nunc et vinciri multos videmus ; quia, vinculorum pœnam, deterrimi homines contemnunt. Dissectum esse antequitus neminem equidem neque legi, neque audivi : quoniam sœvitia ista pœnæ contemni non quita est » —QUINTILLIANUS (*Inst. orat.*, 3, 6) : « Sunt enim quædam non laudabilia natura, sed jure concessa : ut in XII tabulis debitoris corpus inter creditores dividi licuit ; quam legem mos publicus repudiavit. — TERTULLIANUS (*Apolog.*, cap. 4) : Sed et judicatos in partes secari a creditoribus leges erant : consensu tamen publico crudelitas postea erasa est : et in pudoris notam capitis conversa est, bonorum adhibita proscriptione, suffundere maluit hominis sanguinem quam effundere. »

(2) CICÉRON, *De legibus*, 3, 8. — Amasis n'avait pu admettre cette loi, qui, du reste, aurait condamné à mort son prédécesseur, le législateur Bocchoris. Elle était trop contraire aux vieilles règles légales égyptiennes, enregistrées encore par Diodore de Sicile, qui ordonnent aux parents de nourrir tous leurs enfants et forçaient les infanticides de tenir embrassées pendant trois jours leurs malheureuses petites victimes. Si Amasis, ce qui est douteux, a donné au père le droit de tuer son fils, ce doit être comme juge familial, à cause de faits connus de lui et qui ont motivé son arrêt. Je ne crois même pas qu'Amasis lui-même ait admis la règle romaine relative aux *sanguinolenti*, qu'on pouvait ne pas ramasser. Les lois d'intérêt public interdisaient cela en Egypte, et, d'ailleurs, 20 drachmes suffisaient, Diodore nous l'a dit, pour élever un petit Egyptien jusqu'à l'âge de la puberté.

puissance au père sur ses enfants, puissance qui, à Rome, comprenait le droit de les jeter en prison, de les flageller, de les retenir enchaînés aux travaux rustiques, de les vendre ou de les tuer, même lorsqu'ils géraient les hautes charges de la république (1).

Au droit de vente, accordé certainement au père par Amasis et les décemvirs, se rattachaient les règles dont nous avons parlé précédemment comme communes entre les deux législations, règles dont on a fait, en les tronquant, le paragraphe 3. Le seul fragment de ce paragraphe qui nous ait été conservé porte : *si pater filium ter venum duit, filius a patre liber esto* (2). Mais il y avait aussi à enregistrer, à côté de l'émancipation par trois ventes successives, d'une part, tout ce qui concernait l'adoption par mancipation, et, d'une autre part, tout ce qui concernait les effet du cens quinquennal, rendant à l'ingénu, devenu *nexus*, sa situation primitive. Pour tout cela et généralement pour tout ce qui concerne la puissance paternelle, nous n'avons qu'à renvoyer à ce que nous avons dit précédemment.

La cinquième table, *de hereditatibus et tutelis*, mettait dans le § premier l'épouse dans une condition légale semblable à celle du fils par rapport au *pater familias*. En cela encore, les décemvirs n'avaient fait que copier Amasis, qui, en instituant le mariage par *coemptio*, avait voulu réduire la femme à l'état d'esclave, tout autant que le fils mancipé. Pour cela encore, nous renvoyons à ce que nous avons dit déjà, en notant seulement qu'à la tutelle perpétuelle des femmes les auteurs de la loi des XII tables avaient admis une exception : les vestales, exemptes de cette tutelle et de la puissance paternelle (3).

Le paragraphe 2 actuel est une conséquence du paragraphe premier. Du moment que les femmes sont en tutelle perpétuelle, il faut les protéger. On prohibe donc l'usucapion des choses mancipées appartenant aux femmes placées sous la tutelle de leurs agnats, à moins que ces choses n'aient été livrées par les femmes elles-mêmes, avec l'autorisation de leurs tuteurs (4).

La tutelle des femmes par ses agnats est, comme l'a dit Gaïus,

______

(1) Denys d'Halicarnasse, *Arch.*, 2, 26 et 27.

(2) Ulpien, *Regul.*, tit. X, § 1; Gaïus, *Inst. comm.*, 1, § 132 et 4, § 79, Denys d'Halic., *loco citato*.

(3) Gaïus, *Inst. comm.*, 1, §§ 144, 145, 155, 157.

(4) Gaïus, *Inst. comm.*, 2, § 47. Conf. Cicéron, *Epist ad Attic.*, 1 et 5, et *pro Flacco* 34.

une institution du *jus gentium*. Dans le droit macédonien elle était de règle, ainsi que le prouvent encore les papyri grecs d'époque ptolémaïque. C'est là alors une des principales différences du droit macédonien d'Egypte et du droit égyptien proprement dit. La Macédonienne non mariée est obligée de faire intervenir son frère, etc., dans les actes consentis par elle. Dans le code athénien de Solon les droits des agnats sont encore bien plus étendus et la condition de la femme bien plus misérable. Solon avait été choqué, paraît-il, pendant ses voyages en Egypte, de la liberté très grande que conservait la femme égyptienne non mariée et de l'égalité de droits et de situation qu'elle avait avec son mari jusque sous le code de Bocchoris. Il avait voulu réagir : et sa réaction s'était portée aux derniers excès dans sa conception de l'*épiclère*.

La femme athénienne ne devait jamais avoir, pour lui, l'ombre d'une volonté personnelle (1). Elle ne pouvait pas même intervenir dans le choix d'un époux. Non seulement il appartient à son père, à son frère de père, ou à son aïeul paternel de la marier en la dotant, mais elle est, à défaut de ceux-ci, livrée par jugement, avec son héritage, et, pour ainsi dire par dessus le marché, à un κύριος, qui prend le tout en l'épousant. En droit, son frère de père ou son plus proche agnat doit être uni à elle par mariage, et ce n'est que par son libre choix qu'il la cède à d'autres.

A sa mort, l'héritier suivant en est investi. S'il y a des procès sur l'hérédité, c'est le gagnant qui prend la femme et l'arrache à son mari actuel. Le jugement décide souverainement : et l'amour conjugal ne doit pas plus entrer en ligne de compte que l'amour maternel d'une femme à laquelle on arrache ainsi ses enfants. La loi prévoit tout, même le cas où le mari légal ne pouvant remplir ses devoir conjugaux (dont Solon fixe le minimum à trois fois par mois) doit charger son plus proche parent de le remplacer de son vivant même, comme d'après le code hébreu, il aurait dû le remplacer après sa mort (1).

Pendant le mariage, la femme est, du reste, reléguée dans le gynécée et ne peut se montrer en public. Elle ne compte absolument pour rien ; et son mari exerce sur elle une puissance maritale aussi grande que l'avait été la puissance paternelle ou la puissance des agnats ou du κύριος remplaçant le père pour les jeunes vierges.

(1) Tous ces textes ont été receuillis dans les *leges atticæ* de PETIT et WESSELING, liv. VI, tit. I et *passim*.

Evidemment, c'est de ces nouveaux usages grecs, totalement différents de ceux que nous peint Homère pour les Ioniennes de son temps (nouveaux usages dont l'origine se rattache certainement à la brutalité des mœurs des conquérants Doriens) que semble s'être inspiré Amasis dans sa nouvelle réforme juridique.

La femme doit être, pour lui, l'esclave du mari, au lieu d'être son égale, co-propriétaire de ses biens.

Il en est de même à Rome, dans la loi des décemvirs, qui, pour tout ce qui concerne le mariage, la *manus* maritale et la puissance paternelle, paraissent s'être inspirés du code d'Amasis ; et pour tout ce qui concerne les agnats de la femme, du *jus gentium*.

En ce qui touche les agnats, la loi égyptienne n'avait, avec le droit de Solon (1), par exemple, qu'une seule ressemblance, c'était l'obligation imposée au frère ou du moins la coutume générale pour le frère, d'épouser sa sœur. En Egypte, cependant, on ne faisait pas la distinction relative à la sœur de père que semble avoir faite Solon. Beaucoup, comme Osiris par rapport à Isis, épousaient leurs sœurs de père et de mère et même leurs jumelles — nous en avons la preuve jusque dans des papyrus démotiques et grecs d'assez basse époque. Mais rien ne prouve la tutelle des frères, ou généralement des agnats, pour les femmes non mariées, même sous le code pur d'Amasis.

Les paragraphes suivants de la Ve table sont relatifs au testament et à l'hérédité légitime du citoyen romain :

§ 3. Ce qu'il aura ordonné testamentairement sur ses biens ou sur la tutelle des siens, que cela fasse loi (2).

§ 4. S'il meurt intestat et sans héritier sien, que le plus proche agnat prenne l'hérédité (3).

(1) Ἐξεῖναι γαμεῖν τὰς ἐκ πατέρων ἀδελφάς, portait la loi de Solon. Beaucoup d'auteurs nous prouvent que les Athéniens épousaient même leurs sœurs de mère.

(2) « Uti legassit super pecunia tutelave suæ rei, ita jus esto. » ULP., *Régul.*, 11, § 14 ; GAI., *Inst. comm.*, 2, § 224 ; JUSTINIEN, *Inst.*, 2, 22, *De lege Falcidia*, pr ; DIG., 50, 16, *De verb. signif.*, 120, fr. Pom. ; CICÉRON, *De inv. rhetor*, 11, 5 ; Auctor *Rhet., ad Herenn.*, 1, 13 ; JUSTINIEN, *Nov.*, 22, cap. 2.

(3) « Si intestato moritur, cui suus heres nec sit, adgnatus proximus familiam habeto » (CIC., *De inv.*, 2, 70 ; Auctor, *rhetor. ad Herenn.*, 1, 13 ; ULPIEN, *Regul*, 26, 1, § 1 ; PAUL, *Sent.*, liv. IV, tit. VIII, § 3, d'après la *Collat. leg. Rom. et Mos.*, 16, § 3 ; PAUL, *Ibid.*, § 2 ; « La loi des XII tables appelle les agnats sans distinction de sexes » ; GAI., *Inst. comm.*, 1, §§ 155, 154 et 3, § 9 ; JUSTIN., *Inst.*, 3, 1, *De hæred. ab intest.*, § 1er, etc.

§ 5. S'il n'y a pas d'agnat, que le gentil soit héritier (1).

§ 6. A défaut de tuteur nommé par testament, les agnats sont tuteurs légitimes (2).

§ 7. Pour le fou, qui n'a plus de *custos* (de gardien familial servant de curateur) que le soin de sa personne et de ses biens soient à ses agnats ou à défaut à ses gentils (3).

La règle : *Uti legassit super pecunia tutelave suæ rei ita jus esto* est certainement imitée du code de Solon.

Dans tous les droits antiques, en effet, l'héritier sien (*heres suus* ou *heres sui*) se trouvait également substitué au mort, dont il n'était que la continuation, et, à son défaut, le plus proche agnat, ou, à défaut de celui-ci, le *gentilis* prenait sa place. Nous avons trouvé cette coutume traditionnelle en Egypte comme à Babylone, c'est-à-dire partout ou la *gens* existait.

A Athènes même, comme l'a fort bien dit Plutarque dans sa *Vie de Solon,* avant ce législateur il en était ainsi.

La loi portait :

ἐν τῷ γένει τοῦ τεθνηκότος δεῖν τά χρήματα καὶ τὸν οἶκον διαμένειν.

La raison en est indiquée par Platon, livre XI de son *Traité des lois :* c'est que les biens n'appartenaient pas à l'individu, mais à sa race, à sa famille.

En Egypte, Bocchoris a, le premier, dérogé à cette coutume légale, en permettant aux individus d'acter sur leurs biens familiaux. Leur a-t-il, dès lors, donné la licence de vendre à des étrangers à la famille ? J'ai grande tendance à le croire, d'après le contrat daté de son règne que nous avons entre les mains. Ce qui est certain, c'est que, dans cet acte de transmission fait par une femme, le *hir,* les membres de la famille ou de la *gens* et le prêtre d'Amon, prêtre du roi, n'interviennent en aucune façon, comme ils le feront soit dans les actes datés de Shabaku, le vainqueur et le meurtrier de Bocchoris, soit dans les actes de ses successeurs de la même dynastie.

(1) « Si adgnatus nec escit, gentilis familiam nancitor » (CICÉRON, *De invent.,* 2, 50 ; ULP., d'après la *Collat. leg. Mos. et Rom.,* 16, § 3.

(2) « Quibus testamento quidem tutor datus non sit, iis ex leg. XII agnati sunt tutores, qui vocantur legitimi » (GAI., *Inst. comm.,* 1, §§ 155 et 157.

(3) « Si furiosus est, agnatorum gentiliumque in eo pecuniaque ejus potestas esto. — Ast ei custos non escit » (CIC., *De invent.,* 2, 50 ; *Tusc. quæst.* 3 et 5 ; *De republica,* 3, 23 ; *Auctor Rhetor. ad Heren.,* 1, 13 ; ULP., *Régul.,* 12, 2 ; FESTUS au mot *nec,* etc.

A cette époque, on a certainement restreint, je l'ai dit déjà, les privilèges de l'individu, qui ne purent s'exercer que pour des attributions intra-familiales et dans de certaines conditions légales.

C'était beaucoup déjà : et, sous le code pur de Bocchoris, qui avait voulu donner à son principal objectif, le commerce, des garanties réelles, il en était bien autrement encore.

Remarquons-le cependant, il s'agissait d'actes entre vifs. Le testament proprement dit fut toujours interdit en droit égyptien de toutes les périodes.

Le testament, cette διαθηκη en vue du temps qui suivra la mort, a quelques origines chaldéennes.

Il s'appliqua d'abord aux dispositions faites par le père pour régler certains arrangements *intrafamiliaux* entre ses enfants, en donnant parfois à l'un ou plusieurs d'entre eux des souvenirs particuliers.

Ces διαθηκαι *intra-familiales*, comprennant aussi des partages effectués par l'autorité du chef de la famille, se retrouvent jusqu'en droit macédonien d'Egypte dans quelques papyri grecs relatifs à la race conquérante — ce qui n'empêche pas d'autres papyri de nous attester les droits spéciaux que la loi macédonienne attribuait à l'aîné, au cadet, etc.

Solon est le premier qui, s'inspirant de la législation de Bocchoris sur les dispositions entre vifs, fit, de plus, de la διαθηκη un testament proprement dit, ayant pour but de fixer l'hérédité et de frustrer ainsi la famille. Encore eut-il soin de n'accorder cette faveur qu'à ceux qui se trouvaient sans enfants légitimes mâle : ἂν μή παῖδες ὦσι γνήσιοι ἄρρενες, sans être ni fous, ni trop vieux, ni influencés par la maladie, par le poison ou par une femme ; ἂν μὴ μανιῶν, ἢ γήρως, ἢ φαρμάκων, ἢ νοσου ἕνεκεν, ἢ γυναικὶ πειθόμενος.

On sait quel parti Hypéride, dans son célèbre discours contre Athénogène, découvert et publié par nous, sait tirer de cette dernière restriction, dont il prétendit étendre la portée à l'acquisition de la boutique de parfumerie que l'adversaire avait fait acheter à son client, en se servant pour cela d'une hétaïre fort jolie.

Solon était en effet toujours préoccupé par la pensée de combattre la femme, qu'il avait vue si puissante en Egypte. C'est cette raison qui lui fit interdire seulement la διαθηκη aux pères de fils et non de filles et qui le poussa même jusqu'à lui faire proscrire, dans un autre article, tout testament en faveur d'une femme. Quant aux pères de familles mourant intestats, ils auraient pour héritiers leurs plus proches agnats auxquels on prescrirait d'épouser les filles du défunt (1).

Cette exclusion de la fille est donc bien intentionnelle ; car, pour tout le reste et particulièrement pour le partage égal des hérédités entre les enfants mâles, Solon s'inspira du droit égyptien, au lieu de s'inspirer de certains droits grecs qui, comme celui des Macédoniens, avantageaient l'aîné.

La loi des décemvirs prit pour modèle, à son tour, celle de Solon, en l'exagérant.

Elle permit donc le testament, non seulement à l'homme sans enfants, mais au père de famille, auquel il fut licite de déshériter ses fils.

L'héritier *sien*, ou héritier du sien, eut donc ainsi un caractère intermittent, si je puis m'exprimer ainsi, puisqu'il ne restait tel que si le *pater familias* n'avait pas testé.

Jamais entreprise contre les droits de la famille n'alla si loin et, disons-le, ne fut plus abusive.

Pour tout le reste de ce chapitre, les décemvirs copient Solon, sauf de légères différences.

Dans la loi de Solon, les agnats, c'est-à-dire les parents paternels jusqu'à un certain degré, étaient héritiers, puis venaient les agnats ou parents maternels jusqu'au même degré, passé lequel les agnats seuls revenaient. Dans le code romain des XII tables, les cognats n'ont jamais aucun droit et les agnats seuls, puis, après les agnats, les gentils reçoivent l'hérédité, à *défaut de testament*.

Les femmes sont donc, à ce point de vue encore, plus maltraitées que dans le droit athénien (2).

En ce qui touche la tutelle, autre divergence.

Dans le droit romain des décemvirs, à défaut de tuteur nommé par testament, les agnats sont toujours tuteurs légitimes, tandis que la loi d'Athènes interdit de donner la tutelle aux agnats, qui pourraient se porter héritiers des biens du pupille (3).

Quant au père de famille athénien, dont les fils ont moins de

____

(1) *Leges atticæ*, liv. VI, titre VI.

(2) Il est vrai qu'à un autre point de vue elles sont plus avantagées. Les filles héritent, comme les fils, et la loi des XII tables appelle les agnats sans distinction de sexe. Ce qui n'existe pas, c'est la parenté par la femme.

(3) μὴ ἐπιτροπεύειν, εἰς ὃν ἡ οὐσία ἔρχεται, τῶν ὀρφανῶν τελευτησάντων liv. VI, tit. VII, § 812.

20 ans (1), ils peuvent tester par une *substitution pupillaire*, comme on l'a dit à une certaine époque en droit romain.

C'est peut-être surtout cette clause, alors généralisée et mal comprise, qui a fait dire aux décemvirs : *Uti legassit super pecunia tutelave suæ rei ita jus esto.*

Les autres paragraphes actuellement conservés de la Ve table nous montrent, du reste, des emprunts certains à la loi de Solon.

Je citerai le nº 8 relatif aux droits du patron par rapport à son affranchi (2) et le nº 11 relatif à l'esclave affranchi par testament (3) sous la condition qu'il donnera telle somme à l'héritier, et qui peut, s'il a été aliéné par cet héritier, devenir libre en versant l'argent susdit à son acquéreur.

La loi athénienne accordait de même des droits étendus au patron sur son affranchi, qui pouvait d'ailleurs être poursuivi par l'action ἀποστασίου en cas d'ingratitude. Quant au rachat libre de l'esclave, il était accordé de même directement à l'esclave qui payait le prix à Athènes, au lieu d'être nécessairement soldé par l'intermédiaire d'un dieu, comme dans le droit delphien.

Ceci faisait partie des mesures libérales en faveur de l'esclave que la loi d'Athènes avait imitées du code de Bocchoris dès le temps de Dracon.

Ce législateur punissait ainsi comme homicide le meurtrier d'un esclave — absolument comme Diodore l'a noté pour le code criminel égyptien.

Comme dans ce code aussi, l'esclave par trop violenté par son maître avait une action contre lui et pouvait être dégagé de ses liens de servitude, si on lui donnait raison. Hérodote nous avait dit la même chose du droit égyptien, en insistant sur le privilège judiciaire qu'avait, à ce point de vue, le temple de Canope : et nos

---

(1) *Leges atticæ*, liv. VI, tit. VI, § 4.

(2) ULPIEN : civis romani liberti hæreditatem lex XII tabularum patrono defert, si intestato sive suo hærede decesserit (ULP. REGUL, 20, § 1). Sicut in XII tabulis patroni appellatione etiam liberi patroni continentur (VATIC R. FRAG. § 308). Ad personas autem refertur familiæ significatio, ita, cum de patrono et liberto loquitur lex : ex ea familia, inquit, in eam familiam (DIG., 50, 16, de verborum significatione 139, § 1 fr. Ulp).

(3) Sub hac conditione liber esse jussus, si decem millia hæredi dederit, etsi ab hærede abalienatus sit, emptori, dando pecuniam ad libertatem perveniet : idque lex XII tabularum jubet (ULPIEN REGUL, 2 § 4, Dig., 46, 7, de statu liber, 29, § 1 fr. Pomp., et 25 fr. Modest. — FESTUS, au mot *statuliber.*

papyrus démotiques ont prouvé qu'il en était de même pour le temple de Memphis, etc.

Dans les deux codes également l'esclave pouvait avoir un mariage légitime (1).

Enfin la loi de Solon, de même que celle de Bocchoris citée par Diodore et qui, selon lui, en a été le prototype, interdisait de réduire en esclavage un citoyen ingénu ou de donner des corps en garantie de dettes.

Mais, en ceci, la loi des décemvirs ne suivit pas Solon et Bocchoris. Elle préféra se rattacher au code postérieur d'Amasis, qui permettait de semblables garanties et de tels esclavages momentanés, c'est-à-dire limités par la disposition relative au cens quinquennal.

En ce qui concerne les esclaves proprement dits, la brutalité romaine ne les considérait plus comme des hommes, mais comme des bêtes.

Les paragraphes 9 et 10 des fragments de la V° table touchent à un tout autre sujet : c'est-à-dire, d'une part, à la disposition d'où dérivait l'action en partage (*actio familiæ erciscundæ*) (2) et, d'une autre part, aux créances héréditaires se divisant de droit entre les héritiers (3).

En ce qui touche l'*actio familiæ erciscundæ* dont nous avons tant d'exemples en droit égyptien, la loi de Solon s'était inspirée aussi du précepte dominant de ce droit : partage égal entre les fils ; ἅπαντας τοὺς γνησίους υἱοῦς ἰσομοίρους εἶναι τῶν πατρῴων. Seulement, en droit égyptien, les filles jouissaient du même privilège — ce qui était par trop contraire aux idées de Solon sur le sexe faible. Nous savons que Caton partageait en cela les idées de Solon — ce qui fut la cause d'une loi portée par lui. Les décemvirs imitant Amasis, si hostile aux femmes pour tout le reste, s'étaient montrés plus larges sur ce point.

Ajoutons que le partage égal adopté par Solon et les décemvirs, à l'imitation du droit égyptien, était loin d'être la règle dans tous les autres droits grecs : celui des Macédoniens en est la preuve.

Quant au partage des créances héréditaires, c'est une conséquence logique du partage des biens. Le père disait de même en Egypte : « Le droit de cet écrit est sur ma tête et celle de mes enfants ». Les fils n'étaient que la continuation de la personne du

(1) χρῆσθαι καὶ δούλους συνουσίαις γυναικῶν.

(2) Dig., 10, 2, *familiæ erciscundæ*, 1, pr. f. Gai., *Ibid.*, 2, pr. f. *Ulp.*, Festus au mot *erctum*, etc.

(3) Cod., 3, 36, *famil. ercisc.*, 6, const. *Gord.*, conf. Dig., 10, 2 ; *Famil. ercisc*, 25, § 9, f. *Paul*, etc.

père, dont ils avaient toutes les obligations, dans la proportion de leurs parts dans son hérédité.

Cette communauté familiale existait à un tel degré que, dans les partages mêmes, tous les frères et sœurs s'adressaient à un seul d'entre eux, pour lui attribuer ce qui lui revenait, et lui en garantir la possession. Nul n'aurait pu s'y refuser : et l'aîné κύριος avait mandat légal pour recevoir, payer, ou administrer au nom de tous, sans avoir pour cela un bénéfice quelconque.

La VIe table (*de dominio et possessione*) débute par ces mots, § 1er, *quum nexum faciet mancipiumque, uti lingua nuncupassit, ita jus esto* (1). J'ai trop parlé, dans mon second chapitre, de cet article emprunté au code d'Amasis, pour avoir besoin d'insister davantage.

J'en dirai autant pour la peine du double fixée par le § 2, contre celui qui déniait ou n'accomplissait pas les déclarations faites dans le *nexum* et le *mancipium* (2), et pour le § 3 relatif à l'usucapion de la propriété, par deux ans de possession pour les biens fonds, et d'un an pour les autres choses (*usus auctoritas fundi biennium... cœterarum omnium... annuus* (3).

Tout au plus ajouterai-je que la peine du double, imitée du droit d'Amasis, se retrouvait aussi dans quelques articles du code solonien antérieur ; nous aurons l'occasion d'en donner plus loin des exemples.

Quant à la prescription, interdite en droit égyptien classique, elle se trouvait, au contraire, contenue en principe dans la loi de Solon, qui avait fixé un délai, une προθεσμία, après laquelle on n'était plus admis à appeler en justice ceux qu'on aurait eu jusque-là le droit d'actionner. Encore ici, les décemvirs n'avaient fait qu'introduire dans leur code, en les exagérant, des principes juridiques venus d'ailleurs.

Le paragraphe 4 concernait l'acquisition de la puissance maritale par la possession d'une année et la licence accordée à la femme d'interrompre cet effet de la possession en s'absentant chaque année — trois nuits consécutives — du domicile conjugal (4).

En Egypte, dans le même but, c'est-à-dire pour lui assurer une indépendance complète par une union libre, on permettait à

____

(1) Festus au mot *nuncupata*. — Cicéron, *De offic.*, 3, 16 ; *De oratore*, 1, 57 ; *Pro Cœcin*, cap. 23 ; Varro, *De lingua latina*, 5, 9.

(2) Cicéron, *De offic.* 3, 16, pr.

(3) Cicéron, *Topic*, chap. 4 ; conf. *Pro Cœcina*, 19 ; Gaïus, *Inst. comm.*, 2, § 42 ; Justinien, 1, 6, *Inst. de usucapione*, pr.

(4) Gai, *rustr*, comm. I, § III. Aulu Gell. *Noct. attic.*, 3, 2. Macr. *Sat.* 1, 3.

la femme d'avoir un domicile séparé, tout en en faisant encore une femme entretenue.

Le 5ᵉ § portait : *Adversus hostem æterna auctoritas* (1). L'*hostis* en question était cet étranger auquel on disait dans les *sacra*: *Hostisexesto*.

De même qu'on le chassait des temples, on le chassait, également et par semblable raison, de la propriété romaine. L'éternelle garantie dont il est ici question l'empêchait de jamais acquérir par la possession une chose appartenant à un citoyen romain.

En droit athénien, on ne se bornait pas là : on exigeait du métèque un garant, προστατης, citoyen qui faisait pour lui tous les actes d'administration et payait les impôts. Tout étranger qui n'avait pas un προστατης était accusé judiciairement, emprisonné comme *hostis*, et vendu par ordre des juges.

Le § 6 parlait de la *manuum consertio* (2), combat fictif judiciaire qui était usité dans les contextations relatives à la propriété d'une chose et dont nous avons parlé antérieurement. Le magistrat donnait la possession provisoire (*vindicias*) à qui il lui semblait bon, en attendant le jugement sur le fond, à moins qu'il ne s'agit d'une question de liberté (3), cas dans lequel la possession provisoire devait être donnée en faveur de la liberté.

Evidemment, cette disposition avait été primitivement prise, dans les cas de flagrant délit de rixes pouvant troubler l'ordre public. C'était une loi de police, transformée peu à peu en loi civile proprement dite par le formalisme romain.

Les paragraphes 7 (4), 8 (5), et 9 (6) *de tigno juncto*, sont relatifs aux matériaux d'une maison, ou aux bois employés pour les vignes et, qu'on ne peut en détacher. Le propriétaire des matériaux employés peut seulement se faire payer au double, taux qui fixe aussi la loi athénienne pour tout tort fait volontairement à autrui.

La règle *de tigno juncto* ayant pour but d'empêcher la détérioration des édifices et des plantations par d'autres que par les pro-

(1) Cic., *De offic.* 1, 2. Dig. 50, 16. *De verb. sign.* 234, pr. f. Gai.

(2) « Si qui in jure manum conserunt... » (Aulu Gell, *Noct. attic.*, 20, 10. Festus au mot *superstites*.

(3) Dig., 1, 2, *De origine juris*, 2, § 24, fr. Pomp. — Conférer. Denys d'Halicarnasse, 11, 30 ; Tite-Live, 3, 44 ; Cicéron, *De republ.*, 3, 32.

(4) « Tignum junctum ædibus vineæque et concapet ne solvito » (Festus au mot *tignum*). Dig., 50, 16, *De verbor. sign.*, 62, fr. Gai., Dig., 47, 3, *De tigno juncto*, § 1ᵉʳ, fr. Ulp.

(5) Dig., 44, 30, *De tigno juncto*, pr. fr. Ulp.

(6) Festus au mot *sarpuntur* (*vineæ*).

priétaires, a servi plus tard de point de départ à une autre loi de police qui interdisait, sous l'Empire, aux propriétaires eux-mêmes, de rien changer à la disposition actuelle de leur immeuble, pour ne point troubler l'*aspect de la ville*. Mais ceci était contraire au droit des XII tables, qui conservait pour le citoyen le *jus utendi et abutendi* sur sa chose, et même sur les gens dépendant de lui et qu'il pouvait tuer à son gré.

De ces lois de police il est inutile de chercher l'origine étrangère, qu'on trouverait du reste facilement.

Labbé a donné le nom de paragraphes 10 (1) et 11 (2) à certains extraits relatifs à la *mancipatio* et à la *cessio in jure*, qu'on pourrait plutôt songer à rattacher aux §§ 1 et 2.

Un de ces extraits se rapporte à une citation de la loi des XII tables, à propos de la propriété d'une chose vendue et livrée, qui ne peut être acquise à l'acheteur, qu'après paiement du prix. En d'autres termes, il s'agit de spécifier, comme en droit égyptien, que toute aliénation, toute mancipation ne peut être effectuée qu'avec paiement complet du prix, sans aucun reliquat, et soldé d'avance.

Cela condamnait le contrat d'ωνη-πρασις *emptio venditio,* adopté plus tard par les Romains, et pour lequel les paiements pouvaient être différés et échelonnés. Les décemvirs voulaient bien nettement spécifier ainsi qu'ils adoptaient en cela la loi d'Amasis et non les usages grecs.

Disons-le bien d'ailleurs, si les décemvirs ont, pour le testament, imité la loi de Solon en l'exagérant, il n'en est pas du tout ainsi pour la vente.

Solon, lui, s'inspirant du vieux *jus gentium,* n'admettait pas encore, comme le fit plus tard Amasis, la vente des biens de famille. Ainsi que l'a dit Aristote (*Polit.,* liv. II, chap. VIII), il voulait toujours une certaine égalité de fortune entre les citoyens, et il avait rendu cette loi interdisant d'augmenter indéfiniment les propriétés foncières : μὴ κτᾶσθαι γῆν ὁπόσην ἄν βούληταί τις.

Il y avait donc, les anciens commentateurs du droit athénien l'ont dit depuis longtemps, une limite que ne pouvait dépasser le citoyen

---

(1) « Venditæ vero res et traditæ non aliter emptori adquiruntur, quam si is venditori pretium solverit... Quod cavetur quidem et lege XII tabularum » Justin., *Instit.,* 2, *De rer. divis.,* § 41. Festus aux mots *sub vos placo.*

(2) « ... Et mancipationen et in jure cessionem lex XII tabularum confirmat. Vatic. *L. R.,.».. Fragm.,* § 50.

et qui était analogue à celle que fixait cette loi romaine antérieure d'un siècle aux décemvirs dont parle Varron (liv. I de R., cap. II).

Nam C. Licinium Stolonem et Cn. Tremelium Scrofam video venire unum cujus majores de modo agri legem tulerunt. Nam Stolonis illa lex quæ vetat plus D. jugera habere civem Romanum.

Semblablement, Solon ne permettait pas de vendre son bien, ou l'héritage paternel, Aristote nous l'affirme également (*Pol*, liv. II, chap. VII); ὁμοίως καὶ τὴν οὐσίαν πωλεῖν οἱ νόμοι κωλύουσιν, ἀλλὰ τοὺς παλαιούς κλήρους διασώζειν. Une loi de Solon citée par Eschine et Diogène de Laerte, portait même que ceux qui distribueraient ainsi leurs héritages paternels seraient frappés d'atimie : ὁ τὰ πατρῷα κατεδηδοκὼς, ἢ ὧν ἂν κληρονόμος γένηται, ἄτιμος ἔστω.

C'était bien assez, à son avis, que d'avoir permis au citoyen sans enfant de prendre l'héritier qui lui conviendrait.

Les décemvirs allèrent au contraire dans le sens de la liberté individuelle aussi loin qu'ils le purent.

Ils permirent le testament Solonien même au père de famille, et accordèrent à tous, parallèlement, la mancipation des immeubles et des personnes ingénues imaginée par Amasis, qu'ils copièrent en cela servilement.

Quant à la *cessio in jure*, dont il est aussi question dans notre fragment, nous avons déjà eu l'occasion de montrer précédemment qu'elle était d'un fréquent usage dans le droit égyptien des époques antérieures à Amasis, par exemple sous la dynastie éthiopienne qui succéda à Bocchoris.

La VIIe table (*de jure ædium et agrorum*), est empruntée immédiatement au code de Solon, et médiatement au code égyptien. Cette conclusion, au moins pour la première partie, n'est pas de moi ; elle est du plus grand jurisconsulte romain, de Gaïus (liv. IV de son commentaire des XII tables) : *sciendum est, in actione finium regundorum illud observandum esse, quod ad exemplum quodammodo ejus legis scriptum est, quam Athenis Solon dicitur tulisse ; nam illis ita est :* ἐάν τις αἱμασίαν παρ' ἀλλοτρίῳ χωρίῳ ὀρύγῃ, τὸν ὅρον μὴ παραβαίνειν. ἐὰν τειχίον, πόδα ἀπολιπεῖν· ἐὰν δε οἴκημα δύο πόδας· ἐὰν δὲ τάφον, ἢ βόθρον ὀρύττῃ, ὅσον τὸ βάθος αὐτοῦ ᾖ, τοσοῦτον ἀπολιπεῖν· ἐὰν δὲ φρέαρ, ὀργυιάν. ἐλαίαν δὲ, καὶ συκῆν, ἐννέα πόδας ἀπὸ τοῦ ἀλλοτρίου φυτεύειν. τὰ δ' ἄλλα δένδρα, πέντε πόδας, *id est : si quis sepem ad alienum prædium fixerit infoderit que, terminum ne excedito ; si maceriam pedem relinquito ; si vero domum pedes duo ; si sepulchrum out scrobem foderit quantum profunditatis habuerint, tantum spati relinquito ; si puteum passi*

*latitudinem; at vero oleam vel ficum ab alieno ad novem pedes plan-
tato ; cæteras arbores ad pedes quinque.*

Tout ceci a été littéralement copié par la loi des XII tables (§ 2 de
la viie table). Mais, de plus, il faut noter que les deux pieds d'intervalle que Solon prescrit entre les maisons, forment l'*ambitus* (1),
élevé à deux pieds et demi par la loi des XII tables, et qui devait
servir à la circulation selon le § 1er actuel, tandis que les cinq pieds
fixés par Solon entre les plantations et la limite, ont été aussi spé-
cifiés par la circulation de la charrue entre les champs par le § 4,
qui les déclare non susceptibles d'être acquis par mancipation (2).

En cas de litiges (3) sur les limites, le magistrat doit donner trois
arbitres pour en décider. Dans le cas d'eaux pluviales amenées par
un travail artificiel, ou par un aqueduc, et pouvant causer au voisin
un préjudice, celui-ci a le droit de demander garantie (4) (§ 8), et
alors ce genre de contestation est jugé par un arbitre nommé *arbiter
aquæ pluviæ arcendæ* (5).

Ces jugements, prononcés, selon les cas, par un ou plusieurs arbitres,
sont empruntés au droit Solonien qui, lui aussi, distingue le διαιτητης
unique, des διαιτηται auxquels on confie en commun une affaire.

Il est probable que les autres règles fixées par les paragraphes 6,
7, 9 et 10 de la 7e table, et qui concernent (soit les chemins de
8 pieds en droite direction et de 16 pieds dans les détours) (6), soit
la licence accordée à un chariot de passer dans le chemin voisin
si le chemin est en trop mauvais état, soit enfin les arbres dont
l'ombre s'étend sur la propriété voisine, arbres qui doivent être
coupés à 15 pieds de hauteur (7), et dont cependant les fruits peuvent être ramassés par le propriétaire sur le fond voisin (8) : sont

(1) Festus au mot *ambitus*. Varro, *De ling. latin.*, 5, § 22.

(2) Cicéron, *De leg.*, 1, 21.

(3) « Si jurgant... » (Nonius Marcel, *De propr. serm.*, 5, 34 ; Cicéron,
De republ, 1, 4, 8 ; *De legibus*, 1, 21.

(4) Dig., 40, 7, *De statuliber*, 21, fr. Pomp. ; Cicéron, *Topic.* 9, Dig., 43
8, *Ne quid in loc. publ.*, 5, fr. Paul (5) Dig., 39, 3, *De aq. et aq. pluv.*,
arc., 23, § 2, fr. Paul et 24, fr. Aifen.

(5) Dig , 8, 3, *De servit. præd. rust.*, 8, f. Gai.

(6) Cicéron, *Pro Cæcin.*, 19. Festus au mot *amisegetes* ; Dig., 8, 6, *Que-
madmodum servitutes amittuntur*, 14, § 1.

(7) Dig , 43. 27, *De arbor. cædend.*, 1, § 8, fr. Ulp. et 2, fr. Pomp. ; Paul,
Sentent., 5, 6, § 13.

(8) Pline. *Hist. nat.*, 16, 5 ; Dig., 43, 28, *De glande legenda*, 1, § 1, fr.
Ulp., 56, 16. *De verb. sign.*, 2, 36, § 1 f. Gai, liv. IV de son *Commentaire
des XII tables.*

également de même origine, bien que les orateurs et les historiens ne nous aient pas conservé sur ces points les textes soloniens.

Ce qui est bien certain, en tous cas, — et c'est par cette réflexion que nous terminerons l'examen de cette 7e table, — c'est que des usages légaux tout à fait semblables à ceux que nous venons de constater à Athènes et à Rome existaient dans la vieille Egypte.

Les contrats nous prouvent que les servitudes (*Bok*), mot qui était en même temps usité pour la servitude de l'esclave, étaient très expressément réglées par la loi, en ce qui touche les questions de bon voisinage. Ils nous montrent également que les *rues* (*maten* ou *mat* pour les voies rurales, et *Khir*, rue, pour les voies urbaines), étaient expressément distinguées des *ruelles de maison*, analogues à l'*ambitus* romain. On interdit aussi, dans la vallée du Nil, à l'époque persane, comme à l'époque macédonienne, d'ouvrir des portes ou des fenêtres pouvant gêner le fonds voisin, en ordonnant souvent, dans les partages en nature, de nouvelles ouvertures, permettant le dégagement sur le chemin public. Quand la chose n'est pas possible, la servitude de passage par l'escalier (*tort*) ou la porte (*ro*) restant en commun sont soigneusement spécifiée.

Pour les eaux, les plantations, etc., il en est de même. Tout est réglé *ex æquo et bono*, par la loi, entre fonds voisins ; et par les parties assistées du notaire, dans les cas de sectionnements d'un fonds unique.

Nous savons que, pour les maisons dont l'utilisation était plus individuelle en droit égyptien, en droit hébreu, etc., que celles des champs, ces usages remontaient très haut.

Il en est question dans de nombreux documents hiératiques et hiéroglyphiques, tels que les maximes d'Ani, etc. Les maisons n'étaient pas moins considérées comme n'étant qu'en usage (*shaï*) ou en administration (*shoun*) pour les occupants, qui alors même qu'ils les avaient reconstruites, pouvaient avoir à les partager avec des étrangers, nous le voyons par une requête à Aménophis III. Mais à partir des codes de Bocchoris et d'Amasis, il n'en fut plus ainsi. Les individus possédèrent, plus réellement, non seulement ces maisons, mais les propriétés agraires elles-mêmes. A cette époque, la loi *finium regundorum* dut prendre la forme définitive qu'on n'eût plus qu'à imiter ailleurs.

La table 8 est intitulée : *de delictis*.

Le paragraphe 1er spécifie la peine capitale contre les auteurs des libelles ou outrages publics diffamatoires (1).

____

(1) Cicéron, *De republ.*, 4, 10 ; Paul, *Sentent.*, 5, 14, § 6. Festus au mot *occentassint*.

Ceci est une aggravation de la loi d'Athènes qui, à défaut de preuve, les frappait d'une amende de 500 drachmes, quand il s'agissait, soit d'une accusation de crime légal ou de lâcheté dans le combat, soit d'une injure simple contre un citoyen, prononcée par un orateur devant le peuple ou devant le Sénat. Il est vrai qu'une autre loi athénienne, empruntée au code égyptien, cité à ce point de vue par Diodore de Sicile (1,LXXVII, 4), punissait de la peine capitale les dénonciateurs qui auraient menti.

C'est cette peine capitale qui a été généralisée par la loi des XII tables. Cicéron (Repub. IV, 10) en félicite les auteurs en s'écriant : « Périclès, dont l'administration civile et militaire avait fait si long-temps la gloire d'Athènes, ne fut-il pas outragé par des vers récités en plein théâtre ? Et n'était-ce pas une inconvenance étrange si P. et Cn. Scipien avaient été insultés par Nevius ou Plaute et Caton par Cecilius... Nos XII tables, au contraire, quoique très réservées pour les peines capitales, en ont cependant prononcé une contre ceux qui réciteraient publiquement on composeraient des vers injurieux ou diffamatoires (1). Rien de plus sage ».

Les n⁰ˢ 2 et 3 portent :

« Contre celui qui brise un membre et ne transige pas, le talion (2). »

« Pour la fracture d'un os (d'une dent) à un homme libre. peine de trois cents as.; à un esclave, peine de cent cinquante as (3). »

Le paragraphe auquel on a donné le n° 24 prononce enfin la peine capitale contre l'homicide (4).

La peine de mort contre l'homicide existait aussi en droit égyptien, Diodore de Sicile (1, LXXVII, 3) nous l'atteste : et elle était étendue même à celui qui, voyant le meurtre, ne s'y était pas opposé, même au meurtrier d'un esclave, loi imitée par Dracon.

En droit athénien et dans la plupart des autres droits antiques l'homicide était également exécuté et la peine du talion s'appliquait d'une façon très générale dans ce chapitre.

C'est le vieil axiome hébreu ; œil pour œil, dent pour dent.

Solon avait poussé le principe de la parité de situation jusqu'à

---

(1) « Si quis occentavisset sive carmen condidisset quod infamiam faceret flagitiumve alteri. »

(2) « Si membrum rupit, ni cumeo pacit, talco esto » (Festus au mot *talio*. Aulu Gell, *Noct. attic.*, 20, 1; Gai, *Instit. comm.*, 3, § 223, etc.

(3) Gai., *Instit. comm.*, 3, § 223; Aulu Gelle, *Noct. attic.*, 20, 1 ; Paul, *Sentent.*, 5, 14, §§ 6; *Collat. leg. Mos. et Rom.*, 2, § 5.

(4) Pline, *Hist. nat.*, 18, 2. Festus aux mots *parricidii quæstores.*

stipuler que celui qui crevait l'œil à un borgne aurait les deux yeux crevés. Quant aux blessures volontaires faites au visage, aux pieds et aux mains, elles étaient punies, à Athènes, par la licitation de tous les biens et par l'exil du coupable ; s'il revenait dans sa patrie, il était tué.

Le paragraphe 3, qui estime à cent cinquante os la fracture d'une dent d'esclave (juste moitié de ce qu'on paierait pour un homme libre), est du reste dans le même esprit que la loi athénienne qui avait succédé à l'ancienne loi de Dracon et qui estimait en argent payé au maître les blessures et le meurtre de l'esclave.

Evidemment les Romains, avec le caractère qu'on leur connaît, ne pouvaient s'inspirer des lois attiques, imitées des lois égyptiennes, en ce qui touche la protection de l'esclave lui-même, par exemple de celle qui l'arrachait à un maître trop dur, etc., etc.

Le vieux Quirite en nourrissait; s'il le voulait, ses poissons et en abusait de toutes les manières.

Le paragraphe 4 spécifie, pour l'injure simple faite à autrui, une peine de vingt-cinq *as* (1). C'est à peu près la loi athénienne évaluant, en argent, à deux drachmes, semblable injure, si elle était faite d'une façon privée pour ainsi dire, et à cinq drachmes (dont trois à l'Etat) si elle était faite soit dans les lieux sacrés, soit dans les tribunaux des héliastes ou des archontes, soit dans les jeux publics.

Le paragraphe 5, concernait le dommage causé injustement mais par accident et qui devait être réparé (2). Nous voyons par d'autres paragraphes de la même loi que le double était la peine ordinaire dans les dommages qui avaient un caractère plus volontaire.

Tout cela est une copie textuelle de la loi solonienne portant :

ἄν μέν τις ἑκὼν βλάψῃ, διπλοῦν. ἄν δ'ἄκων, ἁπλοῦν τὸ βλάβος ἐκτίνειν.

Nous avons vu plus haut que l'amende du double a été aussi spécifiée par le code d'Amasis dans presque tous les cas où l'admettait la loi de Solon et celle des décemvirs.

Le paragraphe 6 disait que, lorsqu'il y avait eu dommage causé par un animal, il fallait le réparer, ce dommage, ou abandonner l'animal (3) comme la loi d'Athènes faisait abandonner dûment attaché d'une corde de 4 coudées, le chien qui avait mordu.

---

(1) « Si injuriam faxit alteri, vigenti quinque æris pœnæ sunto » (Aulu Gelle, *Noct. attic.*, 20, 1 et 16, 10; *Coll leg. Mos. et Rom.*, 2, § 5; Gai., *Instit. comm.*, 3, § 223. Festus aux mots *vigenti quinque.*

(2) Festus au mot *rupitias;* Dig., 9, 2, *Ad leg Aquiliam*, 1, pr. b. *Ulp.*

(3) Dig., 9, 1, *Si quadrupes pauperiem fecisse dicetur* Dig. 1, 9 6, pr. f. *Ulp.*; Justinien *Inst.*, liv. IV, titre IX.

Le paragraphe 7 donnait une action spéciale contre celui qui faisait paître son troupeau dans le champ d'autrui (1).

Le paragraphe 9 (2) spécifiait la peine de mort pour le pubère qui aurait ainsi la nuit coupé ou fait paître des récoltes produites à la charrue : s'il s'agissait, dans ce dernier cas, d'un impubère, il devait être frappé de verges, puis réparer le dommage au double.

La peine devait être aussi capitale pour celui qui, d'après le paragraphe 8, par enchantement, flétrirait les récoltes (3) ou les attirerait d'un champ dans un autre, tout aussi bien que pour celui qui, d'après le paragraphe 25, aurait lié quelqu'un par des paroles d'enchantement ou l'aurait empoisonné (4).

Tout ceci est un emprunt fait aux législations égyptiennes et grecques. Je ferai seulement ici quelques remarques.

1° L'action capitale donnée contre celui qui faisait paître des troupeaux dans le champ d'autrui ou en enlevait les récoltes, était copiée sur cette loi d'Athènes citée par Festus et Alciphron, punissant également de mort le coupable. Solon, qui avait singulièrement adouci le code de Dracon relativement au vol, avait pourtant édicté la mort en ce cas, comme d'une façon générale, contre celui qui enlevait les dépôts qu'il n'avait pas faits. Les anciens commentateurs du droit athénien, Wesseling par exemple, remarquaient avec raison, à ce sujet, que c'était là une imitation du code égyptien et du code juif, pareils en cela. Amasis et plus tard les décemvirs furent très conciliants pour les voleurs ; mais ils conservèrent avec soin ces distinctions traditionnelles, qu'avaient consacrées l'autorité de Solon.

2° En ce qui touche la magie *noire* et ses châtiments, les décemvirs adoptèrent une loi égyptienne dont j'ai longuement parlé dans mon volume sur « Les actions, » et qui était en usage dès le temps de Ramsès III, tout au moins. Elle reposait sur la croyance en l'officacité de la magie, presque partout répandue dans l'antiquité et qui, pendant de longs siècles, au témoignage de tous les jurisconsultes, fit prononcer, dans la Rome payenne, contre tous les sorciers et sorcières, les pénalités que Michelet croyait avoir été inventées au Moyen Age par les chrétiens.

(1) Dɪɢ., 19, 5, *De preser verb.*, 14, § 3, fr. *Ulp.*

(2) Pʟɪɴᴇ. *Hist. nat.*, 18, 3.

(3) « Qui fruges excantasset... neve alienam segetem pellexeris » (Pʟɪɴᴇ, *Hist. nat* . 28, 2. Sᴇʀᴠɪᴜs *ad Virgil. ecl.* 8, vers. 99 ; confér. Sᴇɴᴇɢ. *Natur. quæst.*, 4, 7 ; Pʟɪɴᴇ, *Hist. nat* , 30, 1 ; Aᴜɢᴜsᴛɪɴ, *De civ. Dei*, 8, 19, etc.

(4) Pʟɪɴᴇ, *Hist. nat.*, 18, 3, Dɪɢ.. 50, 16, *De verb. sign.*, 236, p. fr. *Gai.* au liv. IV de son *Commentaire des XII tables.*

Notons-le du reste, en cela les Athéniens ne paraissent pas avoir été aussi superstitieux et aussi crédules que les Egyptiens, les Chaldéens et les Romains.

Nous avons dit tout à l'heure que la loi sur le vol des récoltes avait été imitée de celle de Solon. Nous en dirons autant des autres lois sur le vol.

C'est ainsi que les paragraphes 11, 12, 13 faisant la distinction entre le vol de jour (1) et le vol de nuit, et déclarant que si quelqu'un qui commettait un vol de nuit est tué, il l'est à bon droit (2), sont textuellement empruntés au code athénien, liv. VII, titre V, § 3.

Il en est de même pour les voleurs manifestes (c'est-à-dire pris en flagrant délit). Ils étaient punis de mort par la loi d'Athènes (liv. VII, titre V, § 6).

Le paragraphe 14 de la VIII table maintient cette peine pour les esclaves et, si le voleur est un homme libre, il le fait battre de verges, en l'attribuant par addiction à celui qu'il a volé (3) sorte de mort civile remplaçant la mort réelle.

De même encore pour le vol reconnu dans un mode solennel de perquisition et qui, assimilé au vol manifeste, était puni de mort. Les paragraphes 9 et 10 du titre *de furtis* dans le code athénien, tel qu'il a été d'ordinaire rétabli (4) et le paragraphe 15 de la table VIII des décemvirs sont pour ainsi dire identiques. En latin, ce vol est dit *lance licioque conceptum*, découvert par le plat et la ceinture. C'est le délit de celui qu'on a trouvé possesseur de l'objet volé en entrant chez lui nu, (pour ne pouvoir être soupçonné d'avoir apporté soi-même la chose) entouré seulement d'une ceinture (*licium*) par respect pour la décence et tenant un plat (*lanx*) soit pour y mettre l'objet s'il était trouvé, soit pour que les mains étant employées à porter ce plat, on ne pût craindre qu'elles cachassent rien. La conclusion était : *jubet id lex furtum manifestum esse.*

La loi d'Athènes portait de son côté :

(1) Macrob., *Saturn.*, 1, 4 ; Aulu Gell., *Noct. attic.*, 8, 1 et 11, 18 ; Ulpien, d'après la *Coll. leg. Mos. et Rom.*, 7. 3 ; Cicéron, *Pro Milone*, 8 ; Senec., *Controv.*, 10, *In fine* ; Dig., 9, 2, *Ad leg. Aquil.*, 4. § 1, f. Gai.

(2) « Si nox furtum factum sit, si im occisit jure cæsus esto. » Dig., 47, 2, *De furtis*, 54, § 2, fr. Gai., 50, 16, *De verb. sign.*, 233, § 2, fr. Gai.

(3) Aulu Gelle, *Noct. attic.*, 11, 18, 7, 15 ; Gai., *Instit. comm.*, 3, § 109 ; Servius *ad æneid.* 8, vers. 205, etc.

(4) Gai., *Instit. comm.*, 3, §§ 191-192 ; Aulu Gell., *Noct. attic.*, 11, 18 et 16, 10. Festus au mot *lance*.

φωράσοντα γυμνὸν χιτωνίσκον ἔχοντα ἄζωστον εἰσιέναι εἰς τὴν οικίαν ἐπὶ τῷ ἐρουνῆσαι. ὁ μὴ κατέθηκέ τις, μὴ ἀναιρεῖσθαι. εἰ δὲ μὴ, θάνατον εἶναι τὴν ζημίαν.

Le vol simplement *conceptum* (c'est-à-dire le délit de celui chez qui l'objet a été trouvé sans perquisition solennelle) et le vol *oblatum* (c'est-à-dire le délit de celui qui remet clandestinement à autrui la chose volée dont il est détenteur, afin qu'elle soit saisie dans la possession de cette personne et non dans la sienne) sont punis du triple de la valeur.

Une dernière espèce (§ 16) concerne l'action intentée contre un vol non manifeste (1), action emportant contre le voleur la peine du double.

Cette dernière peine est exactement celle que nous trouvons dans la loi d'Athènes (§ 2) pour le vol avec restitution de l'objet volé au propriétaire. Le décuple était ordonné quand la restitution n'avait pas été faite.

Les décemvirs ont changé ce décuple en triple pour le cas en question. Ils paraissent aussi avoir supprimé les variations des peines selon la valeur de l'objet. A Athènes tout vol excédant 500 drachmes entraînait la juridiction criminelle et capitale des décemvirs. Rien de pareil à cette graduation pécuniaire n'existait alors à Rome.

L'article 17 disait qu'une chose volée ne pouvait être acquise par usucapion (2), c'est-à-dire par l'usage, la possession, et l'article 19 spécifiait que dans les questions de dépôt la loi donnait l'action du double (3), taux fixé aussi par le paragraphe 20 contre le tuteur qui se serait approprié des biens du pupille (4).

(1) « Si adorat furto, quod nec manifestum escit... » (FESTUS au mot *neo.*) Conf. AULU GELL, *Noc. attic.*, 11, 18; CATO, *De re rustica* in proœm.; GAI., *Instit. comm..* 35 § 5, 190.

(2) GAI., *Instit. comm.*, 2, §§ 45 et 49; JUSTIN., *Inst.*, 2, 6, § 2; AULU GELL, *Noct. attic.*, 17, 7.

(3) PAUL, *Sentent.*, 2, 12, § 11.

(4) DIG., 10, *De suspec. tutor.*, 1, § 2, f. Ulpi, DIG. 26, 7, *De administ. et peric.*, tit. LV, § 1. fr. Tryphon, Conf. CICÉRON, *De off*, 3, 15; *De oratore*, 1, 34, etc. D'après ces textes, tous les citoyens avaient action pour faire écarter de la tutelle les tuteurs suspects. A Athènes, il en était exactement ainsi, selon Pollux, livre VIII, section 31. De plus, Solon avait édicté une loi spéciale qui confiait le soin des orphelins à l'archonte: Démosthène et beaucoup d'autres auteurs cités par Petit (p. 594 de l'édition de 1742 des *Legis atticæ*) nous l'attestent. Ulpien (*Libro de officio præfecti urbi*) nous montre un usage semblable à Rome : *Solent ad præfec-*

C'était bien le moins qu'on ne pût ainsi changer légalement la nature de sa possession. Ne suffisait-il pas qu'on pût transiger pour le vol, d'après le code des décemvirs, imité en cela de celui d'Amasis et qu'en se servant d'intermédiaires plus ou moins légaux, analogues au chef des voleurs dont nous parle Diodore, on pût négocier sur des larcins dont la constation légale était devenue impossible ? Ne suffisait-il pas aussi que l'usucapion d'un ou deux ans donnât à un individu la propriété d'hérédités ou de biens qu'il savait n'être pas à lui, alors même que sa possession n'était pas la suite d'un vol analogue à celui des coupeurs de bourse ?

Quant au dépôt fait de bonne foi par autrui, il semblerait encore plus révoltant d'en faire un titre de mainmise soit partiel, soit total.

Selon l'article 18 (1), l'usurier qui demandait plus que le taux légal, c'est-à-dire l'*unciarum fœnus* dont j'ai parlé plus haut, payait plus encore : le quadruple.

Cette loi paraît empruntée au code d'Amasis, tout autant que celle qui fixait le taux légal. En effet, le quadruple se retrouve dans ce code pour tous les cas où la loi de Solon fixait le décuple, par exemple pour le cas de non paiement de dettes envers les dieux. L'intérêt légal était quadruple dans ce cas : de 30 0/0, il passait à 120 0/0 pour les monnaies et de 33 1/3 0/0 il passait à 133 1/3 0/0 pour les mesures de capacité.

J'ai déjà eu l'occasion de parler plus haut de la peine capitale imposée à l'homicide (article auquel on donne le n° 24 en le séparant de ceux qui concernent les coups et blessures) ainsi que du n° 25 relatif aux envoûtements faits contre les propriétés.

Il ne me reste donc plus, pour finir cette table, qu'à mentionner :

1° L'article 25 qui voue aux dieux (*sacer esto*) le patron fraudant son client (2) ;

2° L'article 22 qui déclare infâme, indigne soit de témoigner, soit qu'on témoigne pour lui, l'homme qui refuse son attestation après avoir été témoin ou porte-balance (3) ;

turam urbi remitti etiam tutores vel curatores qui in tutela sive cura versati graviore animadversione indigent quam ut sufficiat eis suspectorum infamia (Digeste, l. I, § 7, *De offic. præf. urbi.* Conf., l. I, § 8 et l. III, § 16, *De suspectis tutoribus et humilioribus.*

(1) Tacite, *Ann.*, 6, 16 ; Caton, *De re rustica in prœm.*

(2) « Patronus si clienti fraudem fecerit, sacer esto » (Servius *ad Virg, Æneid.*, 6, vers. 609. Conf. Denys d'Halicarnasse, 2, 10 ; Plut., *Romul* 13

(3) « Qui se sierit testarier libripensve fuerit, ni testimonium fariatur.

3° L'article 23 qui fait précipiter le faux-témoin (1) du haut de la roche tarpéienne ;

4° L'article 24 contre les attroupements séditieux de nuit dans la ville, attroupements punis de mort (2) ;

5° L'article relatif aux *sodales*, aux membres d'un même collège, d'une même corporation, pouvant se donner entre eux les règlements qui leur plaisent, pourvu que ces règlements n'aient rien de contraire à la loi générale (3).

Ce n'est pas dans la loi pleinement républicaine de Solon qu'il faut chercher l'origine de ce qui concerne les patrons et les clients. C'est, nous l'avons indiqué déjà, dans le code égyptien d'Amasis qui, comme la loi des XII tables, ayant un but libéral et en quelque sorte égalitaire, n'était cependant pas allé jusqu'à supprimer totalement l'organisation des *gentes* et l'existence même du *hir* ou *patronus*. Seulement, cette organisation avait été énervée. Les *gentiles* n'avaient plus hérédité à défaut d'agnats, que quand le défunt n'avait pas disposé autrement de son hérédité. De même, le *hir* ou *patronus* avait surtout conservé ses devoirs de protection, etc., envers ses anciens clients, libres pratiquement d'agir, dans leur vie civile, comme il leur convenait. Le *sacer esto* n'est ici même appliqué qu'au patron fraudant son client et non au client ingrat.

Les articles XII et XXIII se réfèrent également à des formalités empruntées au code d'Amasis et non au code de Solon. Il s'agit des témoins de ces deux actes de mancipation et de *nexus* par *sponsio* (ou *sanch*) dont la loi des XII tables avait dit :

Qui nexum faciet mancipiumque, uti lingua nuncupassit, ita jus esto.

On comprend qu'une telle *mancipation* verbale, faisant loi, devait être conservée soigneusement dans la mémoire du *libripens* (comparable au scribe égyptien) et des témoins dont le nombre avait été fixé par le code égyptien et par le code romain. De là, les peines si sévères qui frappent le témoin de mauvaise foi ou se refusant à parler. Dans le code égyptien aussi, le faux témoignage, le faux serment était puni de mort. Diodore nous l'a dit. Et cependant, en

improbus intestabilis que esto (AULU GELL., *Noct. attic.*, 15, 13 et 6, 7; DIG., 28, 1, *Qui testam. fac. pos*, 26, f. GAI.

(1) AULU GELLE, *Noct. attic.*, 20, 1 ; CICÉRON, *De off.*, 3, 31.

(2) PORCIUS LATRO *declam. in Catilin.*, cap. 19.

(3) DIG., 47, 22, *De colleg.*, et *corpor*, 4, f. *Gai.*, au livre IV de son *Comm. des XII tables.*

Egypte, les témoins avaient moins d'importance relative qu'à
Rome, puisque l'écrit authentique, sous le code d'Amasis, possédait par lui-même une valeur légale que n'eut jamais, chez les Quirites, l'*instrumentum*, pour un contrat resté essentiellement verbal.

L'article 22 et 23 de la table VIII portaient : celui qui a été
témoin dans un acte ou porte-balance, s'il refuse son attestation est
infâme, incapable de témoigner et indigne qu'on témoigne pour
lui. Ils ordonnaient de précipiter le faux témoin depuis la roche
tarpéienne.

A Athènes, les peines contre les faux témoins étaient moins sévères qu'en Egypte et à Rome. Il s'agissait seulement pour eux de
l'*atimie* (comme à Rome pour ceux qui avaient refusé de témoigner,
et qu'on se bornait à frapper, à Athènes, d'une amende).

La loi égyptienne citée par Diodore a donc pour tout ceci inspiré
les décemvirs plus encore que la loi de Solon.

Pour l'article 27, relatif aux *sodales* ou membres du même
collège, de la même corporation, pouvant se donner entre eux les
règlements qui leur plaisaient, pourvu que ces règlements n'aient
rien de contraire à la loi générale, Gaïus lui-même, dans son commentaire de la loi des XII tables, livre IV, l. 4, de *collegiis*, a indiqué l'origine athénienne ; *Sodales sunt qui ejusdem collegii sunt :
quam Græci* ἐταιρίαν *vocant. His autem potestatem facit lex pac-
tionem quam velint, sibi ferre, dum ne quid ex publica lege corrum-
pant. Sed hæc lex videtur ex lege Solonis translata esse ; nam illuc ita
est :* ἐὰν δὲ δῆμος, ἢ φράτορες, ἢ ἱερῶν ὀργίων, ἢ ναῦται, ἢ σύσσιτοι, ἢ ὁμόταφοι, ἢ θιασῶται, ἢ ἐπὶ λεῖον οἰχώμενοι, ἢ εἰς ἐμπορίαν, ὅ, τι ἂν τούτων
διαθῶνται πρὸς ἀλλήλους, κύριον εἶναι· ἐὰν μὴ ἀπαγορεύσῃ δημόσια γράμ-
ματα.

Il est vrai que cette loi solonienne avait été imitée déjà, en
Egypte, par Amasis, à partir duquel nous la voyons universellement
pratiquée. C'est ainsi que, sous Amasis même, les ὁμόταφοι, les
confrères en sépultures, c'est-à-dire spécialement les prêtres funéraires, les *Uahmoou*, mot qu'on traduit en grec χοαχύται, ont une confrérie fort bien organisée, avec souscriptions communes, banquets
périodiques, amendes et règles spéciales, confrérie dont nous possédons les registres. Cette corporation a été plus tard réorganisée
sous les Ptolémées et nous en avons publié et commenté le très curieux règlement dans un article intitulé : *une confrérie égyptienne.*

Rien de semblable à ces associations libres, avec chefs élus et loi variables, n'existait en Egypte avant Amasis. On n'y trouvait, comme unités réelles, que la caste légalement constituée, la *gens* avec son *hir*, et la famille avec son *pater*.

A plus forte raison ne voyait-on pas fonctionner autrefois, en Egypte, ces associations que prévoyait Solon (s'inspirant en cela du droit chaldéen) et son imitateur égyptien Amasis : ἐπὶ λειῶν (1) (*ad frumentum coemendum*) ἢ εἰς ἐμπορίαν (*aut alias merces*). Sous le règne même d'Amasis, de telles sociétés commerciales ayant précisément le plus souvent comme but l'exploitation des céréales, sont très fréquentes. Nous avons cité, dans notre *Précis de droit égyptien*, beaucoup d'actes qui s'y rapportent. Chose curieuse à noter, les associés y portent, en Egypte, le nom sémitique de *Khabar* « compagnons », qui se réfère à l'origine primitive chaldéo-phénicienne de ces sociétés, (pour lesquelles Solon s'était lui-même inspiré si vivement des *ahatu* ou fraternités de la vieille Mésopotamie, si longuement décrites par nous dans nos livres sur les *obligations*, la *créance*, etc.).

Ainsi que nous l'avons prouvé, en effet, tout le droit commercial vient de Chaldée, tandis que les principes philosophiques du droit civil, intimement lié à la plus admirable morale, sont d'origine égyptienne.

Pour les Egyptiens traditionnalistes de toutes les époques, le commerce et la banque étaient des objets d'horreur. Actuellement encore, nous l'avons dit, ce sont des Juifs ou des étrangers qui s'en occupent dans la vallée du Nil. Bocchoris et Amasis avaient voulu réagir vivement contre cette tendance, tenant au tempérament même de la race, mais ils ne l'avaient pu que dans une certaine limite. C'est ainsi, qu'en Egypte, comme à Athènes, les premières sociétés commerciales proprement dites avaient eu pour objet le blé — c'est-à-dire la production de ce sol si fertile dont s'occupaient surtout les Egyptiens.

Mentionnons aussi, dans cette table, une loi de police (§ 26) contre les rassemblements séditieux de nuit dans la ville, rassemblements qui, dans de telles conditions, emportaient la peine capitale.

Plus tard, on a étendu ce principe aux rassemblements armés

(1) Certains manuscrits cités par Petit portent λειαν, la proie, le butin, la piraterie : et on cite un texte de Thucidide, l. II, pour prouver que la piraterie n'était pas déshonnété aux yeux des anciens grecs, comme, paraît-il, aux yeux d'Amasis, qui a réglementé aussi le commerce des voleurs (Voir plus haut).

des troupes régulières qui ne pouvaient se faire dans Rome même tant à l'époque de la République qu'à l'époque impériale. Cela fait penser à un célèbre passage dé la stèle du roi Pianchi, prescrivant à ses soldats de déposer les armes quand ils arriveraient devant Thèbes, la vieille capitale sacrée. A Athènes, la loi, semblable à nos lois de police actuelles interdisait de même à un simple individu de porter, sans nécessité, des armes dans la ville, ὅςτις ἐν ἄστει σιδηροφοροίη μηδὲν δέον ἢ ὅπλα ἐξενέγκοι εἰς τὸ δημόσιον, τιμᾶσθαι. Notons cependant que le code de Solon avait frappé d'atimie le citoyen qui, dans une sédition, ne suivait aucun des deux partis (1). Une sédition était donc considérée comme une nécessité permettant le port d'armes — juste le contraire de ce qui se pratiquait à Rome.

La dernière disposition que nous venons d'énumérer rentrerait au moins aussi bien dans la table IX, *de jure publico*, que dans la table VIII, *de pœnis*.

Ce qui nous reste de la IX⁰ est, du reste, peu de chose.

Le paragraphe 1ᵉʳ interdisait de proposer aucune loi sur tel ou tel homme en particulier (2). C'était la traduction de la loi solonienne μηδὲ ἐπ' ἀνδρὶ νόμον ἐξεῖναι θεῖναι.

Le paragraphe 2 porte que les grands comices, c'est-à-dire les comices par centuries, ont seuls le droit de statuer dans les affaires capitales contre un citoyen (3) et le paragraphe 4 (4) relatif aux questeurs des homicides (*questores parricidii*) conférait le droit d'appel au peuple contre toute sentence capitale.

Encore ici nous n'avons qu'une imitation des lois de Solon qui, d'une part, nous l'avons dit déjà à propos des jugements, avaient introduit l'usage de l'appel au peuple représenté par les Héliastes contre toutes les sentences des archontes et des magistrats (5) — ce qui était particulièrement stipulé toutes les fois qu'il s'agissait d'une accusation emportant peine capitale (6) — et, d'une autre part, ce-

---

(1) Voir Plutarque, *Vie de Solon*. Cicéron, en citant cette loi de Solon (lettre première à Atticus) remplace l'atimie par la mort.

(2) Cicéron, *Pro domo*, 17, *De legibus*, 3, 19 ; *Vetant XII tabulæ, leges privatis hominibus irrogari*.

(3) Cicéron, *De legibus*, 3, 9 ; *Pro Sextio*, 30, etc.

(4) *Dig.*, 1, 2, Dig. *De origin. juris*, 2, § 23, fr. Pomp., Cicéron, *De republ.* 2, 31. Confér. Festus aux mots *parricidii quæstores* et *quæstores*.

(5) Liv. IV, titre I, § 1.

(6) Liv. VII.

pendant avait attribué aux Ephètes (1) (analogues aux *quæstores par-ricidii*) la juridiction du crime du parricide, c'est-à-dire du meurtre du citoyen.

Le § 5 concerne les crimes militaires (2). A ce point de vue, le code romain, comme la plupart des codes doriens, est beaucoup plus sévère que ceux de l'Egypte et d'Athènes. Dans la vallée du Nil, la désertion et la désobéissance envers les chefs étaient punies d'atimie et non de mort, selon Diodore (3). Il en était identique-ment de même dans les lois de Solon qui nous ont été conser-vées (4). Quand, en Egypte, un déserteur avait même révélé à l'en-nemi les secrets de ses compatriotes, on se bornait à lui couper la langue (5).

A Rome, la peine de mort était prononcée en cas pareil, ou contre celui qui aurait excité l'ennemi contre le peuple romain, ou encore aurait livré un citoyen à l'ennemi. La chose est assez natu-relle pour un peuple essentiellement militaire et dont les chefs avaient le pouvoir de faire décimer leurs propres troupes au moindre sujet de mécontentement.

Je ne mentionnerai que pour mémoire une disposition (6) (se trouvant aussi dans beaucoup de législations antiques) qui punis-sait de mort le magistrat, le juge, ou l'arbitre qui aurait reçu de l'argent pour faire sa sentence. Evidemment, un tel juge était en-core plus coupable que le faux témoin qu'on punissait de mort en Egypte et à Rome.

Au sujet du *droit sacré* (*de jure sacro*) ou plutôt du droit funéraire qui est exclusivement contenu dans les articles encore subsistants de la 10° table, ce que j'ai dit déjà dans le chapitre précédent m'exempte de nombreux détails.

Je me bornerai à rappeler que le § 1 : *Hominem mortuum in urbe ne sepelito neve urito*, a été imité d'une ancienne loi égyptienne prise sur l'initiative du médecin du roi Tata et que cite le papyrus grec 1er de Turin. La loi d'Athènes que commente Cicéron (*De le-gibus*, liv. II c. 25) (7) se bornait à dire : *mortuum terra humato*. Mais

(1) Livre VII, titre I, § 6.

(2) Dig., 48, 4, *Ad legem Jul. maj.*, 3, f. Marcian.

(3) Diodore, 78, 1.

(4) Liv. VIII, titre 1er.

(5) Diodore, 78, 3.

(6) § 3, Aulu Gell., *Noct. attic.*, 20, 1 ; Cicér., *In Verrem.*, 2, 32 et 1, 13.

(7) « Nam et Athenis jam ille mos a Cecrope, ut aiunt, permansit, et

ce mode de sépulture, le plus antique à Rome, usité, dit Cicéron, pour Numa et que conserva toujours la *gens Cornelia* (1) (particulièrement les Scipion) n'était déjà plus la mode unique du temps des XII tables. La sépulture était, nous le voyons par l'ensemble des textes, tantôt l'embaumement à la façon égyptienne, tantôt l'enterrement à la façon athénienne (ces deux modes sont renfermés dans l'expression collective *ne sepelito*), tantôt l'incinération à la façon d'autres peuples, dont la spécification nous entraînerait à une trop longue dissertation.

Le point qui avait paru important à noter pour les décemvirs c'était la règle égyptienne de l'inhumation hors de la ville, règle que Cicéron lui-même pense n'être pas antérieure aux XII tables (2).

Quant à l'article 2, il nous est fourni par Cicéron (*De legibus*, liv. II, c. 23) qui en fait lui-même une imitation des lois d'Athènes :

Jam cetera in XII, minuendi sumtus lamentationesque funeris, translata de Solonis fere legibus : « Hoc plus, inquit ne facito. Rogum ascia ne polito ».

Il en est de même des nᵒˢ suivants, Cicéron (*De leg.* ii, 23) continue en effet pour le § 3 : *Nostis quæ sequuntur : discebamus enim pueri XII, ut carmen necessarium ; quas jam nemo discit. Extenuato igitur sumtu, tribus riciniis, et vinclis purpuræ, et decem tibicinibus,* etc.

Cette loi des XII tables est, elle aussi traduite de la loi de Solon citée par Plutarque (*in Solone*, p. 902) (3) et portant : μὴ συντιθέναι πλέον ἱματίων τριῶν *plus tribus riciniis mortuum ne humato.*

hoc jus terra humandi : quam quum proximi injecerant, obductaque terra erat, frugibus obserebatur, ut sinus et gremium quasi matris mortuo tribueretur ; solum autem frugibus expiatum ut vivis redderetur.

(1) Cicéron., *De legibus*, 11, 23.

(2) Après avoir parlé des rites religieux se rattachant à l'inhumation, Cicéron (c. 23) dit : « Att. Video, quæ sint in pontificio jure. Sed quæro quidnam sit in legibus. Marc. Pauca sane, Tite, et, uti arbitror, non ignota vobis. Sed ea non tam ad religionem spectant, quam ad jus sepulcrorum · « Hominem mortuum, inquit lex in XII tabulis, in urbe ne sepelito neve urito. » Credo, vel propter ignis periculum. Quod autem addit, « neve urito », indicat, non qui uratur, sepeliri, sed qui humetur. Attic Quid, qui post XII in urbe sepulti sunt, clari viri ? Marc Credo, Tite, fuisse, aut eos, quibus hoc ante hanc legem virtutis causa tributum est, ut Publicolæ, ut Tuberto, quod eorum posteri jure tenuerunt ; aut eos, si qui hoc, ut C. Fabricius, virtutis causa, soluti legibus, consecuti sunt. Sed in urbe sepeliri lex vetat.

(3) οὐκ εἴασεν συντιθέναι πλέον ἱματίων τριῶν.

L'exactitude de cette traduction nous est attestée par Cicéron qui, revenant sur cette question dans le § 25 du même livre à propos des rites funèbres athéniens : *Posteaquam, ut scribit Phalereus, sumtuosa fieri funera et lamentabilia cœpissent, Solonis lege sublata sunt. Quam legem eisdem prope verbis nostri decemviri in decimam tabulam conjecerunt ; nam de tribus riciniis, et pleraque illa Solonis sunt.*

La suite du § 23 (*De legibus*, liv. II), nous montre semblable origine pour le § 4 des XII tables.

Tollit etiam (lex XII tabularum) lamentationem : « Mulieres genas ne radunto ; neve lessum, funeris ergo, habento. » Hoc veteres interpretes, Sext. Ælius, L. Acillius non satis se intelligere dixerunt, sed suspicari vestimenti aliquod genus funebris ; L. Ælius, lessum, quasi lugubrem ejulationem, ut vox ipsa significat : quod eo magis judico verum esse, quia lex Solonis id ipsum vetat.

Au § 25 dans la phrase en partie déjà relatée par nous et qui est relative à l'article μὴ συντιθέναι πλέον ἱματίων τριῶν — *plus tribus riciniis mortuum ne humato*, Cicéron répète encore : *Nam de tribus riciniis et pleraque illa Solonis sunt : de lamentis vero expressa verbis sunt : « Mulieres genas ne radunto ; neve lessum funeris ergo habento (1). »*

Cet article deux fois reproduit par l'orateur est cité également par Plutarque (*in Solone*, p. 90, B) : ἀμυχὰς δὲ κοπτομένων, καὶ τὸ θρηνεῖν πεποιημένα, καὶ τὸ κωκύειν ἄλλον ἐν ταφαῖς ἑτέρων, ἀφεῖλεν.

On a remarqué l'expression de Cicéron sur les lois funéraires des XII tables, *pleraque illa Solonis sunt*. Nous ne sommes donc point trop audacieux en supposant que les articles suivants donnés par Cicéron (§ 24) (2) sont de même origine.

Ces articles (5, 6, 7, 8 et 9) sont :

1° L'interdiction de recueillir les ossements d'un mort pour lui faire plus tard d'autres funérailles (excepté s'il s'agit de ceux morts au combat ou à l'étranger) ;

2° Les dispositions qui prohibent l'embaumement du corps des esclaves, les banquets funéraires, les aspersions somptueuses, les couronnes attachées en longue file et les petits autels dressés pour y brûler des parfums ;

(1) Pour ces deux articles de la loi des XII tables, voir aussi Festus aux mots *ricinium et radere genas* ; Plin., *Hist. nat.*, 11, 37 ; Servius, *Ad Æneid*, 12, vers. 606 ; Cicéron, *Tusc.*, 2, 22.

(2) « Cetera item funebria, quibus luctus augetur, Duodecim sustulerunt. « Homini, inquit, mortuo ne ossa legito, quo post fusius faciat. » Excipit bellicam peregrinamque mortem. »

3º La permission qui est donnée au mort d'avoir les honneurs de la couronne, si cette couronne il l'a conquise, soit par lui-même, soit par ses esclaves (1) ;

4º La défense de faire plusieurs funérailles et plusieurs lits pour un seul mort (2) ;

5º L'interdiction de joindre ou de laisser de l'or au cadavre : la seule exception permise est celle de l'or par laquelle les dents fausses étaient attachées (3).

Tout ceci rentre bien dans l'esprit des lois analogues de Solon qui interdisaient : 1º tout tombeau devant coûter plus cher que trois journées de 10 hommes ; 2º la confection d'un toit avec Hermès protégeant la sépulture ; 3º de ne rien mettre surplombant la tombe, si ce n'est une colonne ne dépassant pas trois pieds ou une table ; 4º de prononcer l'éloge du mort à la façon égyptienne ; 5º d'amener pour cela un grand concours d'hommes et de femmes.

Tout ceci nous est donné par Cicéron lui-même (§ 26) comme une sorte de supplément propre aux seuls Athéniens et qui était ajouté aux autres dispositions soloniennes qu'avaient copiées les decemvirs, décisions que l'orateur venait de reproduire en leur entier, y compris celle à laquelle on donne le nº 10 et qui, bien certainement, a été imitée d'une loi de Solon à nous parvenue.

En effet après avoir parlé de l'or qui n'était permis dans les sépulture que s'il était joint aux dents du mort, Cicéron dit :

Duæ sunt præterea leges de sepulcris, quarum altera privatorum ædificiis, altera ipsis sepulcris cavet. Nam quod « rogum bustumve novum » vetat « propius sexaginta pedes adjici ædes alienas, invito domino, » in-

(1) « Hæc præterea sunt in legibus de unctura ; quibus « servilis unctura » tollitur, omnisque « circumpotatio. » Quæ et recte tolluntur : neque tollerentur, nisi fuissent. « Ne sumptuosa respersio ; ne longæ coronæ, nec acerræ » præetereantur. Illa jam significatio est, laudis ornamenta ad mortuos pertinere, quod « coronam virtute partem », et, ei, qui peperisset. et ejus parenti, sine fraude esse lex impositam jubet. »

Pour le premier de ces articles conf. Festus aux mots *Murrata potione;* Pline, *Hist. nat.*, 14, 2. Pour le second : Pline, *Hist. nat.*, 21, 3.

(2) « Credoque, quod erat factitatum, ut uni plura fierent, lectique plures sternerentur, id quoque ne fieret, lege sanctum est. »

(3) « Qua in lege quum esset, « neve aurum addito », quam humane excipit altera lex : « Quoi auro dentes vincti escunt, ast im cum illo sepelire urereve, se fraude esto. » Et simul illud videtote. aliud habitum esse, sepelire, et urere.

cendium veretur acerbum. Quod autem « forum », id est vestibulum sepulcri, « bustumve usucapi » vetat, tuetur jus sepulcrorum.

La première de ces lois (1) (le n° 10) est la loi solonienne déjà citée par nous (de finib. reg.) : était ainsi rédigée.

ἐάν τις τάφον ἢ βόθρον παρ ἀλλοτρίῳ χωρίῳ ὀρύττῃ, ὅσον τὸ βάθος αὐτοῦ ᾖ, τοσοῦτον ἀπολιπεῖν.

La seule différence entre les deux, c'est qu'au lieu de calculer la distance par la profondeur, les décemvirs avaient tenu à spécifier nettement l'espace.

Quant à la seconde loi, nous avons déjà eu l'occasion d'établir, dans le précédent chapitre, qu'elle était d'origine égyptienne et se rattachait au code d'Amasis.

Nous avons peu de choses à dire sur la XIe table (2) dont il ne nous reste rien qu'une prohibition de mariage entre les patriciens et les plébéiens.

Cette table réactionnaire appartient aux dix nouveaux décemvirs qui avaient succédé aux premiers législateurs. Ce furent de véritables, tyrans qui se maintinrent pendant trois ans au pouvoir, jusqu'à ce que le crime de l'un d'eux et le meurtre de Virginie, sa victime, par le propre père de celle-ci, eût amené une révolution qui les expulsa.

La loi interdisant le mariage entre plébiens et patriciens était évidemment contraire au principe de *l'æquanda libertas* qui avait amené au pouvoir les premiers décemvirs. Elle ne se trouve pas même aux temps les plus aristocratiques dans l'ancienne Égypte, pays de castes par excellence, mais de castes qui n'étaient nullement à comparer avec celles de l'Inde. Sous les rois éthiopiens, nous voyons les mariages les plus disparates comme condition sociale être validés par le prêtre d'Amon, prêtre du roi, qui les permet entre basilicogrammates ou prêtres et choachytes ou paysans. Ce sont donc les seconds décemvirs romains qui ont créé le crime de mésalliance.

---

(1) Voici aussi à ce sujet Dig., 11, 8, *De mortuo infer*, 3, f. Pompo. pour cette première loi et Festus an mot *forum* pour la deuxième.

(2) Tit.-Liv., 14 ; Denys d'Halic., 10, 60 et 11, 28 ; Dig., 50, 16, *De verb. sign.*, 238, f. Gai., au liv. IV de son *Comm. des XII tables*; Cicéron, *De republi.*, 2, 37.

La XIIᵉ table, dont ils furent les auteurs, contient cependant quelques bonnes additions, pour lesquelles ils se servirent encore des
notes rapportées par les trois missionnaires envoyés en Grèce. Je
citerai celle qui est relative à la *pignoris capio* (1) empruntée au
code d'Amasis et accordée, nous l'avons vu, en matière sacrée dans
les mêmes conditions.

Trois autres dispositions concernaient :

1º La défense de faire consacrer une chose litigieuse, imitée du
code d'Amasis, ainsi que cela a été démontré plus haut (2);

2º La pénalité du double des fruits frappant l'homme se faisant
attribuer à faux titre la possession même intérimaire d'un bien (3),
disposition qui ressort du formulaire de certains actes de mancipation de Darius ;

3º La disposition qui accorde une action *noxale* au maître de l'esclave ayant commis un vol ou un délit quelconque (4). Ceci est une
suite naturelle des principes égypto-romains de l'action *noxale* et
de l'abandon *noxal* que nous avons exposés à propos de la mancipation des personnes ingénues ou non.

L'article 5, de la XIIᵉ table avait trait aux dernières lois du peuple
dérogeant aux précédentes (5), principe qui n'est que logique et
avait été consacré en termes formels, à bien des reprises, à Athènes,
le prototype démocratique du peuple romain.

En définitive, après ce rapide examen des origines des XII tables (6), nous pouvons certainement reconnaître la vérité de l'aphorisme donné plus haut : il n'y a rien de vraiment romain dans
ce code romain, pas plus, ajoutons-le, que dans le *corpus
juris*.

En cela, comme en toute chose, les Quirites n'ont rien inventé,
mais se sont bornés à copier.

(1) Gai., *Inst. comm.*, 4, 28; Dig., 50, 16, *De verb. sign.*, 238, § 2, fr.
Gai., au livre 6 de son *Commentaire des XII tables*.

(2) Dig., 44, 6, *De litigios*, 3, f. Gai., au livre VI des *Commentaires des
XII tables*.

(3) Festus au mot *vincidiæ*; Aulu Gell., *Noct. attic.*, 10, 10.

(4) Festus au mot *noxia*; Dig., 3, 4, *De noxal. action*, 2, § 1, fr. Ulp.

(5) Tite-Live, VII, 17 et 9, 33-34.

(6) Pour les emprunts égyptiens consécutifs relatifs au droit de la seconde période, voir ce que nous avons dit p. 741 et suiv. de notre *Précis
de droit égyptien*.

Nous aurons peut-être un jour l'occasion de le prouver, pour les diverses périodes qui ont suivi cette première phase, uniquement égypto-grecque (1).

NOTE SUPPLÉMENTAIRE

Page 26, j'ai dit que j'aurais à revenir sur la *sponsio* correspondant au *sanch* égyptien et, en relisant les épreuves de mon mémoire, je vois que j'ai oublié de le faire.

La chose a pourtant une grande importance.

En effet, en Egypte et dans la Rome antique, les deux actes fondamentaux du droit civil étaient : 1° la *mancipatio* ; 2° la *sponsio*.

La *mancipatio* unilatérale avec prix intégralement payé s'appliquait d'abord aux biens meubles qu'on pouvait saisir avec la main, *manu capere*. Ce fut à une époque secondaire, après Amasis, en Egypte, qu'on appliqua la mancipation aux immeubles et aux ingénus. Ce fut aussi à une époque secondaire, après les XII tables, à Rome qu'on étendit la mancipation aux immeubles (comme aux ingénus), en remplaçant dans la main le champ par une motte de terre et la maison par une tuile. Nous avons vu, déjà, que les applications légales et les règles de la *mancipatio* furent identiques sur les bords du Nil et sur les bords du Tibre.

Mais, pour la *sponsio* ou *sanch*, nous avons été beaucoup plus brefs ; et, cependant, son histoire est encore semblable dans les deux pays.

La *sponsio* ou *sanch*, principal *lien* légal des obligations (*nexus* ou *mer*) n'était, de l'une et l'autre part, qu'un *serment* démarqué du droit laïcisé, comme l'indique du reste son nom égyptien *sanch*. Celui qui promettait à l'époque moderne, jurait à l'époque antique, après une interrogation solennelle. Cette interrogation, avec réponse, *spondes ne spondeo*, que Gaius nous a conservée, nous la retrouvons également dans l'Egypte Pharaonique. Nous y trouvons aussi le

(1) Notamment : 1° pour la période d'emprunts phénico-babyloniens du droit des Sévère ; 2° pour la période, de nouveau pleinement égyptienne du droit administratif constantinien. Voir, en ce qui touche l'état des personnes, ce que j'ai dit dans mon *Précis de droit égyptien*, p. 931 et suiv.

nom de *sanch* (*sponsio*) appliqué aux obligations, de même qu'aux plus récentes époques, mais ayant alors toute sa valeur étymologique, toute sa force religieuse, qu'elle perdit en Egypte après la réforme laïque de Bocchoris et d'Amàsis, comme à Rome après la réforme laïque des décemvirs.

Ajoutons que la *sponsio* ou *sanch* était d'ailleurs alors un contrat verbal, une *obligatio verbis*, comme la *mancipatio*, du reste. L'*instrumentum* faisait seulement commencement de preuve par écrit, comme pour la *mancipatio* également : et c'était à l'acte verbal que se rapportaient les témoignages de ceux dont on avait soin de consigner les noms sur l'*instrumentum*. Même quand le *sanch* laïcisé devint, après Amasis, une *obligatio litteris*, la forme verbale tout autant qu'unilatérale en fut conservée : « un tel *dit* à un tel ». Lorsqu'on ne pouvait produire l'acte écrit, après Bocchoris, la preuve de la créance ou du *sanch* se faisait, du reste, par un serment déféré au débiteur. Si donc le serment disparaissait au début du lien de droit, du *nexus*, il reparaissait plus tard, même à l'époque classique, quand l'obligation paraissait douteuse.

Donnons maintenant deux des textes légaux annoncés par nous pour le *sanch* et dont l'un remonte à la XII° dynastie et l'autre au temps des Aménophis.

Le premier n'est pas un *instrumentum* de *sponsio*, mais une réclamation relative à une *sponsio*. Il n'en est que plus intéressant ; car il nous donne l'interrogation préliminaire à la *sponsio*, interrogation analogue à la fameuse phrase : *spondes ne?* précédant la réponse *spondeo*.

Il s'agissait, dans l'espèce, d'une obligation contractée par l'administration en échange d'une cession de droit sacerdotaux. Le texte de la requête (adressée au *sar* ou *præses* et comparable aux requêtes adressées au stratège ptolémaïque) commence par établir les droits que possédait un homme au titre sacerdotal en question.

Puis il est ajouté :

« Son fils dit :

« Mon père a fait un *ampa* en qualité de prêtre *hir sau* de Sept, seigneur de l'Occident, qualité lui revenant, au scribe chargé du sceau de Maabt nommé Imat. Celui-ci avait dit à mon père : « Je t'en donnerai le compte, avec l'état des droits te revenant ». Il prit possession. Voici que l'intendant des domaines, nommé Mersu, interrogea mon père en sa qualité d'*adon* (vicaire) de celui qui remplissait le rôle de *sar* (de *præses*) en lui disant : « Es-tu satisfait du don fait à toi du compte et des revenus qui en dépendent, compte livré à toi en équivalence de ton titre sacerdotal de *hir sau* ? Voici que mon père répondit : « Je suis satisfait ». Dit celui qui jouait le rôle de *sar* : Il faut faire jurer les deux personnes et qu'elles disent : « Nous sommes satisfaits ». Les deux personnes jurèrent par le roi, à qui vie ! santé ! force ! devant le prince intendant des domaines nommé Mersu, qui jouait le rôle de *sar*. Liste des témoins devant lesquels furent faites ces choses : le scribe Imat, Penamen, etc.

« Mon père partit pour son dernier voyage en barque (la navigation funèbre ritualistique vers l'Occident) sans qu'on lui eut donné le compte (convenu). Alors, me dit mon père quand il était encore là : « Si on ne te fait pas ce compte, que m'a juré le scribe chargé du sceau Imat, présente ta requête devant le *sar*. Il écoutera ta réclamation pour ce compte ».

« Il a pris possession. J'ai réclamé. Fais payer ce qui me revient au scribe chargé du sceau Imat à l'instant ».

Le second document que je me bornerai encore à citer est l'*instrumenium* d'une *locatio operarum*.

Comme tous les *instrumenta* de ce genre, il ne contient qu'une analyse de la *sponsio*. Mais, comme tous aussi, il nous en donne le *nom : sanch*, — c'est-à-dire le nom que portaient encore les obligations et les créances à l'époque classique la plus tardive.

Au moment où cette obligation et une autre analogue furent contractées, il y avait eu une réforme monétaire. Il paraît que les étalons monétaires avaient été changés récemment — pour les diminuer bien entendu — ainsi que cela se pratiquait si souvent en France au Moyen Age. De là, deux sortes de monnaies, dont la dernière avait cours légal et pesait presque un huitième en moins que l'ancienne, puisque huit pièces de cette ancienne monnaie valaient 1/2 1/4 1/8, ou 4/8 de l'autre étalon.

Cette explication donnée, passons au texte :

« L'an 33, premier mois de *sha*, jour 5e, sous la Majesté du roi Ranebma, fils du soleil, Amenhotephiquas (Amenophis III) vivant à toujours et à jamais.

« En ce jour, prix fait par le gardien Mesnamen avec l'*ankh nut* (ou la *villica*) Pekai et avec son fils Abmin (1) pour 9 jours (de ser-

____

(1) Les femmes étaient alors, tout autant que dans la Rome primitive, sous la tutelle de leurs *agnats*. Voir, dans mon *Précis de Droit égyptien*, ce que j'ai dit des *apretu* de la XIIe dynastie.

vice) comme bonne d'enfant et 4 jours comme bonne de dame (femme de chambre).

« Ces choses ont été données en prix pour cela : un habillement *diai* valant 6 pièces modernes ; un vêtement *teb* valant 4 pièces modernes ; un bœuf valant 4 pièces anciennes et demie à la proportion légale de 1/2 1/4 1/8 en plus pour 8 pièces, ce qui pour 4 pièces fait 1/4 1/8 1/16 et une petite fraction en plus, c'est-à-dire presque une demie ; total avec ces 1/2 ci-dessus 5 pièces modernes ; total général : 15 pièces.

« Voici qu'ils ont juré par le roi et qu'ils ont dit que si les jours (de service) étaient complétés par une addition de jour à jour le prix serait augmenté.

« Ce *sanch* (cet engagement d'obligation par adjuration) fut *dit* devant les conseillers auditeurs du temple d'Osiris.

« Liste des noms de ces personnages : le prophète Djai ; le prophète Kai ; le prêtre Khatu ; le prêtre Paouah ; le prêtre Rames, parmi les hommes de cette ville.

« Ceci a été aussi entendu par les femmes Aouai-,... Ra, Taia.

« Fait par le scribe prêtre Unnofré ».

FIN.

Saint-Amand (Cher). — Imprimerie Bussière.

RÉVILLOUT (Eug). — **Une Statue de chien au Musée égyptien du Louvre**, in-4, br. de 9 p. et une planche héliogravure . . . .   3 fr.
(Extrait de la Gazette Archéologique)

— **Lettre sur les Oracles nubiens**, in-8 . . . .   1 fr.
(Extrait des Proceedings of the Society of Biblical Archeology)

— **Mémoire sur le discours d'Hypéride contre Athénogène**, in-4, br. . . . . 7 fr. 50
(Extrait de la Revue Egyptologique)

— **Deux contrats grecs du Louvre provenant du Faïoum**, in-8, br. . . . .   2 fr.
(Extrait de-l'Ann. de l'Ass. pour l'encouragement des Études grecques)

— **Un procès plaidé devant les Laocrites sous le règne de Ptolémée Soter**, in-8 . . . .   1 fr.
(Extrait des Transactions of the Soc. of Bibl. Arch.)

RÉVILLOUT (Eugène et Victor). — **Les obligations en droit égyptien comparé aux autres droits de l'antiquité.** *Appendice sur le droit de la Chaldée du xxiiie siècle et au vie. siècle avant J.-C.* — I. Les actes de Warka remontant au xxiiie siècle avant Jésus-Christ. — II. Les actes de Babylone dans le siècle de Nabuchodonosor le Grand. In-8, br., 257 p. . . . .   5 fr.

— **Les dépôts et confiements en droit égyptien et en droit babylonien.** In-8. . . . .   3 fr.
(Extrait des Proc. of the Soc. of Bibl. Arch.)

— **Sworn obligations in babylonian law.** In-8 . . . . . .   1 fr.
(Extrait du Babylonian and Oriental Record)

— **Contrats de mariage et d'adoption dans l'Egypte et dans la Chaldée.** In-8 br. . . . .   1 fr.
(Extrait des Proc. of the Soc. of Bibl. Arch.)

— **L'Antichrèse non immobilière dans l'Égypte et dans la Chaldée.** In-12 . . . .   1 fr.
(Extrait des Proc. of the Soc. of Bibl. Arch. 1887)

— **Notice sur un nouveau contrat daté d'Hammourabi et sur les données historiques que nous fournissent les contrats de ce temps.** In-8.   1 fr.
(Extrait des Proc. of the Soc. of Bibl. Arch.)

— **Un Nouveau nom royal perse.** In-8 . . . .   1 fr.
(Extrait des Proc. of the Soc. of Bibl. Arch.)

— **Antichrèse in solutum.** In 8 . . . .   1 fr.
(Extrait des Proc. of the Soc. of Bibl. Arch.)

RÉVILLOUT (Victor). — **Mélanges assyro-babyloniens. — Actes archaïques de Sippara. — Le caillou de Berlin. — Annulation pour ingratitude d'un acte de turbanutu (affranchissement).** In-4. . .   3 fr.

— **Catalogue de la sculpture égyptienne du Musée du Louvre**, in-12, broché . . . . 0 fr. 50

CHABAS (P.). — **L'Egyptologie. Les Maximes du scribe Ani**, d'après le papyrus hiératique nº IV du musée de Boulaq, avec double transcription, traduction analytique et commentaire perpétuel. *Paris*, 1876-78, 2 vol. in-4 br . . . . 50 fr.

— **Etudes sur l'antiquité historique**, d'après les sources égyptiennes et les monuments réputés préhistoriques. Deuxième édition revue et augmentée. *Paris*, in-8 broché., viii-601 pp., 6 planches et 260 figures dans le texte . . . . 15 fr.

— **Recherches pour servir à l'histoire de la XIXe dynastie et spécialement à celle des temps de l'Exode.** *Paris*, 1873, in-4, br., viii-176 pp. 15 fr.

MARIETTE PACHA (A.). **Abydos. Description des fouilles exécutées sur l'emplacement de cette ville.** Ouvrage publié sous les auspices. S. A. Ismaïl-pacha, khédive d'Egypte. Tome II : Temple de Séti (supplément). — Temple de Ramsès. — Temple d'Osiris. — Petit temple de l'Ouest. Nécropole. *Paris, Imp. Nat.*, 1880, un vol. in-fol.; de 58 pp. de texte et 88 planches teintées, montées sur onglet, cartonné . . . 120 fr.

— Catalogue général des monuments d'Abydos découverts pendant les fouilles de cette ville. *Paris*, 1880, un vol. petit in-folio br. de vi et 596 pp. papier de Hollande, fig. . . . 70 fr.

— Itinéraire de la Haute-Egypte, comprenant une description des monuments antiques des rives du Nil, entre le Caire et la première cataracte. Troisième édition, revue et augmentée. *Paris*, 1880, in-18, toile, tr. rouges, planches . . . 4 fr.

MASPERO (G.), Membre de l'Institut, Professeur au Collège de France, Directeur général du Service des Antiquités et des Musées de l'Egypte.

Etudes égyptiennes. 15 planches de fac-simile. . . . 39 fr. 50

— Etudes égyptiennes. Tome I, premier fascicule. Romans et poésies du papyrus Harris, n° 500 (le Conte du prince prédestiné. Comment Thouii prit la ville de Joppé. — Fragments d'un conte fantastique remontant à la VIIe dynastie) conservé au British Museum, avec fac-similé, texte, traduction et commentaire. *Paris*, 1879, gr. in-8, br. de 80 pp. et 8 pl. de fac-similé

Ne se vend pas séparément.

— Etudes égyptiennes. Tome I, deuxième fascicule. Etude sur quelques peintures et sur quelques textes relatifs aux funérailles. — Le conte d'Apôpi et de Soknouri. *Paris*, 1881, gr. in-8, br. (p. 81-216) . . . 7 fr. 50

— Etudes égyptiennes. Tome I, troisième fascicule. Chants d'amour du papyrus de Turin et du papyrus Harris, n° 500. — Fragment d'une version égyptienne de la fable des membres et de l'estomac. — Quelques fragments inédits de la version thébaine des livres saints. *Paris*, 1883, gr. in-8, br. (pages 217-300 et pl.) . . . 15 fr.

— Etudes égyptiennes. Tome I (complément). Sur une version arabe du conte de Rhampsinite. *Paris*, 1886, gr. in-8 broché . . . 2 fr.

Pages 301 à la fin du tome I des *Etudes Egyptiennes*, avec titre.

— Etudes égyptiennes. Tome II, premier fascicule. Un manuel de hiérarchie égyptienne et la culture et les bestiaux dans les tableaux des tombeaux de l'ancien Empire. *Paris*, 1888, gr. in-8 br., (112 pp. et 2 pl. de fac-similé (*papyrus Hood*) . . . 15 fr.

— Etudes égyptiennes. Tome II, premier fascicule. La carrière administrative de deux hauts fonctionnaires égyptiens vers la fin de la troisième dynastie (environ 4,500 ans avant J.-C.) et les quatre noms officiels des rois d'Egypte. *Paris*, 1891, gr. in-8 br. (pp. 111 à 288) . . . 15 fr.

— Les Contes populaires de l'Egypte ancienne. 2e édition, 1889. 1 vol. de g et 338 pp. . . . 5 fr.

Ce volume contient la traduction des contes suivants : le conte des deux frères. — Histoire d'un paysan. — le roi Khoufoui et les magiciens. — Les aventures de Sinouhit. — Le naufragé. — Comment Thouii prit la ville de Joppé. — Le conte de Satni-Khamoïs. — La fille du Bakhtan et l'esprit possesseur. — Le prince prédestiné. — Le conte de Rhampsinitos et les fragments d'un conte fantastique antérieur à la XVIIIe dynastie. — La querelle d'Apôpi et de Soknounri. — Une histoire de revenant. — Histoire d'un matelot. — Histoire d'un bon tour que joua le sculpteur Pétisis au roi Nectonabo. — De la version copte thébaine du roman d'Alexandre.

Forme le tome IV des « Littératures populaires de toutes les nations ».

ROUGÉ (Em. de). — Mémoire sur l'origine égyptienne de l'alphabet phénicien. Publié par les soins de M. le vicomte J. de Rougé. *Paris*, 1874, un vol. gr. in-8 br., pl. . . . 30 fr.

SAINT-AMAND, CHER. — IMPRIMERIE BUSSIÈRE.